顺德的鱼

顺德的鱼

王茂浪 著

SPM 南方传媒 | 广东经济出版社
·广州·

图书在版编目（CIP）数据

顺德的鱼 / 王茂浪著. —广州：广东经济出版社，2024. 2

ISBN 978-7-5454-8972-9

Ⅰ. ①顺… Ⅱ. ①王… Ⅲ. ①渔业—产业发展—研究—顺德区 Ⅳ. ①F326. 476. 54

中国版本图书馆CIP数据核字（2023）第187251号

责任编辑：毛一飞
责任校对：罗玉琪
责任技编：陆俊帆
封面设计：友间文化

顺德的鱼
SHUNDE DE YU
出版发行：广东经济出版社（广州市水荫路11号11～12楼）
印　　刷：广东鹏腾宇文化创新有限公司
（广东省珠海市高新区唐家湾镇科技九路88号10栋）
开　　本：787mm×1092mm　1/16　　印　　张：17. 75
版　　次：2024年2月第1版　　印　　次：2024年2月第1次
书　　号：ISBN 978-7-5454-8972-9　　字　　数：273千字
定　　价：78. 80元

发行电话：（020）87393830　　编辑邮箱：gdjjcbstg@163. com
广东经济出版社常年法律顾问：胡志海律师　　法务电话：020-37603025
如发现印装质量问题，请与本社联系，本社负责调换。

编委会

Preface

前言

我家在中国家电之都、世界美食之都的顺德，经过20多年的观察，我发现这里的养殖业从早年的四大家鱼、生鱼，到近些年的鳗鱼、加州鲈，现在的吻鱼、龟鳖，接下来可能就是鳜鱼、笋壳鱼、河豚以及更多特色品种。

转得快，好世界。

顺德水产业升级就发生在眼前，转变就意味着更多商机——

这里是岭南鱼米之乡、全国渔业生产先进县、中国鳗鱼之乡、中国鳗鱼之村、中国水产预制菜之乡、中国优质淡水鱼之乡……

这里是全国最大的吻鱼养殖基地之一，广东省加州鲈养殖示范片区，拥有佛山市现代渔业科技园、顺德区优质草鲩产业园和顺德区优质加州鲈产业园……

这里有广东省鳗鱼业协会、顺德区饲料商会、顺德区水产商会、顺德区吻鱼养殖协会、顺德区生鱼养殖协会、顺德区龟鳖养殖协会……

顺德的天然环境和气候，很适合淡水鱼的生长，所以顺德菜以鱼为主。最有名的自然是鳙鱼（俗称大头鱼）、鲢鱼（俗称鳊鱼）、草鱼（俗称鲩鱼）、鲮鱼，它们更被合称为“顺德四大家鱼”。

根据统计，顺德人吃鱼的花样已达到200多种。鱼肉、鱼头、鱼尾、鱼腩、鱼皮、鱼嘴、鱼泡（鱼鳔）、鱼骨、鱼肠、鱼子……不同部位就有不同菜式，鱼身上下无一不可成佳肴，简直到了出神入化的境界。

进入新时代，水产养殖业占顺德农业的大半边天，是顺德传统农业的优势项目，代表着顺德农业开拓创新、敢闯敢试的精神。面对已不能适应国家、省、市对农产品质量安全监管要求的传统粗放式的养殖模式，顺德水产养殖业锐意进取，在原有基础上用科技、创新、环保的手段开展水产养殖，提高规模化养殖占比。

又是一年三月三。2014年3月3日，顺德区生鱼养殖协会成立并举行首次会员大会，这是继龟鳖养殖协会、吻鱼养殖协会之后，顺德区内成立的第三个专业性水产养殖协会。这个协会的成立就是要确保上市的顺德生鱼“无公害”。

绿水青山就是金山银山。顺德大水面淡水渔业以渔净水、以渔控水、以渔抑藻，有效抑制水体富营养化。以水兴城，以水美城，顺德坚持“以水养鱼、以鱼养水”的生态渔业发展道路越走越好。

时光荏苒，2022年8月27日和2023年11月19日，中国水产流通与加工协会分别授予顺德区“中国水产预制菜之乡”和“中国优质淡水鱼之乡”区域特色品牌称号，为顺德水产预制菜抢占产业发展制高点、抢占市场先机打开新局面。

顺德人心中对鱼有着特殊的情感（朱德文供图）

四大家鱼、鳗鱼、龟鳖、吻鱼、生鱼、锦鲤……都是顺德的鱼，我知道，它们还有着一个共同的名字——顺德鱼。

「水乡人」

顺德位于粤港澳大湾区腹地，为西江、北江河口冲积平原，平地占顺德总面积的58.7%，包括河涌和鱼塘的水域占37.4%，还有少量分散性的丘陵和台地占3.9%。地势由西北向东南缓缓倾斜，海拔在0.7～2米，地面大都在洪水线以下。

顺德河涌交织，过境的西、北两江干（支）流有16条段，长210公里，内河河涌有164条，长755.7公里。主要河道一般宽200～300米，深5～14米，年过境水量概算达1504亿立方米，河水受潮汐作用，反向回流，可再度利用，水资源十分丰富。顺德属南亚热带季风气候区，冬无严寒，夏无酷暑，年均气温21.9℃，降水量1626.8毫米。每年4～9月为汛期，又是台风活动频密的季节，雨量约占全年的80%，风灾水患是威胁性较大的自然灾害。

世世代代生活在水乡的顺德人民，在长期的生产实践中，因地制宜，扬长避短，化害为利，磨炼出水一样灵活机动的聪明才智；经过千百载的辛勤劳动，把僻处南荒的洼地滩涂，垦辟成繁荣富庶的鱼米花果之乡。

早在宋代，顺德人即根据地势低洼、潦水容易为患的特点，结合兴修水利，塞堑为塘，叠土成基，兴起基塘耕作技术。明代，这种特殊的土地利用方式趋于成熟，取得了良好的经济效益，专业性商品农业应运而生，逐渐突破封闭性的自然经济束缚，走向社会化商品生产。明中叶以前，以果基鱼塘为主，荔枝、龙眼（桂圆）“流俎天下”，“比屋皆焙取荔枝、龙眼为货，以致末富”。

明中叶以后，澳门成为中外贸易场所，蚕丝出口需求与日俱增，顺德因应时势，发展成全省的蚕丝和丝织业生产中心，龙江出产的丝织品“玉阶”和“柳叶”，被列为广东的贡品。绕严陵滩畔，鹭飞鱼跃。桑基鱼塘也由此成为一种远近闻名的科学种养方式：基面种桑，桑叶喂蚕，蚕沙（粪便）和蚕蛹喂鱼，鱼粪和其他腐殖质积聚为肥效甚高的塘泥，戽上基面，促进桑树生长。“蚕壮桑茂鱼肥大，塘肥基好茧丰收”，水陆相互促进，构成良性循环的人工生态系统。蚕丝业和塘鱼养殖业的兴旺，推动农副产品加工业、贩运业和交通运输业的发展，河流交汇之处兴起密集的圩市，“百物辐辏，商贾常满”；不少顺德人更成群结队穿州过省做生意，“足迹半天下”，搞活了顺德的经济。

鸦片战争以后，顺德加速了商品性农业和工业化的进程，成为我国最早出现民族资本主义经济的地区之一，市场需求在地区经济开发中起了决定性作用。19世纪70年代，机器缫丝工业勃兴，以蚕桑为首的经济作物大面积扩展，农村掀起“弃田筑塘，废稻树桑”的高潮。自清代中叶起，江河不断淤浅，由于堤围修筑缺乏统筹安排，水患愈演愈烈，堤围溃决、平畴沃野尽为泽国的大灾时常发生；辛亥革命后，政局动荡，顺德土匪长期活动猖獗，“盗风甲于全省”，人民的生命财产安全缺乏保障，顺德经济发展受到很大阻力。

1949年10月，新中国成立后，顺德人民在中国共产党的领导下，铲除了旧社会的积弊，建立了良好的社会秩序，改变了生产关系，运用集体的力量，兴修堤围和各项水利工程，有效地控制了频频肆虐的水患，创造了安定的社会环境，经济逐渐得到恢复和发展。

改革开放后，顺德人民以团结、拼搏、求实、创新的精神，大力发展社会主义市场经济，以国际市场为导向，以国内市场为依托，以乡镇工业为主体，以科技进步为主要推动力，紧抓农业，全面协调发展农村商品经济，开创出一条富有特色的经济发展道路。

水乡顺德突破千百年来的城乡传统格局，初步实现农村工业化。

顺德水系发达，适合江河、鱼塘养殖（《珠江商报》供图）

「养鱼」

顺德在高速发展工业的同时，农业也从劳动力密集型的粗放经营转化为技术密集型的集约化经营，在发挥生态农业和园艺农业传统优势的基础上，不断加强综合开发，优化产品结构，达到优质、高值、高效的先进水平。

养殖业成为顺德农业的主导产业，传统的四大家鱼除鲩（草）鱼外，逐渐为鳗鱼、桂花鲈、甲鱼、加州鲈、生鱼、吻鱼等优质高值水产品种所取代；历史悠久的蚕桑业也由于经济效益跟不上形势而告终结，让位于产值更高的优质禽畜养殖业。

至1991年，顺德建立起水产、畜牧、花卉、蔬菜、水果5大体系共195个出口产品生产基地，引导周围农村走上社会化专业化生产轨道。顺德农业用地年亩均产值2000元左右，其中万元以上的超过1万亩（1亩≈666.67平方米）。与此同时，突破传统的销售方式，实行生产、储藏、加工、销售相配套，促使农业在更高的层次上迅速发展，形成现代农业的雏形。

顺德属平原水网地带，农业资源独特。地下发掘结果表明，部分地区在西汉时期已有农耕的痕迹。到了宋代，大规模围垦造田，种稻养鱼，栽植果木和桑树。其后，结合兴修水利，塞堑为塘，叠土成基，兴起基塘农业。明代前期以果基鱼塘为主，嘉靖以后，国内外市场对蚕丝需求增长，蚕桑业迅速崛起，桑基鱼塘的生产结构日益发展，基地种桑，桑叶养蚕，蚕沙（粪便）养鱼，塘泥用作桑基肥料，形成良性循环的人工生态系统。

游鱼来往，还戏此波中。清乾隆至光绪年间，两度掀起“弃田筑塘，废稻树桑”的高潮。光绪末年，顺德有桑基30万亩，鱼塘20多万亩，桑基和鱼塘面积共占顺德耕地总面积91万亩的55%。塘鱼、桑蚕、蚕丝3项年产值达12760万两白银。至1925年，桑基面积增至66.5万亩，鱼塘面积增至26万亩。

20世纪30年代初，桑蚕业在世界经济危机冲击下衰落，大量桑基改植甘蔗，部分改植柑、橘、柚和水稻、旱粮，形成蔗基鱼塘、桑基鱼塘、果基鱼塘、菜基鱼塘和稻田并存的生产结构。20世纪80年代，随着市场经济的发展，顺德县农林局、水产畜牧局及各镇的农业领导部门转变职能，由

顺德水乡（《珠江商报》供图）

管理领导型转向社会服务型，成立各级农业服务公司，提供技术、种苗、资金和产品收购、加工等产前、产中、产后服务。大幅调整农业生产结构：一是发挥基塘农业传统优势，将农业从以种植业为主逐步向养殖业转移，有计划地把一部分边远落后低产田挖成鱼塘，养殖水产品，并多养禽畜，使养殖业成为农业的支柱产业；二是种植业从以粮、蔗、桑为主转向以经济效益高的水果、蔬菜、花卉等经济作物为主；三是种养业品种通过引进改造，从传统的低质、低值向优质、高值转移；四是经营形式从以分散为主逐步向规模经营转移，推行股份制、租赁制、合作制、联合制、转让制等经营形式，使土地、鱼塘向种养能手集中。与此同时，推行“贸工农”方针，建立创汇型农业，发展专业户、农业生产企业和生产基地，由粗放型经营转向集约化经营，提高农业的商品化、专业化水平。

1991年，顺德生产水稻88189吨，淡水鱼154016吨，甘蔗971742吨，蚕茧97吨，生猪737470头，三鸟2060.28万只，水果49272吨（其中香蕉、大蕉4731吨），蔬菜179575吨。农业总产值12.31亿元（1990年不变价），其中养殖业产值8.69亿元，占70.59%。

也就是在这样的养鱼规模、市场需求推动下，顺德成为全国重要淡水渔业主产区，水产养殖业成为顺德农业的支柱产业之一。2020年顺德区统计数据显示，顺德全年水产养殖业产值达79.43亿元，占农业总产值的58.94%。

为什么顺德的鱼好吃？诀窍不仅在厨艺，更在养鱼技艺——以1.5公斤的鲩鱼为例，要“饿”上15天，“瘦身”后再烹饪处理，这种鱼被称作“吊水鱼”，不仅没有泥腥味，而且肉质更加紧致鲜甜。

“吊水鱼”的养殖办法并非行业秘密，在此基础上，如何养出更好的鱼？顺德选择科技赋能，利用先进技术手段实现水产养殖全流程精准可控，蹚出一条高质量稳产之路。比如，引入健康优质的鱼苗，投放经珠江水产研究所研制的皇竹草喂养……经过3个多月的科学养殖后，基塘中的鲩鱼被整体搬迁至高位桶中，接受为期15天的“吊水”。

在养殖技术上，2023年，伦教新天成香云纱现代农业生态园对氢能在农业养殖上的应用进行了探索，包括富氢水渔业养殖、水族养鱼、市场餐厅氢水“吊水”、活鱼运输等，推动氢气在农业领域的应用推广，展开了科技赋能农业的一大实践。

除了养殖食用鱼，顺德人还养殖有药用价值的龟鳖以及供人观赏的锦鲤、热带鱼、金鱼等。

「顺德鱼」

乐从镇的专业市场有十来个，其中具备相当规模的就有塘鱼、钢铁、家具三大市场。鱼市一天成交鲜活塘鱼70余吨，一年四季风雨无阻。在鱼市上，除了来自广东各地的车辆，还有广西、湖南远道而来的客商……

——1991年6月，新华社原社长穆青采写的一篇长篇通讯《风帆起珠江》这样描述30多年前的乐从。

水产业是顺德的一张名片，过去这里以“四大家鱼”养殖为主，但时至今日，顺德已有着全国最大的鳗鱼、甲鱼、加州鲈、生鱼、吻鱼生产基地，淡水养殖品种达40多个，顺德鱼畅销国内外市场，深受消费者欢迎。

顺德淡水养殖业历史悠久，一份由顺德区农促会早期提供的资料就显示，全区淡水养殖面积近20万亩，2013年全区塘鱼产值52.62亿元，占全区农业总产值的62%。其中，鳗鱼业养殖面积超6万亩（含外延部分），以其过硬的质量冲破国外的绿色壁垒，产品畅销日本、韩国、俄罗斯以及欧美等国际市场；甲鱼业近年快速发展，养殖面积占全省的50%，产量占全省的50%、占全国的10%，还成功探索出仿生态养殖模式，深受消费者欢迎；生鱼、加州鲈和吻鱼以其产业集中度高、规模大，畅销全国大中城市。

经济发达、产业兴旺的顺德，凭什么还能成为多个水产品种在全国范围内的主要养殖基地？我就以吻鱼业的发展为例说起。这种鱼原产于我国长江流域，在20世纪80年代引入顺德大量养殖，经过40多年的发展，顺德区内拥有吻鱼养殖农户500多户，吻鱼养殖面积1万多亩，年产量1.5万吨，年产值3亿多元，占全国吻鱼总养殖量的八成以上。

吻鱼的原产地是湖北石首，为什么顺德反而成了全国最大的吻鱼养殖基地呢？对此，顺德区吻鱼养殖协会会长、德益水产养殖有限公司负责人刘海新认为，这除了与顺德的地理气候条件、丰富的养殖经验和养殖技术有关，关键是顺德养殖户大胆创新，而且在养殖设备上舍得投入，亩产是湖北的7倍。经过几年的角逐后，顺德便成为全国最大的吻鱼养殖基地。

流通渠道顺畅也是顺德水产业快速发展的重要因素之一。在乐从，就有一个全国最大的吻鱼鲜活流通中心，日均输送吻鱼量约10万斤（1斤=0.5千克），月均销售额接近3000万元；位于杏坛古朗的生鱼流通中心，平均每天就有90万斤的生鱼从这里远销到全国各地；还有国通农产品进出口交易平台、伦教农产品交易中心，以及在龙江、勒流、乐从等镇街都有相当经营规模的企业通过中介形式，将顺德水产品特别是“顺德鱼”进行包装后发展“南鱼北运”市场。

专业化、标准化、绿色环保养殖也是顺德水产业发展的方向。顺德多个水产品种如龟鳖、鳗鱼、生鱼、吻鱼等均成立了各自的专业协会。一方面是通过信息沟通指导养殖户每年的投苗量，确保行业供需平衡；另一方面则是推动行业规范化、品牌化发展，通过绿色、环保的健康养殖方式，保障顺德鱼质量安全。

「创新」

佛山市是广东省7个内陆地级市之一，是粤港澳大湾区中心区，其中顺德区是中心区的核心区。顺德区主要是通过珠江冲积和围垦而成，水源充足，土壤肥沃，生物多样性丰富，生态环境优良完整。

这条顺德鱼有20公斤重（《珠江商报》供图）

作为广东省最早的水产养殖基地，顺德曾以桑基鱼塘名噪一时。1979年，时任联合国大学副校长的曼斯·哈尔德教授来顺德考察时，曾盛赞桑基鱼塘。联合国教科文组织更是高度评价，认为桑基鱼塘是“世间少有的美景，良性循环的典范”。

顺德桑基鱼塘不仅具有其原创性、推广性贡献，还把桑基鱼塘技术发挥到了极致，在中国近现代史上开启了农工商一体化生产生活实践，催生了基塘景观、桑蚕文化、村落古建、生活习俗、地域风情、文化形态，深受老百姓喜欢的龙舟文化、祠堂文化、餐饮文化、粤剧文化、民俗风情均有桑基鱼塘的印记。

如今，顺德依然是广东乃至全国著名淡水渔业主产区，池塘养殖业是顺德区农业的支柱产业之一。多年来，根据农业尤其是土地等基本生产资料集体所有以及集体统一发包、农户分散投包的统分结合的双层经营体制，顺德区政府及集体持续不断地组织开展鱼塘综合整治专项行动，主要是疏浚塘底、加固塘堤、拓宽塘基，全区水产养殖环境条件和保障设施都得到了显著改善。

“江花夹岸江水深，此时尺鱼如寸金。”无论客观压力还是主观动力以及由此激发出来的活力，集中表现在顺德区水产养殖的技术创新上。一是以经济效益为中心，根据市场供求变化，优化养殖品种结构，将传统的青、草、鲢、鳙四大家鱼调整为名优新特品种，主要品种如生鱼（乌鳢）、加州鲈、笋壳鱼（云斑尖塘鳢）、鳗鱼、黄颡鱼、吻鱼（长吻）、鳊（广东鲂）以及甲鱼（中华鳖）等。二是推广高效养殖模式，在传统的以草鱼为主搭配混养鲢、鳙、青、草、鲤、鲫、鳊、鲮等的基础上，根据

顺德水产业深受业界、学界关注（《珠江商报》供图）

不同品种特性及市场需求，开展养殖生产模式的创新，获得显著成效，且把许多品种打造成为全国养殖主产区甚至是核心区，其产品成为全国统一大市场的有机组成部分。三是构建社会化服务体系。

顺德水产养殖是构建在专业化分工和社会化服务两大支点上的，围绕池塘养殖专业化生产，区域化布局，顺德构建起了一个社会服务体系，该体系由渔需物资供应、渔业配套设施建设以及水产品加工、流通和消费等环节构成，它们给水产养殖的发展以强大和完善的支撑。

顺德开展现代水产养殖，不但追求高产稳产，而且追求高质量。2015年以来，顺德建立了涵盖水、土壤、环境等六大养殖标准，养殖户按照这些标准进行养殖，就能确保水产出品的高品质、安全健康，这也正是“安全不是检出来的，是养出来的”顺德创新。

近年来，顺德承担起广东省草鱼养殖标准化示范区的建设任务，为全省草鱼养殖提供规模化、产业化、标准化示范。

打造行业标杆，离不开自我创新。顺德一方面积极拓展养殖产业链，实现从苗种培育、饲料研发到养殖全链打通；另一方面开拓、涉足预制菜领域，冻烤鳗、酸菜鱼、加州鲈–夜埕、无骨鲩鱼扒、鱼腐、鱼面、鲍鱼花胶鸡等系列产品都是主打产品，均安镇开设了欧阳广业粤菜师傅大师工作室，研发符合顺德人吃鱼喜好的口味、口感，利用已经非常成熟的低温液氮“锁鲜技术”，让顺德生鲜走向更大市场、走进千家万户。

「品种」

顺德水产养殖技术创新是全过程和全方位的，从孵化、育种、养殖、饲料、病害防治到水产品质量安全，顺德描绘了一幅美丽的水产养殖新景象。

草鱼，也就是鲩鱼，是中国传统淡水养殖的四大家鱼之一，不论是产量还是养殖面积都高居首位，以它为代表，大头（鳙鱼）及变种的仙骨大头、缩骨大头、广东鲂等鲤科鱼类一直是顺德池塘养殖的主要品种。在该类鱼中，顺德区均安镇打造出了一种极具地方特色的优质草鱼，这就是均安草鲩。该鱼已经获得市场认可，受到消费者的追捧，傲然屹立在优质高端名优鱼类行列之中。

顺德育种的鱼苗（《珠江商报》供图）

顺德水产美食甲天下，顺德人吃鱼不时不食，食不厌精，脍不厌细，在诸多塘鱼中，主食鲩鱼，其中以均安草鲩为最。作为优质食材，鲩鱼可以加工制作出许多美食，作为原材料，鲩鱼还可进工厂进行深加工与综合利用。均安镇有一个敢为天下先的龙头——广东顺德均健现代农业科技有限公司（简称“均健公司”）。该公司一直专注于水产养殖，而且把主攻点放在了创新草鱼养殖技术模式、获得提质增效增收上。

均健公司全面系统地继承了顺德池塘淡水鱼养殖技术，且遵循水产养殖“七分环境三分养”的原则，结合实际积极创新，按照生态环境（优质水源、肥沃土壤、完善生物植被）+生态养殖（青饲料、谷物，水质调节、尾水处理）+现代科技（现代科学暂养技术）=均安草鲩这一公式养殖生产草鲩。

加州鲈，学名大口黑鲈，分类学上属鲈形目，太阳鱼科，原产美国加利福尼亚州密西西比河水系，是一种肉质鲜美、抗病力强、生长迅速、易起捕、适温较广的名贵肉食性鱼类。加州鲈鱼是顺德区养殖面积最大的名特优养殖鱼类品种，产量占全国总产量的50%，养殖主要集中在顺德区的勒流、杏坛、龙江和均安等镇。

鳜鱼是学名，桂花鱼还有诸如鳜花鱼、季花鱼、桂鱼、鯚鱼等地方名或俗名，是江河优质高档鱼类之一。鳜鱼不但可做成美味佳肴（红烧、清蒸、炸、炖、熘均可，也是西餐常用鱼之一，肉质细嫩、爽脆、弹牙，味道鲜美），而且是一味滋补保健品。根据中国传统中医理论，鳜鱼味甘、性平、无毒，归脾、胃经；具有补气血、益脾胃的滋补功效，适宜体质弱、虚劳羸瘦、脾胃气虚、饮食不香、营养不良之人食用；老幼、妇女、脾胃虚弱者尤为适合。

在顺德40多种水产养殖品种中，生鱼（乌鳢）最具特点，主要是顺德区农户在开展生鱼池塘人工养殖中不断打破该鱼单产全国最高纪录，由亩产一万斤飙升到三万至五万斤，创造了池塘养殖生鱼黑压压一片只见鱼不见水的奇迹。笋壳鱼，学名云斑尖塘鳢，原产于东南亚的泰国和澳大利亚，是近年顺德区引进推广较为成功的水产养殖品种之一。以前，国内未攻克笋壳鱼人工养殖核心技术，产品主要依靠从国外尤其是东南亚进口，市场价格波动较大。顺德区水产技术推广部门经过充分论证，得出结论：顺德区适合发展笋壳鱼养殖，且能给养殖户带来相当可观的经济效益。因此，顺德区鼓励敢于创新的养殖场开展笋壳鱼的引进、试养工作。

顺德承办的国家级水产养殖业会议（顺德区水产商会供图）

鳗鱼是一种以国际市场供求为导向的鱼类，是外向型和创汇型鱼类的代表，2021年12月2日，顺德区日本鳗塘头价格是7.2万元/吨，菜鳗7.4万元/吨，烤鳗10万元/吨，活鳗12万元/吨。

顺德区黄颡鱼池塘商品鱼养殖主要是单一品种精养模式，由两大模式构成：一类是短周期养殖模式，每年4～5月放苗，一般养殖周期为9～10个月，起捕规格为0.2斤/尾左右；另一类是长周期养殖模式，每年4～5月放苗，一般养殖14个月以上，出鱼规格约0.6斤/尾。

长吻是原产于长江流域的优质高档鱼类，但是由于长期过度捕捞，长吻生态资源已严重枯竭，现今绝大多数通过池塘、网箱、工厂化进行人工养殖。其中广东是长吻的主产区，以顺德最为集中。由此，顺德区长吻养殖生产者和市场流通商发起成立了顺德区吻鱼养殖协会，开展吻鱼推广工作。

「吃鱼放鱼」

由古至今，吃鱼、食鱼生不是顺德人的专利。

东晋时，张翰向齐王辞官归隐，理由是太想念家乡江苏的莼菜羹、鲈鱼脍。“莼羹鲈脍”的典故，成了后世历代文人笔下念乡寄情的独特风景。

唐代，王维作诗送堂弟远行：“忽思鲈鱼鲙，复有沧洲心。”李白《秋下荆门》诗则说：“此行不为鲈鱼鲙，自爱名山入剡中。”

清朝陈梦雷《秋兴》诗句：“当年起草侍明光，鲈鲙娱亲请尚方。”

顺德的俗语：

“天天鱼做菜，隔日鱼煲汤。”

“靠山吃山，靠水吃水，顺德人爱吃鱼，会吃鱼。”

鱼米之乡，鱼水有情。

鱼，是顺德人的拿手食材。

顺德，是响当当的鱼米之乡，是广府粤菜的发源地之一，更是享誉四方的美食之城。

一条鱼在顺德厨师
眼中就是一件美术品

在中国饮食文化中，粤菜历来就有很高的地位，是传统四大菜系之一，由广府菜、客家菜、潮州菜组成。那么，顺德为什么能成为广府粤菜的发源地之一呢？我国素有“食在广州，厨出凤城”的民间谚语，“凤城”就是如今的顺德。顺德菜历史悠久，经历千百年的发展，历代厨师的开拓，再加上本地食材精致等原因，让顺德成了广府菜的发源地之一，也被美食家称为广府粤菜的核心区。这里的美食数不胜数，汇集着粤菜中最传统也最经典的菜品。

顺德厨师可以把鱼制作成“一鱼百味”——鱼羹、煎鱼饼、鱼骨、菊花鱼球，一鱼集聚顺德十八般厨艺。顺德厨师首擅烹鱼，顺德吃货无鱼不欢。顺德人烹鱼出现了“骨肉相连”、均安鱼饼等多种招式，“一鱼百味”借鉴了各种招式，是顺德烹鱼文化和技艺的集大成者。

顺德人对吃鱼生有一种特别的偏好，故无论食物链或工艺链都有一套较为严谨的制度。

第一，最特别的，要数不吃“失魂鱼”。

“失魂鱼”就是刚在鱼塘捞起或刚在市集购回的鱼。由于经过捕捞、运输等，鱼长时间处在惊慌和紧张之中，在一定程度上会造成“瘀血”“滞血”的现象，令鱼的鲜味尽失并带浑浊之味。顺德人会先将鱼放在水池中静养数天后方吃。这样的好处是，让鱼可以休养生息，舒展血脉。在静养的过程中，既可让鱼的粪便排清以去鱼肉中的泥味，又可给鱼来一个“减肥瘦身疗程”，以减轻腥味和保证鱼肉鲜甜。这也是近年形成的所谓“瘦身鱼”做法的源头。

第二，在劏鱼的过程中，顺德人非常讲究将鱼血放尽。因为鱼血是鱼肉腥味之源，只要血污清去，不仅腥味锐减，亦让鱼肉得到明快洁净的色彩。

第三，起鱼片时一定要将“红鱼肉”剔清。红鱼肉俗称“鱼瘦肉”，亦是腥味之源。这种鱼肉既没有鲜甜味道以及爽脆的质感，又味腥肉绵，必须剔去。

第四，沥去或晾干鱼肉表面水分。如果鱼肉表面含水量大，是不黐碟（粤语，粘碟的意思）的，具鲜味的可水溶蛋白容易流失，鱼肉鲜味会大降。

第五，切鱼片时，必将鱼肉切至尽薄，做到入口即化，清心爽利。顺德人吃鱼生，以鲩鱼为主，塘鲩、库鲩、溪鲩依次为珍，余下的是鲈鱼（海鲈）、鳜鱼、罗非鱼、太阳鱼、鲮鱼、河虾（通常称为“虾生”）等少骨或骨丝幼（细）的水产品种。

第六，配料以味道清香酸甜、质感脆爽为主。并将之切成幼（细）丝，以求入口即化、清洁口腔。对于吃鱼生，外地人并没有深明其奥，认为只是取其鲜甜而已，认为什么水产都可以生吃。顺德厨师是严格遵守但凡阴性水产均不宜制作鱼生的训诫的。

顺德青云塔下，人们进行鱼灯演出（《珠江商报》供图）

在顺德厨师眼里，一条鱼并不仅仅是一条鱼，它是鱼肉、鱼头、鱼尾、鱼腩、鱼皮、鱼嘴、鱼鳔、鱼骨、鱼肠、鱼子等不同部位的组合，这些不同的部位都应该有专属于它们的不同菜式，鱼身上下无一不可成佳肴，顺德厨师做鱼简直到了出神入化的境界。

顺德厨师享誉天下，他们的师傅最早来自两类人：自梳女和渔夫。先说说顺德厨师的第一类师傅自梳女。在旧社会，未婚女子都梳着一条长辫子，结婚时，由母亲或女长辈替其把辫子挽成一团紧贴在脑后勺，称为髻。立心不嫁者则履行一定的仪式自行束髻，称“自梳”。自梳女不得居于母家，自主谋生，多在“姑婆屋”中与众姊妹结伴居住，在生活上互相扶持，亲如家人。

顺德到处是桑基鱼塘，自梳女自然常常吃鱼。她们先淘米下锅煮饭，然后到鱼塘网一尾鱼回来，摘一块新鲜荷叶，再回到“姑婆屋”把荷叶跟鱼弄干净，当锅里的米开始转熟时，将荷叶包鱼放在上面，盖上锅盖，待饭焗透时鱼也刚好熟了。再拿出来，去掉荷叶，把鱼放在碟上，加上生抽、熟油便做成了一道荷香鱼。这样制作的荷香鱼以鲜嫩荷叶包住未失魂的活鱼，放在饭面蒸熟，由于分秒必争鱼未失魂，所以鱼肉鲜嫩，润滑甘香，今天，粤菜中的清蒸河鲜就是不断吸收顺德自梳女的技法，可以说，她们就是顺德厨师的师傅。

顺德厨师的第二类师傅则是渔夫。他们在桑基鱼塘边搭棚居住，常年以打鱼为生，对鱼十分了解，更懂得鱼的烹饪做法。他们选鱼，多选一斤多的鲩鱼，鱼太大，肉就会老而粗，小了则味淡而肉散；选鱼头，他们爱选鳙鱼头，因为鳙鱼头肥美嫩滑；鲢鱼味腥，渔夫们别出心裁地用乌醋做汤来浸鲢鱼，乌醋能消滞解腻，刚好能让鲢鱼腥味去尽而突出鲜味。最早使用塘鱼下脚料来做菜的也是他们：顺德渔夫用鱼肠加蛋创出了钵子焗鱼肠，用去肉后的鱼骨做出了酥炸鱼骨。所以今天的顺德，人人懂吃鱼，个个都是美食家，在这样的氛围下，顺德厨师想不出名都难。

岁月悠悠，如今自梳女和渔夫的身影已经逐渐淡出历史舞台，但他们所创造出的美食却经过一代代人传承延续至今，丰富了我们的餐桌，也丰富了顺德的文化。

同时，我也看到，在顺德各镇街的美食中，以鱼为食材的占据了一半——

大良：鱼皮角	容桂：容桂鱼生	伦教：伦教糕
陈村：陈村粉	乐从：乐从鱼腐	北滘：无骨鱼
均安：均安蒸猪	勒流：勒流烧鹅	龙江：龙江烧肉
杏坛：煎酿鲮鱼		

顺德人不但会吃鱼，还会放鱼。

增殖放流是国内公认的一种养护水生生物资源最直接、最有效的方式。自1983年起，顺德开始增殖放流，至今已坚持40多年，放养品种主要为适合本地江河环境生长的原生优质品种，如草鱼、鳙鱼、鲮鱼、鲫鱼等。

不过，顺德在西江顺德段放流中华鲟，是顺德农业部门退休干部岑波最为骄傲的一个回忆。鲟鱼是与恐龙同一时代的生物，是最原始的脊椎动物之一，被誉为活化石，国家将其列为一级保护动物。1834年，英国科学家在珠江流域发现第一条鲟鱼，故将这种鲟鱼命名为“中华鲟”。

我国各大江河均有中华鲟分布，珠江流域的中华鲟一度绝迹。岑波任职顺德农业部门水产科科长期间，就大规模放流了中华鲟，让中华鲟在水中“重建家园”，为保护这种国家一级保护动物做出了很大贡献。

新冠疫情发生的2020年，顺德增殖放流活动由佛山市农业农村局主办，顺德区农业农村局、广东省渔政总队顺德大队承办，勒流街道协办，鱼苗资金约为26万元，放流鱼苗约300万尾。同年，为有效增殖天然水域鳗鱼繁殖种群数量，恢复鳗苗资源，促进鳗鱼产业健康、可持续发展，以“维护生态平衡 共建绿色生活”为主题，由广东省农业农村厅主办，中国水产科学研究院珠江水产研究所、顺德区农业农村局协办，广东省鳗鱼业协会承办的广东省鳗鲡人工增殖放流活动在顺德举行，共有2000公斤成鳗、35000尾鳗苗流入德胜河。

以鱼养水、以水兴城。2023年6月18日，在“保护渔业资源 建设生态顺德”顺德区2023年水生生物增殖放流活动现场，放流超过200万尾鱼苗，放流鱼苗以四大家鱼之中的草鱼、鳙鱼、鲢鱼鱼苗为主。活动是进一步贯彻落实顺德区委区政府“以水美城、以水兴城”战略部署，配合珠江流域禁渔工作，依法履行渔业资源的增殖和保护职责、科学养护水生生物资源、维护生物多样性的重要举措。1983—2023年，顺德已经连续举行了40次增殖放流活动。放流规模不断扩大、社会参与程度不断增强，为保护水生资源环境、建设美丽顺德确立了价值航标，产生了良好的生态、经济和社会效益。

顺德举行2023年水生生物增殖放流活动（《珠江商报》供图）

增殖放流时正值顺德伏季休渔期，顺德伏季休渔自每年3月1日持续至6月30日，为期3个月。近年来，沿海和江河流域地区在开展大规模经济建设和资源开发的同时，对自然水域的生态环境造成了较大的影响，自“河长制”工作实施以来，各级党委政府加大了对水生环境的治理力度。在休渔期进行增殖放流可以促进水生生物资源尽快恢复，维护水生生物多样性，改善渔业资源环境，进而增加渔民收入，十分有意义。

水产是顺德农业的支柱产业，早在宋朝时期，顺德人就开始种桑养鱼，桑基鱼塘是顺德农业重要的历史文化遗产，为顺德区丰富的水产养殖业奠定了坚实的基础。顺德区农业农村局提供的数据显示，顺德2023年有池塘约15万亩，淡水养殖年产量逾30万吨，产值近80亿元，占全区农业总产值的七成以上，主要养殖鳗鱼、加州鲈、生鱼、草鱼、吻鱼等40多个品种。

放流的背后，是顺德鱼畅销国内外市场，深受消费者欢迎。如今，顺德有各类水产专业合作社近30个，国家、省、市级农业龙头企业40家，其中水产类龙头企业19家，占农业龙头企业近半数。顺德烤鳗出口量占全省的70%，占全国的20%；加州鲈年产量占全省的40%，占全国的20%；生鱼产量占全省的50%，占全国的20%；广东鲂和太阳鱼产量均占全省的70%以上。

顺德将世界美食之都与预制菜产业结合在一起打造区域品牌（《珠江商报》供图）

「水产预制菜」

顺德区水产养殖业具有以下特点：敢为天下先，率先优化水产产业结构，发展优质高附加值品种的养殖，有效对接国内外市场；加快推进水产良种体系建设；转变传统水产养殖模式，探索循环养殖模式和混养模式；发展生态、高效的养殖模式，建设现代水产强区；发展生态休闲渔业；等等。

2020年6月10日，广东省农业农村厅联合省渔业技术推广总站检查验收组及市农业农村局渔业科负责人一行来到顺德，就创建2020年省级水产健康养殖示范县进行现场验收。

水产养殖业是顺德农业的支柱产业，为了进一步夯实顺德区渔业发展基础，保障养殖水产品质量安全，推动顺德水产业高质量发展，自2019年起，顺德全面启动农业农村部省级水产养殖示范县示范工作，积极围绕现代渔业绿色发展总目标，推进渔业产业转型发展，在加强现代农业产业园规划建设、水域滩涂规划落实、养殖尾水治理专项行动、水产品质量安全监管、无公害产品产地认证等各项工作中取得显著成效。

同时，顺德坚持科技创新，通过"生产+加工+科技+营销（品牌）"的全产业链和价值链重构，做强创新链，形成互动融合发展、相互关联配套的淡水鱼产业新趋势，规划建设了顺德区优质草鲩产业园和顺德区优质加州鲈产业园2个省级现代农业产业园，覆盖3.5万亩的水产养殖面积，推动顺德乡村振兴战略顺利实施和农业高质量发展。

顺德区积极响应佛山市创建“国家节水型城市”号召，全力用标准引领渔业产业转型升级。2019年，顺爷水产、兴莹水产、东民水产、盛渔水产4家公司的项目被列为“顺德区规模水产养殖场水质净化缓冲区建设项目”扶持对象，配套170万元扶持金额，基本实现440亩建设面积的鱼塘尾水达标排放或循环使用不外排。

顺德凭借得天独厚的水产养殖环境和地理位置，每天都有塘鱼源源不断地出口。塘鱼也成为顺德供港的特色优势农产品，供港品种包括鲩鱼、鳙鱼、鲮鱼、鲫鱼、桂花鱼、加州鲈等淡水养殖鱼。顺德供港塘鱼最高可占香港市场的六成。

客从远方来，遗我双鲤鱼。“庆丰收　迎盛会　展芳华”顺德区庆祝2022年中国农民丰收节暨顺德区优质加州鲈产业园文化活动在顺德区优质加州鲈产业园举行。现场设置丰富多彩的互动体验活动，有露营经济下的顺德预制菜试吃体验，可品尝各类顺德特色、美味预制菜；活动还推出“寻味顺德”美食丰收宴，邀请顺德本土乡间大厨，用顺德优质农产品制作顺德美食，尤其以顺德区优质加州鲈为主要食材，感受顺德特色鱼文化，一鱼多吃；同时，丰收宴还与顺德预制菜深度融合，各式顺德预制菜名菜拆鱼羹、炸牛奶、乐从鱼腐等一一摆上宴席，让来宾享受顺德特色全

顺德区庆祝2022年中国农民丰收节（《珠江商报》供图）

顺德区预制菜产业园启动建设仪式（《珠江商报》供图）

鱼盛宴，让群众感受到在党的领导下顺德美丽乡村蝶变和人民生活品质的提升，营造政府搭台、企业登场、全民参加的氛围，共唱顺德农业丰收、美食、旅游、娱乐、文化的赞歌。

2022年8月27日，中国水产流通与加工协会授予顺德区“中国水产预制菜之乡”区域特色品牌称号，为顺德水产预制菜抢占产业发展制高点、抢占市场先机打开新局面。“中国水产预制菜之乡”区域公共品牌有助于推动顺德水产预制菜产业高质量发展，助力培育区域特色水产品牌，在因地制宜发展地方特色产业的同时，加快构建现代乡村产业体系，持续促进农村一、二、三产业融合发展的发力点和开展乡村振兴工作的亮点，进一步引领顺德水产养殖业健康、高质量发展，提高水产养殖业的产量、产值，进一步擦亮顺德“世界美食之都”“鱼米之乡”品牌，全力创建国家级水产健康养殖示范县。

水产加工作为渔业生产的延续，能优化渔业产业结构，带动渔业经济增长。自 2023 年中央一号文件首提培育发展预制菜产业以来，预制菜概念就持续火爆，各水产企业纷纷入场布局。因预制化可提高产品附加值，提升价值链，水产品工业化、食品化发展趋势明显，水产品向食品产业链延伸，水产行业发力态势持续向好。

可以预见，我国水产品市场已经从传统的国际贸易和批发市场，开始向多元化市场发展，未来鲜活水产品、水产品净菜、水产品预制菜将处于并存的状态。

「结尾」

传统文化赋能顺德美食产业高质量发展。今天，顺德围绕特色现代农业产业建立“链长制”，依托“顺德草鲩”“顺德鳗鱼”“伦教糕”“桑麻黑毛节瓜”等顺德地方特色农产品品牌、“均安草鲩”“顺德鳗鱼”全国农产品地理标志，重点实施现代农业与美食文旅产业深度衔接，让“顺德味”香飘四海，打响“世界美食之都”城市IP。

就在此书付印之际，中国水产流通与加工协会向顺德区政府发出了《关于授予佛山市顺德区“中国优质淡水鱼之乡”区域特色品牌称号的通知》。顺德农业、水产业又添一国字号金字招牌，这将激励着广大水产养殖者、企业对淡水鱼更多的呵护，集体唱响“经济光明论”，助力顺德全面建设高质量发展先行示范区， 将广东省委“1310”部署落到实处，为广东省“百千万工程”增添水产业的力量。

海阔凭鱼跃，天高任鸟飞。

以水兴城，风生水起。

这就是顺德的鱼。

目录

Contents

第三章　品牌与荣光

第四章　鲜味与产业

第五章　协会与渔政

第六章　习俗与传承

顺德

第一章 水乡与鱼塘

顺德是岭南水乡的代表，是桑基鱼塘的摇篮，206个村庄中绕村水道总长不少超过10千米，部分村庄的水道总长达30千米。水光接天，碧波荡漾，曲折迂回有不尽之感觉，岭南古村格局犹存，古屋、古树、古道、古桥纵横，绿树成荫、鸟语花香，一派诗情画意，还有着“欺山莫欺水”的俗语。

顺德全年大部分时间适合鱼类等水生生物生长，因而养殖业发达。在广东的淡水养殖业中，顺德的名气如雷贯耳，无论是养殖技术还是从业人群的专业化水平，均位居同行前列。早在1957年10月，均安的沙头农业生产合作社就获得了中华人民共和国水产部颁发的奖状，表彰了其重视技术改革、在防治鱼病方面获得塘鱼丰收的好成绩。1958年12月，沙头农业生产合作社被国务院评选为“农业社会主义建设先进单位”。塘鱼以鲩鱼为主，鲩鱼也就是草鱼，是顺德区极具历史传统的水产品种。在工业立区、制造业当家的2023年，均安镇仍开辟出了3.5万亩基塘，其中水产养殖总面积约2.5万亩，草鲩的养殖面积占了六成，草鲩产值占均安农业总产值的半壁江山。

水产养殖业是顺德农业的支柱产业之一。全国加州鲈养殖产量达到35万～40万吨，主养殖区是珠三角、江浙皖和贵川等地， 其中珠三角的佛山市顺德区、南海区产量超过20万吨，约占全国加州鲈养殖总产量的60%。广东是全国主要的鳗鱼养殖、加工和出口基地之一，其中养殖产量占全国的30%，产品出口量占全国的20%。广东养鳗看顺德，顺德鳗鱼养殖主要包含顺德人、外地外省人在顺德本地以及顺德人在台山、中山等地发展的外延式养殖，产量占到全省的90%。顺德是“中国鳗鱼之乡”、勒流稔海是“中国鳗鱼之村”，更是世界美食之都、中国厨师之乡。

2022年1月19日，顺德区召开治水大会，部署推进以水兴城战略，实施清岸、清源、提质、净水、美岸、智慧、兴城、爱河八大行动。

治水工作、建设生态文明和实现高质量发展，是让绿水青山充分发挥经济社会效益。

以水兴城战略是对顺德发展史的有力传承。顺德水网密布、河涌交错，水域面积占全域面积近1/3，以水兴城战略是对顺德水网密布这一自

稔海成为中国首个鳗鱼之村

然规律的尊重和顺应，是顺德历史赋予全区人民的发展使命，更是开创顺德未来的长远战略。

以水兴城是百年工程，是一项伟大的事业，也是一场苦仗、硬仗、持久仗。顺德有940条大小河涌，总长2043.6千米，有12座小岛，183座各类水闸、船闸，12条总长353.351千米的堤围，4个码头，10座港口，各类古井更是无法统计，这些都是水乡顺德的财富，更是鱼儿生产、生长的基础。

养鱼先养水。鱼是水乡顺德人餐桌上最常见的菜肴，没有之一；鱼是顺德厨师最拿手的出品，也没有之一。

第一节　鱼塘起源于宋盛于明清

顺德是珠江三角洲的组成部分，地层形成和发育为断裂构造控制。出露的地层，包括从1亿年前下古生界地层到公元13～14世纪宋元之际的三角洲表层沉积层。组成顺德出露地层的岩石有变质岩、沉积岩和侵入岩三大类，每类又分若干种。

在地质构造上，顺德是一个向斜，称为“顺德向斜”，形成期始于中一晚侏罗世，一直延续到第三纪的大盆地，属燕山构造旋回的褶皱分布地区的一部分。顺德向斜范围，南端在新会棠下镇以南4千米，东界县城大良，北抵陈村镇以北，西界南海九江镇附近，形状不规则。

秦汉以来，珠江三角洲范围不断向南推移，速度也越来越快。到宋代，顺德已形成三角洲平原。此后在人类活动（如围垦）作用下，河流和海滨沉积加快，三角洲海岸线继续南移，出露陆地日多，形成今日顺德轮廓。

顺德地貌基本格局，一方面是受断裂构造和海河动力的相互作用，以及河流携带泥沙在河口区沉积的结果，另一方面也是人类活动的产物。

在北西向断裂构造影响下，顺德地势由西北向东南倾斜。大部分地区平均海拔0.2～2米，平原上散布多处残丘，以大良的顺峰山为最高，海拔172.5米。

顺德地貌分为平原、水域、丘陵和台地四大类。顺德面积806.15平方千米，其中平原面积473.21平方千米，占58.7%；水域（含河流、水塘）面积301.5平方千米，占37.4%；丘陵和台地面积31.43平方千米，占3.9%。

顺德平原属剥蚀堆积地形，为珠江三角洲平原的一部分，广泛分布于顺德境内，宽广平坦，高差甚微，厚度一般为6～20米，从北向南增厚，组成物质为（一层层浅色黏土和沉积物），一般呈灰色、灰白色或浅黄色，间有黑色淤泥沉积。泥炭、腐木埋藏也相当普遍，有些保存尚好，树木年轮仍可辨认，主要是水松，动物堆积主要是牡蛎（蚝）和瓣鳃类的贝壳，埋藏深度一般为地表以下1～3米处。

顺德桑基鱼塘（陈炳辉供图）

顺德龙桥私厨餐厅镶嵌在墙壁上的《鱼戏莲图》（梁卓基供图）

由于平原形成早晚和人、物作用的差异，境内平原可分为三区：

一是西北部西、北江老三角洲，包括乐从、勒流、龙江等镇域，现为围田区，成陆较早，地势较高，多在海拔2.8～3米，组成物质以黏土质砂或砂质黏土为主，围垦也较早，不能利用潮水灌溉，无咸害，但受洪水影响较大。

二是南部中山冲决三角洲，即沙田区，包括杏坛和均安等镇域。

三是东部番禺冲决三角洲，也是沙田区，包括潭洲水道下游地区，含陈村、北滘、伦教、大良等镇域。东部和南部沙田区所在平原成陆和围垦都比较迟，组成物质以黏土及淤泥为主，海拔多在1.7～1.9米，禾田海拔则在0.4～0.6米，可利用潮水排灌，现为顺德主要产粮区。西部、中部和西南部是典型的基塘区，桑基、蔗基、果基和杂基等人造地貌遍布。

顺德属珠江三角洲水网地区，水域是顺德第二大地貌单元，分河流和水塘两种。其中，河涌交错，水网交织，主要河流依地势从西北流向东南，河宽200～300米，水深5～12米。主要水道有西江、顺德水道、顺德支流、东海水道、李家沙水道、容桂水道等。多数河流河床较深，利于通航、灌溉、养殖。顺德区内天然年径流量一般小于10亿立方米，但西、北江过境干（支）流流经该区带来大量过境水，因潮汐顶托产生反向回流，顺德区内河流受潮汐影响明显，常有顺、逆双向流发生，水资源丰富。愈往下游，河汊分流愈多，水网愈密，但强支不夺干。

出波鱼美如通印，下栈羊肥抵卧沙。在河道交汇处，多形成江心洲，较大者如东海水道海心沙、容桂水道横石沙、大汕沙，顺德水道鲤鱼沙等。曲流也较多。沙滩、泥滩和草滩等各类洲滩发育较普遍，如均安的大沙滩、桂洲的大汕沙、杏坛的海心沙、勒流的鲤鱼沙等。由于地处西、北江下游，容水量大，加上降雨丰沛，常泛滥成灾。为抵御洪水，从宋代起即沿河岸修筑堤围，历时数百年。顺德有堤围12条，总长475.6千米，主要有南顺桑园围、南顺联安围、南顺第二联安围、第一联围、齐杏联围、中顺大围、容高联围、群力围、南沙围、胜江围、陈镇围等。经历年修缮加高，堤围高程均在历史最高洪水水位以上。

水塘即基塘地的鱼塘，起源于宋而盛于明清。当地根据地势低洼，潦水易于为患的特点，挖塘为基，蓄水为池，形成特殊的人工地貌组合，即基塘。1991年顺德有鱼塘近27万亩，广布于顺德南部、中部和西南部，相连成片。水塘通常呈正方形或长方形，每塘面积为5～6亩，也有10～20亩的。塘深一般为2～3米，而基宽不一，狭者呈瓦筒状，宽者可达10多米，中央脊部略高，向两侧鱼塘倾斜。基塘是顺德土地利用的主要方式，具有很高的生产量。

顺德农业部门退休干部岑波说，欧广源任顺德县委书记时，看到“统购统销”阻碍着顺德经济的发展，就通过广东省的指导，把种水稻、种甘蔗、种桑叶改为“三三制”，也就是把当时的90多万亩耕地分3个三分之一，分别种水稻、甘蔗和养鱼，再后来就是不种水稻、甘蔗、桑叶，直接在低洼地挖塘养鱼，“当鱼塘占了60%的耕地时，顺德水产养殖业就成了标杆产业”。

第二节　曾普降大雪使“塘鱼尽死”

顺德没有独立水系，只有西、北江流过顺德，境内河流纵横交错，属珠江三角洲河网区。新中国成立后，通过联围筑闸，堵塞岔流10条，总宽1000米。现河流有西、北江过境干支流16条段，长210千米；内河河涌164条，总长755.7千米；顺德河流水域总面积103.2平方千米。

西、北江均属少沙河流，顺德上游的西江马口站多年年均含沙量为每立方米0.308公斤，多年平均年输沙量为7418万吨；北江河道含沙量较少，年变化每立方米在0.056～0.200公斤范围内，三水站多年平均输沙量为817万吨。这些泥沙年内分配很不均匀。洪季峰高量大，平均含沙量为每立方米0.349公斤，洪季输沙量占全年的94.61%。

顺德位于珠江三角洲河网地区，潮汐现象明显，在正常情况下，每天出现一个高潮、一个低潮、一个次高潮和一个次低潮，且两次高潮和两次低潮的高度相差较大，涨潮历时和落潮历时也不相等，每月以阴历朔望后2～3日潮位为最高，上下弦后2～3日潮位为最低，在潮汐的分类上，属混合潮中非正规半日周潮型。

由于地理关系，顺德河流受潮汐影响，均为顺逆两流向。非洪水时期，一天出现两次高潮和两次低潮；受洪水影响，有时一天只出现一次高潮、一次低潮；在发生较大洪水时，上游地区会连续数天潮汐现象消失，或只发生一次高潮（洪峰）。

顺德地势较低，农业生产一般依靠自然排灌，利用高潮灌溉、低潮排水便可解决大部分农田排灌需求，因而潮汐现象对农业生产十分有利。但洪水期间遇上台风在珠江口或以西登陆，则会形成较大的台风暴潮增水，一般可达0.5～1.0米，威胁堤围安全。

水是顺德这座城市的主要元素（《珠江商报》供图）

顺德属南亚热带季风气候，光照充足，温暖而湿润，终年可满足双季稻和冬种作物种植需求。“枯鱼过河泣，何时悔复及。”据史料记载，顺德历史上最暖的年均气温相当于23.5℃，最冷的年均气温约为20.5℃；极端最高气温为38.5℃，极端最低气温为-1.0℃。如1837年2月8日，“大雪漫天如飞絮，地积四寸余”；1892年为顺德建县后冬季气温最低的一年，也普降大雪，“塘鱼尽死”。

顺德地形平坦，水网纵横，各地气温差异不明显。北部陈村年平均气温21.8℃最低，杏坛年平均气温22.2℃最高，其余各地均在21.9℃～22.1℃。极端最高、最低气温变化顺德基本一致。

顺德降水量分布自北向南略有增加。年均降水量北部（陈村、乐从）为1530毫米，中部（龙江、勒流、伦教）为1580毫米，中南部（大良、杏坛、桂洲）为1630毫米，南部（均安）为1730毫米。汛期（4～9月）降水量占年降水量的80%。

顺德降水量丰富，湿度较大。1963年为历年最干旱的一年，干燥度K=1.22。1965年降水量最多，K=0.50，最为湿润。

1961—1991年，顺德年均日照时数1855.6小时，日照百分率为42%。太阳辐射总量每平方厘米63.7千卡，日均0.35千卡，对作物丰产有利。

顺德属南亚热带季风气候区，有明显的冬季风及夏季风变化。冬季风来自西北内陆，干燥而寒冷，风向偏北，风速比夏季风略大，盛期为12月至翌年2月。夏季风来自海洋，温暖而潮湿，风向偏南和东南，盛期6～8月；3～5月及9～11月是冬季风和夏季风的过渡期。

顺德的年均蒸发量与年均降水量相当，干旱年份蒸发量大于降水量，湿润年份降水量高于蒸发量。1960—1991年，年均蒸发量为1602.4毫米，最多为1856.2毫米（1991年），最少为1447.9毫米（1985年）。

“雨多泽国蒲鱼美。”如今，顺德雨水多、阳光足。顺德属亚热带海洋性季风气候，春夏降雨多，而夏秋季节受台风影响，大风暴雨天气也较多。据顺德气象台数据显示，顺德平均年降水量为1660毫米，降水日数达145天。4～9月是雨季，各月降水量都在170毫米以上，其间的降水量占年降水量的83%。5月、6月和8月的降水量都超过260毫米。而夏天，盛夏高温天数多，有35℃以上的天数超过3个月。

比如，2020年，顺德区总体气候特征表现为气温偏高，高温天数多，年末寒潮致大幅降温；降水总体正常，但阶段性变化明显；开汛正常，“龙舟水”偏多，暴雨极端性强；初台早，台风少，总体影响小；气象干旱阶段性严重。

画家笔下的顺德鱼（容桂街道宣传文体旅游办公室供图）

2020年，顺德区年平均气温24.3℃，较常年（22.6℃）偏高1.7℃。受下垫面地理环境和城市化发展等因素影响，全年平均气温空间分布呈东南高西低的分布形态。夏季高温日数（最高气温≥35℃）57天，较常年偏多38天，为1958年建站以来第二多，主要高温过程（持续2天或以上）有10次，最长连续高温日为7月11～30日。年极端最高气温38.4℃，出现在7月26日。年极端最低气温6.4℃，出现在12月31日，寒冷（日平均气温≤10℃）日数1天。

2020年，顺德区年降水量1656.1毫米，较常年（1697.7毫米）略偏少2.5%。5月16日自动气象站录得1小时降水量120.4毫米，打破顺德1小时降水量历史纪录。11月、12月降水异常偏少，出现持续干燥少雨天气，降水量0.3毫米，其中12月降水量为历史同期最少。降水空间分布较均匀，在1300毫米以上，陈村、北滘、伦教、大良、均安降水量较多，为降水中心。

2020年，顺德区日照总时数1642小时，较常年（1693.8小时）略偏少3.2%。2月、3月日照时数均在100小时以下，其中3月日照时数55.5小时，为全年最少月；其他月份日照时数为111.5～217.7小时，其中7月日照时数为217.7小时，为全年最多月份。与常年相比，4月偏多、9月显著偏少、

10月偏少，其他月份正常。

2020年，顺德区平均风速2.1米/秒，年极大风速15.9米/秒，出现在5月16日（其间发布雷雨大风黄色预警信号），主导风向为东南偏南风（SSE），风向频率16%。

2020年，有雾日数6天，较常年偏少5.6天。灰霾日数5天，比2019年少16天，主要集中在12月。

2020年，受第7号台风“海高斯”影响，顺德出现大雨到暴雨，并伴有8~9级阵风，其中大良街道五沙社区五沙小学录得最大累计降水量53.1毫米，容桂街道华口社区华口小学自动站录得最大阵风24米/秒（9级）。

看天吃饭，也是顺德养殖业的必修课。

第三节　岭南水乡的鱼群

根据1980年全国第二次土壤普查，顺德土壤共分3个土类，5个亚类，9个土属，18个土种。3个土类为水稻土、基水地（人工堆叠土）和赤红壤。

其中，主要为珠江三角洲沉积水稻土，总面积162660亩，占当年（1980年，下同）顺德耕地（包括鱼塘）总面积的29.4%。其中潴育型水稻土面积最大，有161730亩，占水稻土面积的99.43%；其余为潜育型水

均安南沙岛鱼塘区（陈炳辉供图）

稻土（400亩）和沼泽型水稻土（130亩）。水稻土分布于陈村、北滘、伦教（广珠公路以东）、大良、桂洲（广珠公路以东）5个禾田作物区。

基水地又称人工堆叠土，面积226567亩，占当年顺德耕地总面积的33.3%。原为珠江三角洲沉积土，由人工堆叠而成。80%分布于乐从、龙江、勒流、杏坛、均安5个经济作物区以及伦教、桂洲的广珠公路以西地带，20%分布于陈村、北滘、大良和伦教、桂洲的广珠公路以东地带。按成土母质、沙泥结构、熟化程度、肥培管理等因素，又可分为泥肉基、泥质基、泥骨基、沙泥基、沙质基、瓦碴基6个种类：泥肉基51376亩，占22.68%，多分布于基塘地区的村边，是高产基；泥质基49245亩，占21.74%，各镇均有分布，以大良、桂洲居多；泥骨基21847亩，占9.64%，多分布于交通不便的边远地带；沙泥基90779亩，占40.07%，各镇均有分布；沙质基12117亩，占5.35%，多分布于河流两岸及沙洲地带，以乐从镇居多；瓦碴基（包括壳泥基）1203亩，占0.53%，是一种混有较多瓦碴、石砾、蚬壳等侵入体的土壤，多零星分布在村庄周围。

顺德土壤有以下主要特点：

（1）土种类型集中。水稻土共分10个土种，其中泥肉田、泥田、泥骨田占98.2%（分别为25%、67.9%和5.3%）。基水地类型简单，其中泥肉基、泥质基、泥骨基和沙泥基占94.13%（分别为22.68%、21.74%、9.64%和40.07%）。

（2）土质良好。多为壤土、黏土、壤黏土和砂质黏壤土，保水保肥性能较好，适种性广。

（3）耕作层深厚。水稻土耕作层大部分在12厘米以上，一般为13～20厘米，10厘米以下的仅占0.2%；基水地耕作层在20厘米以上的占83.58%，20厘米以下的仅占16.42%。

（4）土壤养分较丰富，一般缺钾。按广东省土壤肥力6个等级，顺德水稻土耕地肥力属1～3级的面积为：有机质（平均含量2.772%）占94.7%，全氮量占96.2%，水解氮占58%，速效磷占38.9%，速效钾占0.4%（四级中等为47%）。基水地土壤肥力属1～3级的面积为：有机质占54.5%，全氮量占77.25%，碱解氮占34.142%，速效磷占72.1%，速效钾占4.73%（四级中等为58.8%）。

顺德雨量充沛，西、北江过境干（支）流流经顺德，过境水量大，又有潮汐顶托产生反向回流，水资源丰富，给工农业生产和航运交通、人民生活带来极大方便。

顺德县环保局1989年对顺德6条主河道15个断面的监测结果显示，全年统计监测项目平均值均没有超标。从统计监测项目的超标率和检出率的情况来看，顺德主河道水质污染仍以有机污染为主。各水道不同时期水质情况，枯水期和平水期一般较好，丰水期水质稍差。

顺德水资源的开发利用，除建成年设计发电量1107万千瓦时的甘竹滩洪潮发电站外，主要是农业、工业和生活用水。1991年，顺德耕地65.2万亩，其中禾田10.29万亩，蔗地12.79万亩，鱼塘26.66万亩，杂地15.46万亩，需水量定额禾田每亩每年999立方米，甘蔗435立方米，其余参照甘蔗用水定额计算，全年农业共需水量34367万立方米。

2024年1月16日，在顺德区博物馆开幕的“雕版出彩　纹创未来”——顺德年画迎春作品展上，马冈版画《连年有余》亮相（容城艺术馆、吴国霖供图）

顺德水产养殖业历史悠久（《珠江商报》供图）

到2020年，顺德区供用水量9.84亿立方米，比2019年减少0.22亿立方米。其中引水工程供水1.39亿立方米，提水工程供水8.45亿立方米。在用水组成中，工业用水占49.1%，农业用水占14.1%，生活用水占36.8%。

顺德地处珠江三角洲河网地区，禾田用水大多可利用潮汐自流排灌，其余均需引水和提水解决。改革开放前，顺德人烟稠密，土地、水域利用率高，野生动植物种类不多。随着经济建设不断发展，原有的品种正日渐减少。

候鸟有燕子、禾花雀、凫（野鸭）、鹤等；留鸟有麻雀、鹧鸪、鹌鹑、雉（山鸡）、画眉、乌鸦、喜鹊、翠鸟、白头翁、鹩哥、黄莺、鸬鹚、鸥、苍鹰、猫头鹰等。

兽类主要有田鼠、褐家鼠、鼷鼠（小家鼠）、蝙蝠。较罕见的尚有山猫、野狗、水獭、刺猬、狐狸等。顺德旧志记载明清时期曾有老虎出没，近代已绝迹。

鱼类主要有鲥鱼（俗称三黎）、舌鳎（俗称龙利）、鳜（俗称桂花鱼）、花鲈（俗称海鲈）、鲻鱼（俗称乌头鲻）、斑鳢（俗称鲋鱼）、长臀　（俗称骨鱼）、鳗鲡（俗称白鳝）、翘嘴红鲌（俗称和顺）、广东鲂（俗称边鱼）、鳊（俗称沙苏）、东方鲀（俗称河豚）、凤鲚（俗称凤尾鱼）、花鰶（俗称黄鱼）、鳡鱼、赤眼鳟（俗称鳟鱼）、尖塘鳢（俗称笋壳鱼）、大刺鳅（俗称纳锥）、黄鳝、胡子鲶（俗称塘鲺）、斑鳢（俗称生鱼）、泥鳅、鲫鱼、鲤鱼、斗鱼（俗称麒麟鱼），以及在江河自然生长的鳙（俗称大头鱼）、鲢（俗称白鲢）、草（俗称鲩鱼）、鲮（俗称土鲮），这些水里游的都可以制作成佳肴。

节肢动物有河虾、蟛蜞、毛蟹、蜈蚣等。两栖动物有青蛙、树蛙、蟾蜍等。爬行动物有名鳖（俗水鱼）、龟、蛇（包括水蛇、水律蛇、草花蛇、白花蛇、过树榕、三索线、金环蛇、银环蛇、眼镜蛇、蝮蛇等）、蜥蜴、壁虎等。软体动物有石螺、田螺、东风螺、蜗牛、蚌、蚬等。环节动物有蚯蚓、水蛭（蚂蟥）等。

昆虫类主要有蜂、蝴蝶、蜻蜓、蚱蜢、蟋蟀、蝉、蚂蚁（包括黄蚁、黑蚁和白蚁）、金龟子、瓢虫、螳螂、黏虫、毛虫、蜘蛛、尺蠖、蚜虫、螟虫、稻飞虱、稻铁甲虫、稻秆潜蝇、稻螟蛉、地老虎、苍蝇、蚊子、蟑螂等，多为害虫。另有三种可供食用的昆虫：一种是禾虫，学名疣吻沙蚕；另两种是虾䗥（音“春”）和龙虱。

顺德美食，胜在味道，更胜在食材。今天，作为“岭南粤菜之源”“中国美食之乡”，顺德区农业农村局推广食用农产品承诺达标合格证制度，加强了农产品生产过程管控，加强了检测能力，实现了农产品质量安全全流程、全链条监管。

第四节　桑基鱼塘的摇篮

古时的顺德，南面是大海，地势低洼，田少水多而河网密布，特别是基水地区，四面河涌纵横。

南宋，珠玑巷移民来到顺德后，将建堤与建村同步进行，筑堤也就是开辟基址，“筑围造田”。南徙诸族姓中人，除老弱病残幼外，大部分人都要参加劳动以保证自己的生存和生活，他们将带来的中原和江南的先进生产技术运用于筑堤护田运动之中，经过相当时日之后，逐步变烟瘴之地为适宜丰产的农业地区。

顺德基塘经济的迅速发展，与堤围的修筑有密切的关系。自宋始，元、明、清时期围堤工程一直在延续，规模越来越大，水平越来越高，效果越来越好。顺德人“昔筑坝以护既成之沙，今筑堤以聚未成之沙；昔开河以灌田，今填海以为陆”，可以说，顺德的农业史、水利史，在某种意义上讲就是一部围堤史。围堤中，玉带围、白驹围、南顺五堡东西围的工程规模最大，后人为了纪念此工程，分别著有《南顺五堡东西围记》《玉带围记》和《白驹围记》。

刚开始的时候，基塘的基面原本是不适应果木生长的低洼地区，人们便利用堆土筑墩或挖土筑基，以填高地势，相对降低地下水位。基面上便可以栽植荔枝、柑橘、龙眼等果树，再利用凹陷的积水池进行养鱼，由此果鱼两利，最终形成了“凿池蓄鱼”，基面“树果木”的果基鱼塘。果基鱼塘的形态持续了很长时间，直到蚕丝业的兴起，果基鱼塘才发展为桑基鱼塘。

果基鱼塘发展为桑基鱼塘的根本原因是利益的驱动。清代乾隆至咸丰、同治年间，由于国际贸易对丝绸需求量的扩大，种桑养蚕的获利大大超过了水果的收益，果基鱼塘便很快衰落，蚕桑业在南番顺的连片基塘区迅速发展起来。

桑基鱼塘这一新的生产结构所带来的经济效益，直接让顺德人奔向了富足之路，这就是人们常提到的“担丝担银”时代。到了20世纪90年代，蚕桑业已经完全退出顺德，现在的基塘已经完全没有了桑基鱼塘的芳踪，曾经无比辉煌的基塘经济只能化作人们的一缕缕乡愁，保留在记忆中。

到了民国时期，受到西方现代纺织业的冲击，蚕桑业一度衰落，桑基

稔海村鳗鱼生态园（《珠江商报》供图）

鱼塘也面临经济效益下降的困境。于是，顺德的基塘农业顺应时代，适时调整发展方向，转型为另一种重要类型——蔗基鱼塘。

作为桑基鱼塘的摇篮，顺德20世纪20年代曾有100多万亩鱼塘，约占珠三角桑基鱼塘的一半，顺德90%的居民从事桑鱼生产，全国无一地区可比。但近40年来，随着顺德工业化和城市化的发展，土地渐趋紧张，鱼塘的生存空间也越来越逼仄。“敢为天下先”的顺德人开始寻求突破，或走出去发展外延农业，或加入企业标准化养殖，让人可喜的是，逐渐有“农二代”加入发展现代农业，为顺德农业注入新元素。

顺德地势低洼，易成水患，宋代时顺德境内开始“塞堑为塘，叠土成基”，养鱼业兴起。20世纪90年代中期是顺德鱼塘养殖的鼎盛期，鱼塘面积达到30万亩。1999年，政府对崩烂基塘进行大面积、高标准的整治后，塘水深度普遍达到2.5米以上，比未经整治时不足1米水深增加1倍以上，塘水容积大了，养鱼的密度增加，排灌分渠水质也得到改善。每亩鱼塘产量由改革开放前的300斤增长到2000斤。随后引入膨化料喂养，亩产量甚至可以达到8000斤。国内市场已经满足了，养殖户就把鱼送到顺德健德公司出口。后来，受市场供需关系和国家鼓励出口政策的影响，养殖户开始尝试养鳗鱼、甲鱼、加州鲈、生鱼（乌鳢）、吻鱼等经济附加值较高的鱼类。其中，勒流养殖户率先尝试在鱼塘里养鳗鱼，出口日本、韩国等地，从而发家致富。

进入21世纪，顺德的塘租开始贵起来。梁志权的鱼塘在勒流冲鹤，2017年塘租是3000元/亩，他有6个鱼塘共36亩， 一年下来，他要付108000元的塘租。相对于江门、三水等地1000元/亩的塘租，顺德的塘租要贵3倍左右。土地越来越少也许就是顺德塘租越来越贵的原因。顺德区水产商会秘书长陈耀根一直关注着顺德渔农的变化，有部分农民亏损厉害就放弃养鱼，另谋出路。由于没有其他技能，大部分农民还是选择坚守，2014—2016年全区的渔农大概有8万人，但养殖面积超过200亩的大户少了，仅有100户左右。

在养鱼成本和风险增加的情况下，有实力的农民更倾向于养经济附加值较高的鱼类，如鳗鱼、甲鱼、笋壳鱼、桂花鱼（鳜鱼）等，甚至走

1950年创建的顺德渔村

出顺德，发展外延农业。据统计，台山的鳗鱼企业有90%以上都是从顺德过去的。到2017年，顺德有5家烤鳗厂，占全省一半以上，年加工能力1万~1.5万吨，年出口量达1万吨左右，占全国烤鳗出口总量的30%左右。陈耀根说，2017年顺德水产外延养殖面积已有10多万亩。也就是说，与顺德2010年18.9万亩的水产养殖面积相比，外延面积已达“半个顺德”。

整个顺德水域面积、水产养殖面积前三的镇街是杏坛、勒流、均安，有接近3万亩鱼塘。2015年底，欧阳太根加入了一家农业公司，该公司由均安镇镇政府合资成立，以“企业+科研机构+农户”的模式运作，企业提供鱼塘、鱼苗、饲料、养殖技术标准，农民养殖的鱼由企业以低价收购。

第五节　一条顺德鱼的道白

关关雎鸠，在河之洲。

《诗经》的开篇告诉我们，世间的美好，大抵都从水开始。

顺德的水从云南、贵州、广西、湖南、江西，或者更遥远的地方赶来，有些奔赴与大海的约会，有些隐没在人间。

顺德，是一座用水来阐释顺德人特质的城市。

珠江由西至东，由北至南，上承中原的滔滔洪流，面向广袤的五洲四海。顺德本来就是洼地，珠江在这里驻足，人才在这里汇聚。

顺德人就像珠江水那样，根植华夏，放眼世界，顺势而为，永不停步；顺德是中国最有底气、最有资格、最有条件以水兴城、以水美城的城市之一。

凤起惊澜，顺德逐水而生。

顺邑万户巷盘曲，百桥千街水纵横。

走在碧江金楼，可以看到大型铜铸浮雕《碧江廿四咏》，它被誉为“清明上河图”。借着这幅图，不难想象，当年顺德街随河走、桥连街路、村河并举、人水相亲的和谐景象。

景泰碧鉴海竖栅立城，嘉靖海口设木栅防御，万历十里松风通青云，珠玑人围涂造田，初生牛犊筑堤建闸……水乡尊水爱水，兴水利、除水患，代代相传。

河流是324万人的寄托，它们从千里外远道而来，洲岛相间，分支奔流。它们的慷慨与眷恋换来顺德人的最高礼遇，增加水利设施，缓和顺德的水曾经喜欢泛滥的脾气。

勒流勒北村的木棉树，见证了顺德水患与治水的全过程。勒北渡口一

带的人家，有的还住在堤围内。流经勒北村的甘竹溪，将西江与北江的水在顺德联系在了一起，他们说水是有灵气的。堤围内外的红木棉、金木棉在堤围、渡口、水闸的修建、加固中长成参天大树，引来一众人打卡。

德胜河是顺德人心中无可替代的温暖，是母亲河，与其他河流不同，它的两岸就在城中央。生态绿廊绵延不断，每一千米河段都有不一样的风景。每个重大节日的水景灯光秀，为德胜河边的夜晚创造出全新的色彩。

流得再远，顺德人魂牵梦萦的永远是东平水道、潭洲水道，每个有阳光的下午，人们都会聚集在河边，戏水玩沙，其乐融融。

连为一体的两条河流被顺德人精打细算，划分为不同的功能区，人与水、水与生态在这里无比和谐，国家水利风景区就是对东平水道、潭洲水道最大的褒奖。

每一条河，流淌的是历史，是记忆，是这方806平方千米水土的文化渊源；每一条河，奔涌的是希望，是未来，是人们的美好向往。

940条河涌、12条堤围，是水乡顺德的财富，是凤城的灵魂，是家门口的诗和远方。

顺德正在实施以水美城、以城聚才、以才兴城战略（《珠江商报》供图）

这些河流勾连起流经的每一寸土地，渗透进两岸生活的点点滴滴，一衣带水，连接粤港澳，沟通着三地割舍不断的血脉关系。

置身于顺德，在感受到现代化城市气息的同时，人们会发现这里大小桥交叉纵横，桥下或波涛滚滚，或水光潋滟，或平滑如镜。

夕阳余晖下，金光璀璨；明月当空时，银光闪烁。
水，成为顺德人诗意的栖居。
它一身雪衣，身形修长，
或展翅飞翔划过天际，
或掠过鱼塘湿地，激起阵阵水花，
在天与地之间，悠然自得，
鹭鸟，它在顺德的水边美得像一首诗。

冼铨辉是地地道道的顺德人，因租地种竹引来白鹭、夜莺等鸟类，竹林成为顺德版的“鸟的天堂”，得名鹭园、鹭鸟天堂等。20多年来，冼铨辉从普通村民蜕变为“环保卫士”，有着顺德“鸟叔”“鸟保姆”之美誉。

占地170余亩的鹭园是大良与伦教交汇处的一块绿洲，鸟最多时，仅白鹭就有8000多只，夜莺有1.5万只左右，丝光椋鸟超过3万只。这片鹭园，是顺德经济发展的一抹绿色点缀，成为这座工业城市响亮的生态名片之一。

在经济的高速发展中，出现了工业化和城市化一条腿长、一条腿短的问题。

正如水环境是一个地方产业的“透视镜”，水黑则产业层次低，水清则产业层次高。

顺德人在答好绿水青山就是金山银山的新时代之问中，广大干部群众以水美城、以水兴城、以水治城，重塑水韵凤城魅力，打造美丽中国标杆。

水之源即兴之源，水之源即情之根。

通过大屏小屏，通过网络科技，海内外的顺德人很快就知道了以水兴城的消息：未来5年，山会更绿，水会更清，与鹭鸟相伴的美好生活，就在顺德。

河流的故事，更像是一部顺德人不服输的奋斗史，从缫丝业开始，曾经的桑基鱼塘、蔗糖业，到“两家一花”、智造千亿产业，还有港口、码头，都见证了这片土地万众一心的力量，而正是这种力量换来了今天的安泰与繁荣。

顺德临近的珠江口，是西江、北江流经的出海口，其发展历程与水有着千丝万缕的关系。

过去顺德的水脉、文脉、城脉相交织，塑造了顺德的历史。

顺德陈村就是最好的范例。

撰写《三字经》的学者区适子字号“登洲先生”（此处存疑，大多版本中《三字经》的作者是王应麟），他在900多年前乘船，沿着东平水道、潭洲水道交汇处，也就是在以前名为“鮀洲”的地方登陆，后来陈村人感念其德，以其号称该地为“登洲”。

后来区适子所创造的《三字经》，沿着顺德水道，随着牙牙学语的孩童的传诵，开始在中华大地落地生根，开花结果。再后来，善于种桑养蚕的陈村人、顺德人，依托着水道，上演出“一船生丝出，一船白银归”的繁华景象，为“南国丝都”又赢得了“广东银行”的美誉。

顺德，是一座以鱼米展示岭南壮县故事的城市。

人们一提到顺德，就自然联想到桑基鱼塘水美鱼肥的情景。顺德人就像活蹦乱跳的鱼儿，无惧巨浪险滩，冲破传统农业的束缚，自由遨游在商品经济的海洋中，把一片水患连年的沼泽地建设成为经济基础扎实、人民生活甜美的鱼米之乡。

顺德还是千年花乡，顺德人种花已有千年历史，从在基塘间种花木到形成花基鱼塘，明清以来顺德发展成为著名的岭南花乡。

顺德，是一座用产业写就传奇的城市。

改革开放前后，乡镇企业在顺德桑基鱼塘边上崛起，经过一系列大胆改革，民营经济插上腾飞的翅膀，出现一批骨干企业和知名产品，开启了“顺德制造”的大时代，逐步形成特色鲜明、门类齐全、规模庞大的现代工业体系，并培育出日渐闪亮的现代服务产业。

顺德，名牌迭起、名品荟萃、名企争辉，是名不虚传的产业之城。

将时钟拨到40多年前，由海外乡亲推荐引进的顺德首家“三来一补”企业——大进制衣厂在容桂诞生。当时，公路和桥梁相对较为缺乏，修建港口来匹配本土企业不断扩大的生产规模，成了水到渠成的事。

百物辐辏，商贾常满。顺德的港口，见证了顺德企业如何一步步走向世界。以水为纽带，我们可以清晰地看到顺德“产城人”共生共荣的最初的发展形态。

顺德水路到香港、澳门都是在两个小时以内，顺德经济发达的背后是拥有50多万海外乡亲，他们常年往来港澳、海外与顺德之间，这给顺德带来了无限的发展动力与信息、资源和机会。

你看，1985年6月26日，容奇海关在德胜河南岸成立了。

你看，1986年10月7日，国务院批准容奇港为对外开放口岸，开辟容奇至香港直通客运航线。

你看，1987年12月18日，经国务院批准，容奇边防检查站开始运作，来自珠海拱北边防检查站的百余名官兵，成为顺德边检史上第一支生力军。

这些都是水赋予顺德的。

顺德海关、顺德边检也是因水而生，因水而建，因水而兴。

这更让顺德人通过水，了解世界、发现世界、走进世界、通晓世界。

随着时光的流转、顺德丝厂的倒闭，“一船丝一船银”的盛景逐渐成为历史、一代人的回忆，但这是海上丝绸之路的源头记忆。

顺德新兴的港口经济，无论是在改革开放初期，还是在从高速发展迈入高质量发展的时期，都具有举足轻重的战略性地位。

从粤港澳的版图上来看，顺德港的区位优势得天独厚，无论是对接港澳贸易还是联通广深，都具有先天的优势，两家世界500强企业带领“顺德制造”通过海上丝绸之路远航世界，通过“一带一路”通向全球。

水深则鱼悦，城强则贾兴。

木棉花竞相怒放之前的2022年2月，顺德发布2021年经济运行情况。

数据显示，顺德工业总产值达11421.6亿元，首次突破万亿元大关，成为全国首个工业总产值超万亿元的市辖区，显现出强大的经济发展韧性。

木棉花开，红花千年，绿叶千年，花与叶生生相错，与水却衬着碧空、蓝天。

制造业是顺德立区之本。

这里培育了家用电器、机械装备两个三千亿级产业集群。

这里高新技术企业存量达2886家。

这里上市企业（含过会）累计达37家，占佛山市一半以上，在全国市辖区中处于领先水平。

这里成为中国民营经济发展最活跃的地区之一。

顺德经济犹如山的巍峨，携手水的缠绵，成就了第一流的百强县区之首。

从顺德政区图看顺德的地名，用“江”“湖”“塘”“水”“坦”“沙”“埠”等与水或水利有关的字命名的，就有70多处，浓浓的水乡气息扑面而来。

顺德人爱水，把河称为海，把岛称为沙，还有很多镇街、村落地名都与水有关，比如南沙、沙浦、南浦，稔海、海陵，罗水、水藤等。

还有大沙、西湖、龙波、水灵、江洲、海边、南塘、潭头、沙埗、耕沙、洲田、增湾、水利、南津、深涌、函关、南洲、水部等数以千计的地名。

更有趣的是，杏坛镇齐杏社区居委会下设河东、河西、河北、河傍等村民小组，这些都是岭南水乡人不变的乡愁与记忆。

缘溪行，忘路之远近。忽逢桃花林，夹岸数百步，中无杂树，芳草鲜美，落英缤纷。行走于水乡顺德，仿佛行走于陶渊明笔下的桃花源，意境悠远静谧。

顺德是广府文化辐射地之一，其中一个有趣的特点就是广州的很多地名在顺德也能找到，其中广州著名的海心沙就在顺德有一个“美丽亲戚”。

顺德海心沙位于杏坛东海水道和马宁水道之间，毗邻均安南沙，靠近杏坛马宁，与均安镇隔江相望。

水流潺潺，野草丛生，密林掩映，鹭鸟欢语，一座座小岛悠然伫立于顺德水乡各河道中央处。

水养育了顺德人，也养育了独特的顺德民俗文化。顺德人是刚性的，而与柔性的水结合，便又多了一种韵味，这种韵味在水中就有着最典型的体现。

他们从顺德水中走向省队、国家队，在全国乃至世界舞台赛出水平、赛出风采；退役后，他们回到“梦开始的地方”，成为呵育新一代水球苗子的“庄稼人”，他们有一个共同的身份——顺德水球健儿。

你看，顺德已经是“全国水球之乡”。

龙舟歌在民间又称唱龙舟或简称龙舟，是流行于粤港澳大湾区的一种传统戏曲艺术形式，一般认为形成于清代乾隆年间，相传为一名原籍顺德龙江的破落子弟所创。

你看，顺德已经是“全国龙舟之乡”。

顺德得天独厚的水文化孕育了“劈波斩浪、奋勇争先”的龙舟文化，真可谓“开门见水、举步登舟”。

从每年农历四月开始，顺德就进入“龙舟”模式：起龙、请龙、洗龙、投标、转龙头、龙头祭、洗龙船水、龙眼点睛、龙舟竞渡、吃龙船饭、印龙船、夜龙巡游、彩龙竞美、龙舟说唱、龙母诞……每项与“龙”有关的仪式、活动、印记都存留着原汁原味的水乡味。

年复一年，顺德龙舟名扬天下。

人龙舞是一种传统民间广场舞蹈，是国家级非物质文化遗产。

在顺德民间，它更是一门武艺，只有武林高手才能表演舞人龙。人龙舞将民间舞蹈因素融入南派武术，保留着古百越族龙图腾信仰的遗风，展现出南国水乡龙文化的精髓，被誉为“中华一绝，别无他龙”。

与人龙舞并属国家级非物质文化遗产的还有顺德咏春拳，其拳术共有12套。

食在广州，厨出凤城。

顺德，是一座用美食讲述生活的城市。

水乡人家的大丰收（《珠江商报》供图）

顺德美食源远流长，美食文化不仅深入田头村野、妇孺童叟，而且香飘海内外。作为广府粤菜的主要发源地，顺德成为全球第六个世界美食之都并不是浪得虚名。美食是顺德人生活态度的写照，也是顺德人文明建设的缩影。

在顺德，凡是鱼身上能说出来的部位，都能成为一道菜式。吃货们离开顺德就觉得没有好吃的，特别是鱼。

十大顺德代表菜、十大顺德创新菜、十大顺德融合菜就有鲮鱼的故事、水鱼两味、龙腾四海、七彩鱼茸羹、花雕酒糟蒸海鳝、千岛汁焗大虾球、生炒有机水鱼、奔秘香茅焗鳝、芙蓉银鳕鱼、鲟龙鱼籽芙蓉金多宝、姜花溜让顺德鱼腐、牛乳姜油鳝蒸双粮、黄金酱焗鲍鱼……

这只是顺德人对一条鱼的演绎，寻味顺德的一个音符。

早在60多年前，顺德一个叫永隆的村庄，就派出代表参加了国家领导人出席的全国水产工作会议，还在会上作了经验介绍。

一条鳗鱼带来满村荣光。

随着时间的推移，一条鳗鱼的升华，为高质量发展注入了行走顺德新动能。今天的勒流街道稔海村，春和景明、花开似锦，只见一群白鹭或觅食，或飞翔，或小憩，这美丽和谐的生态成为顺德一道动人的田园风景。

乡村振兴中发挥重要作用的顺德水产业（《珠江商报》供图）

日复一日的东升西落，站在稔海的鳗鱼养殖区，能看到一幅岭南乡村振兴一体化发展的“田园风光图”。随着“中国鳗鱼之村”荣誉带来的影响力，稔海继续在一条具有鳗鱼特色高质量发展之路上书写它新的故事。

一条鱼有了它独一无二的顺德道白：

我是一条鱼，一条在顺德的水里长大的鱼。
我被人们从鱼塘捞上岸，还得走进实验室，取样、制样、检测，
合格了，我去了市场、餐厅。
顺德人爱吃我是出了名的，
即使我再普通，也能做出多道菜，
煎、炒、焖、焗、蒸、炖、煮……
我的肉、我的喉、我的皮、我的肠都会被安排得明明白白。
我最得意的就是被烹出美称“中华美食活化石”的“顺德鱼生”。
大厨用轻巧薄快的桑刀，
一推一拉，
我瞬间成形，
不沾手不粘刀，
被切出来的就是一个字：薄。

薄如蝉翼，
更是艺术般的存在。
在顺德，
每个爱我的人，
特别是爱吃我又怕梗骨的吃货，
总能找到适合自己的菜，
酿鲮鱼、无骨鱼……一鱼九吃。
这些都不是我的学名，
但我喜欢。
顺德人吃我还讲究一个字——鲜。
追求我的鲜，
可以说是近乎偏执。
为了满足顺德人的口腹之欲，
厨师把我做成千滋百味，
听到、看到就想一同尝尽我的全部。

冬去春来，以水兴城工作还在继续，爱吃鱼虾的大批鹭鸟已经选择在顺德栖息。

听，鹭鸣、蛐蛐儿声汇成了一首美妙动听的乐曲。

瞧，鱼儿们欢快地游来游去，尽情地体验着快乐的滋味。

这是“美丽顺德”的最好见证，这是治水大会战最好的结果。

千河之城，因水而兴。顺德以水美城、水城共融，全力打造岭南水乡的顺德示范，是粤港澳大湾区核心区的生态标杆。

万亿之城，因水而盛。顺德以城聚才、以才兴城，全力建设高水平人才的新高地，是汇聚全球高端制造业的智造极点。

逐水而居，因水而生，城是未来的交响，河是活力的音符。

万古奔腾的顺德水，在新时代里，在百年大变局中，正在奔涌出永续发展、生生不息的绿色波涛，高质量践行绿水青山就是金山银山的新发展理念。

来，我们在美好的、柔和的顺德水乡等你。

来，潮起珠江阔，舟动沙良河；有心再踏浪，望尔好乘风。

来，我们在顺德，与水共生共融，一起品尝一鱼百味。

第六节 2万口鱼塘有了“身份证”

2020年，顺德区农业农村局委托中国水产科学研究院珠江水产研究所对顺德区内主要水产养殖区的河涌、鱼塘的水质及底泥进行全面普查。

以顺德水产养殖的10个镇（街道）为监测对象，选取30个水产养殖片区。每个片区设置5个采样点，分别为1个进水点、3个鱼塘和1个排水点。对每个水样开展总氮、总磷、溶氧、化学需氧量和生化需氧量等理化参数检测；对水样和泥样分别开展汞、镉、铅、铜和砷等5种重金属及36种禁用、停用和限用的抗菌药物检测。

通过普查，摸清顺德水产养殖区域水源水、鱼塘水及受纳河流地表水水质情况，重金属污染情况及抗菌药物残留情况，评估水产养殖对自然环

顺德的鱼（《珠江商报》供图）

境水域的影响及生态风险。

2022年12月7日上午，随着2022年顺德区农产品质量安全暨安全生产宣传活动在北滘黄龙村启动，顺德农安码同步上线，将2万多口鱼塘用数据链接起来，与“承诺达标合格证”双轮驱动，实现系统高效治理，构筑顺德产地水产品的“金钟罩”，推动顺德农业高质量发展，进一步擦亮顺德“世界美食之都”品牌。

顺德自古以来就是一个物阜民丰的鱼米之乡，水域面积占全区总面积的32.6%，是全省乃至全国优质淡水鱼养殖基地，同时也是商品鱼流通集散地，全区水产品养殖面积15万亩，养殖池塘共2万多个。2022年，顺德区农业农村局在上级部门支持指导下，结合工作实际，创新性赋予鱼塘“身份证”——顺德农安码。

顺德农安码利用通信技术和云计算等技术，对全区2万多口鱼塘试行“一塘一码”管理，建立养殖动态数据库，动态管理养殖、流通等环节各类信息，做到“安全到户，服务到家”，逐步构建“1＋3”模式，即“1码在手，安全你有”＋“正向追踪、反向溯源、网格巡查3个功能”，初步实现重要水产品全过程溯源管理。

经过前期试点，顺德农安码已全面启动，并与广东省农产品质量安全追溯平台承诺达标合格证融合应用，双轮驱动，系统高效治理，构筑顺德产地水产品的“金钟罩”：一是开证关联显示鱼塘编码（顺德农安码），防止串塘出货、虚假开证，一旦发生质量安全事件，可快速定位塘头及主体责任人，实现对养殖水产品质量安全的精准化监管；二是在巡塘小程序中融合扫码（顺德农安码）功能，个性化丰富顺德区监管巡查特色的同时，减少网格员重复工作；三是预留拓展应用空间，未来通过加强政企合作、打通数据壁垒，加快完善食品安全“从原料到餐桌”全过程溯源管理链条。数字赋能，顺德区农业农村局开创了农产品质量安全管理的新模式，走出了一条数字赋能加快农业现代化发展的“顺德道路”。

顺德作为佛山市重要农产品溯源管理试点地区，通过部门联动、实地调研、平台推广、数据互通等多项工作开展，有序推进试点工作，成效显著，尤其是顺德农安码的试点和推广，实现了对养殖水产品质量安全的精准监管，得到农业农村部等上级部门的高度肯定。除了顺德农安码上线，10个荣获“顺德区2022年度食用农产品合格证村级示范点”的村居被授牌。截至2022年12月7日，顺德全区食用农产品承诺达标合格证开证主体2595个，用证数量355831张，在开证和用证数量上居于佛山市首位。这个第一名，离不开各村居大力推行食用农产品承诺达标合格证试行制度，守好了农产品质量安全监管的“最后一公里”，同时也把好了顺德水产品上市“第一关”。

《珠江商报》报道，活动当天，主办方还制作了《农业生产用电安全、农业消防安全和森林防火常识》小动画，印制了农产品质量安全宣传常识以及农业农村部最新发布的《水产养殖用药明白纸2022年1号》《水产养殖用药明白纸2022年2号》《水产品快检参数及检测要求明白纸》等宣传资料，这些宣传资料将通过线上、线下双渠道进村入户，将农产品质量安全相关法律法规和涉农领域安全生产常识宣传送到田间地头。

2023年4月15日上午11时55分4秒，顺德区农业农村局会议室里，所有人的眼睛都紧盯大屏幕的数字跳动——顺德区勒流街道西华股份社的“66号鱼塘”资产项目正在佛山市农村集体资产“三资”智慧云平台上公开竞投。

这是顺德首宗提级交易农村集体资产网上竞投的紧张时刻，距离竞投结束还剩4分56秒。

“66号鱼塘”是位于勒流街道西华村大坦坭箩片区的5.6亩农用地（鱼塘），起拍价4800元/（亩·年），于4月7日在平台上发布交易公告，引起了社会各界的高度关注。当天上午的网上竞投吸引了超1800人次在线围观。起拍价随着竞投人的轮番出价“步步高升”。经过3小时的竞价，最终由J794号竞投人以5320元/（亩·年）的价格竞得项目，溢价率超过10.8%。

这一成交价格让守在屏幕前围观竞投的人都眉开眼笑，最开心的莫过于勒流街道西华村的村民。西华村党委副书记、村委会副主任梁冠华表示，网上竞拍对西华村而言是一个“新鲜事物”，不少村民和塘主都专门前来村委会会议室围观网上竞投。“交易价格达到了预期的效果，大家都很满意。经过这次‘摸着石头过河’，我们发现网上竞投操作便捷，在手机或者电脑上就可以完成操作，且价格公开透明，可以说是我们村集体资产交易的‘跃进式’进步。我们对这种交易方式充满信心，接下来，我们村还有部分鱼塘和集体土地都会按照这个方式去交易。”

“66号鱼塘”不仅是顺德首宗提级交易的农村集体资产，也是平台正式上线以来的首宗交易，标志着佛山市“三资”网上竞投全面拉开序幕。

在顺德实施“以水美城、以水兴城”战略大背景下，在管好鱼塘的基础上，更要让鱼塘尾水变成“一塘好水”。

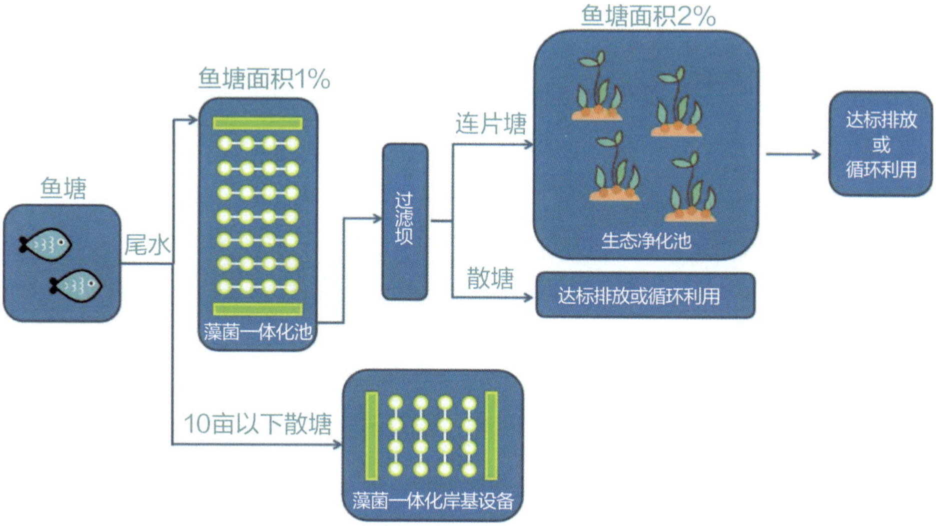

顺德处理鱼塘水的示意图（农业部门供图）

在水产养殖过程中，会产生大量被残饵和粪便污染的水体，这就是尾水。如果不及时有效地处理尾水，会使养殖水域环境恶化，甚至还会导致鱼类、虾蟹类等大面积死亡。

打造“‘鱼’我同乐、鱼水同清”鱼塘新面貌，是顺德践行新发展理念、推动高质量发展的必由之路。广东顺控自华科技有限公司在鱼塘尾水治理领域取得新突破，自主研发的“藻菌一体化”技术让鱼塘尾水变成“一塘好水”。容桂穗香围尾水处理示范点占地面积433亩，于2023年4月交由国资企业运维管理，采用广东省农业农村厅主推的“三池两坝”尾水处理模式，生态净化区面积12.97亩，占项目面积的5%。

“三池两坝”即沉淀池、曝气池、生态净化池以及夹在这三个池塘中间的两个过滤坝。净化后的养殖尾水，实现资源循环利用或达标排放，实现经济、生态、社会效益共赢。

广东顺控自华科技有限公司自主研发的“藻菌一体化”技术，通过构造一个以藻、菌微生物团，浮游动物，水生植物和滤食性动物组成的小型生态链方式来吸收、降解和转化水中的碳、氮、磷等污染物。

该新型专利技术以“高效沉淀+强化藻菌共生”为主，以“滤食性动物系统+水生植物系统”为辅，藻菌共生系统协同转化，水生植物吸附和吸收，最终实现污水变净水，达到直接排放或回用效果。

鱼塘尾水经“藻菌一体化”处置后，出水水质稳定达标，优于“淡水池塘养殖水排放标准”要求，适用于连片、散塘、沟渠等不同高密度养殖场景。由于该技术采用“藻菌共生系统+生态法”，藻、菌主要来源于鱼塘本身，无须另投药剂，更好地保障了渔产安全。

这种改造后的鱼塘处理设施仅占鱼塘面积的3%左右，大幅低于传统的尾水处理方法。

第二章 顺德养殖与技术

顺德自古人文昌盛，文化底蕴深厚，是众多历史名人、贤才杰士的摇篮。一方水土养育一方人，黄士俊等近3000名高中科举的读书人能够诞生于此地，说明了顺德是一方孕育才华和智慧的沃土。近代以来，顺德的发展又和鱼、鱼塘有密不可分的关系。自明景泰元年置县以来，顺德因有树桑养蚕的环境，大力发展植桑、鱼塘事业，逐渐成为珠江三角洲最富庶的鱼蚕之乡。

从明代起，每年冬至前后，家家户户都把自家的鱼塘抽干，将塘底的淤泥挖出来堆在鱼塘旁筑基。次年春天，农民在塘基上种下桑树来养蚕，蚕粪便用来喂养鱼，这就是桑基鱼塘耕作模式。

明朝时，顺德通过澳门，开通了往里斯本等地的新“海上丝绸之路”，华南地区的蚕丝、茶叶、陶瓷和农副产品等进入国际市场后非常受欢迎。靠近通商口岸的顺德等地出现了大规模的桑基鱼塘，随后桑基鱼塘推广到整个珠三角地区。在顺德南国丝都丝绸博物馆内，设计者们复原了桑基鱼塘的耕作模式，园中有一块池塘，水中养殖着四大家鱼，塘基上种着大量桑树。

桑基鱼塘让当年的顺德成为生丝等重要出产地，1905—1906年，全广东的生丝出口额约4000万元，顺德就占了3/4。“千顷鱼塘千顷蔗，万家桑土万家弦。”桑基鱼塘促进了后来缫丝工业的发展，为珠三角现代工业起飞奠定了基础。

顺德人一直有着敢想敢闯、敢为人先的干事创业激情。不管是桑基鱼塘，还是后来的蔗基鱼塘、菜基鱼塘，农业模式的不断变革都是顺德人追求发展、创新的生存态度。没有昔日的桑基鱼塘，就不会有如今富饶的珠三角。1991年，顺德荣获“全国渔业生产先进县”称号。顺德的塘鱼养殖从20世纪90年代进入鼎盛期。1999年末，顺德鱼塘总面积达30.38万亩，塘鱼年产量20万吨，年总产值26.66亿元，占当年农业总产值的90.62％。

如今，顺德已成为国内重要的淡水鱼养殖基地之一。随着现代化渔业的兴起，标准化、集约化、专业化的养殖模式成为顺德水产养殖转型升级的新选择。与此同时，顺德的渔在国内外的销量也非常可观。

第一节 “塘塘相通”导致塘鱼减产

顺德塘鱼生产可溯源至唐代。

据唐人段公路在9世纪中叶所著的《北户录》记载，当时南海郡的农民将鲮、鲤鱼种“蓄于池塘间，一年可供口腹也”。

宋代，池塘养鱼仍以鲤鱼为主，增加了鲩（草）鱼，塘鱼生产技术较前进步。

明代，塘鱼生产发展较快，许多村落挖塘筑堰养鱼。鳙、鲢、草、鲮四大家鱼已成为放养的主要品种。

万历九年（1581年）清丈土地，顺德有鱼塘40084亩。挖塘养鱼较早为龙山、龙江两地，是年，龙山有鱼塘8124亩，占全乡山地田塘44947亩的18.07%。

清代，塘鱼养殖业进一步发展。乾隆年间掀起“弃田筑塘，废稻树桑”的高潮。清嘉庆《龙山乡志》记载，龙山堡“民舍外皆塘”，基塘面积达3万亩，占耕地总面积的75%，“每岁鱼价，通以数万计”。

道光初年，龙山、龙江已无稻田。咸丰、同治年间，以陈村为中心，北自龙津，南达碧江、古楼、鹿门、冲鹤一带，发展果木、茶叶、桑蚕、水稻生产，并利用洼地和河边浅滩挖池养鱼。黄连、勒流、北水、逢简等地，桑蚕种养与“涵养塘鱼”同时发展。至光绪末年，顺德禾田占总耕地面积不到1/10，大部分成为鱼塘。

1911—1930年，塘鱼生产进入全盛阶段。1923年，顺德鱼塘面积达26万亩，年产塘鱼7.8万吨。1930年以后，受世界经济危机影响，塘鱼滞销，养鱼业蒙受重大损失。抗日战争时期，鱼价下跌，100斤鱼不足买50斤米，渔农被迫放弃塘鱼生产，大量基塘荒废。

抗日战争胜利后，塘鱼生产稍有恢复。不久内战爆发，苛捐杂税骤增，运销广州的塘鱼，规定必须进入官方指定的鱼市场，实行统制销售，成倍压低价格，加之货币贬值，通货膨胀，塘鱼生产大受打击。民国三十六年（1947年），顺德遭受严重水灾，大部分鱼塘漫顶走鱼。1949年水灾，6万多亩开耕鱼塘再度漫顶。是年，顺德放养24.5万亩，总产2.35万吨，平均亩产96公斤。

新中国成立初至1957年，塘鱼可在贸易市场自由出售，价格随行就市，渔农获利较多，生产积极性较高。1957年顺德鱼塘269192亩，总产鱼33315.95吨，比1949年增长41.77%；平均亩产123.76公斤，比1949年增长28.92%。

1958年，“大跃进”和人民公社化运动开始，自由贸易市场被关闭，塘鱼按牌价由国家收购，挫伤了渔农的积极性。部分地区盲目推行“塘塘相通”养殖法，导致塘鱼减产。随后粮食紧张，精饲料缺乏，塘鱼生产陷入低谷。1962年总产比1957年减少8228.8吨，平均亩产减少26.56公斤。

1963年，国家调整农村经济政策，实行鱼、物挂钩，奖励交售，生产队完成派购任务后，允许到自由市场上出售，同时推行塘鱼生产管理责任制，生产逐步恢复。1965年顺德鱼塘面积255957亩，总产35297.50吨，平均亩产137.90公斤，分别比1962年增长40.7%和41.87%，超过了1957年的水平。

顺德渔民在渔网里挑选适合出售的鱼（《珠江商报》供图）

1966—1976年，国家对塘鱼生产实行“一管二统三派购”政策，只有国家收购单一渠道，单一价格。1966—1978年，每50公斤塘鱼平均收购价仅为38元。渔业生产发展缓慢。1977年顺德塘鱼总产44035.30吨，平均亩产176.85公斤，分别比1965年增长24.75%和28.25%，平均年增长2.06%和2.35%。

1979年以后，农村实行经济改革，国家对塘鱼生产给予优惠政策和灵活措施，并开放塘鱼市场价格，取消上调任务，在生产体制上，由专业户实行承包经营，塘鱼生产发展迅速。20世纪80年代，为适应市场需要，从原来以饲养四大家鱼为主转向饲养优质高产鱼类为主，并实行科学饲养，集约化经营，产量和收益大幅度增长。

据《珠江三角洲池塘养鱼技术》（农牧渔业部水产局著）记载，1983年在顺德勒流开展“珠江三角洲万亩连片鱼塘高产综合技术试验”，俗称“万亩片”试验的第一年，万亩连片鱼塘区域在1982年平均亩产799斤的基础上，提高到了1254斤，主养草鱼，且草鱼产量平均亩产达328斤，比上年增加了69.5%，创下了前所未有的高产纪录。饲料来源方面，以肥水培育浮游生物等基础饵料、青饲料为主，增加精饲料（豆、谷物、蚕蛹、麦糠等）和颗粒配合饲料投放量。万亩连片鱼塘区域平均每亩鱼塘有新鲜象草4000斤，此外，养鱼户还利用自留地、蔗地和花生地等种植蔬菜、玉米和花生，除自食部分外，大部分都用作养鱼的青饲料，有时还采集一些茜草和地草，以弥补不足，颗粒配合饲料使用了630吨。

“勒流万亩片”课题领导组编写的《珠江三角洲万亩连片鱼池高产综合技术试验》一文指出，顺德县有鱼池25万亩（占全县耕地近四成），是广东塘鱼的商品基地和出口基地，1982年为社会提供商品鱼6万多吨顺德的池塘养鱼，在珠江三角洲处于举足轻重的地位。

文中还指出，为了探索珠江三角洲塘鱼“高产、优质、低耗、多收”的综合技术措施，1983年经农牧渔业部水产局批准，在顺德县勒流区进行“珠江三角洲万亩连片鱼塘高产综合技术试验”，全片包括勒南、新埠、东风、大党、光大、联结、锦丰7个乡，由1978户和一个渔场承包的连片鱼池10016亩组成。按8304（2）项合同规定，本项目属“中间试验”，

佛山市“菜篮子”生产基地为顺德水产企业授牌（《珠江商报》供图）

由广东省水产局主持，顺德县水产畜牧局、勒流区公所、中国水产科学院珠江水产研究所、渔业机械仪器研究所共同承担，佛山市水产局、水产研究所和顺德县科委参加。在部水产局和省水产局的直接领导下，1984年已完成了试验任务，提前一年实现了合同规定的要求。

因有万亩片的作用，1979—1988年，顺德塘鱼总产从51530.25吨增至141080.75吨；平均亩产由212.17公斤增至529公斤。1991年，顺德鱼塘面积266694万亩，总产量154016吨，总产值55802万元（1990年不变价），占农业总产值的43.5%，居首位。

从家家户户养鱼，到公司化规模养鱼，是顺德水产业的巨大变迁。比如，顺德区龙江镇左滩兴莹水产养殖场分为生产区和“瘦身鱼”吊水区两部分，其中“瘦身鱼”吊水区占地面积约53亩，主要从事草鱼、鳙鱼等水产品的吊水及市场配送工作。“瘦身鱼”于2003年成功注册“左滩牌”“右滩牌”两个商标；2004年成功申报无公害产品认证；2007年成功申报绿色产品认证，成为佛山水产养殖环节至今唯一一个获得绿色产品认证的产品；2020年被认定为佛山市“菜篮子”生产基地。

附录1 顺德县1949—1991年塘鱼生产情况统计表（表2-1）

表2-1 顺德县1949—1991年塘鱼生产情况统计表

年份	鱼塘面积 / 亩		塘鱼产量	
	鱼塘	其中鱼苗塘	平均亩产 / 公斤	总产 / 吨
1949	245000	10000	95.92	23500.00
1950	250000	11000	105.16	26290.00
1951	251436	11500	109.50	27532.55
1952	253517	12000	112.89	28619.75
1953	261773	13000	114.04	29852.75
1954	264716	15000	116.50	30839.90
1955	263466	14915	113.65	29943.15
1956	264432	15212	125.82	33270.85
1957	269192	17530	123.76	33315.95
1958	268275	17620	116.19	31171.40
1959	259847	16721	115.56	30028.00
1960	260816	11049	119.78	31241.15
1961	256867	—	103.79	26659.20
1962	258103	17422	97.20	25087.15
1963	252322	15032	110.18	27801.05
1964	252677	16965	128.70	32518.70
1965	255957	15803	137.90	35297.50
1966	253629	21295	148.65	37701.75
1967	252082	19275	145.72	36733.45
1968	252887	24428	148.82	37633.55
1969	251473	21925	159.98	40231.15
1970	244074	24271	161.86	39506.05
1971	246930	24408	182.92	45168.10
1972	247957	14530	184.22	45678.55
1973	248246	16367	189.21	46969.95
1974	248655	12137	181.76	45195.35
1975	249298	13883	193.12	48145.05
1976	249103	—	180.40	44938.60
1977	248995	—	176.85	44035.30
1978	247469	—	196.31	·48579.80
1979	247581	—	212.17	51530.25

（续表）

年份	鱼塘面积 / 亩		塘鱼产量	
	鱼塘	其中鱼苗塘	平均亩产 / 公斤	总产 / 吨
1980	248001	—	210.94	52313.85
1981	249217	—	243.19	60607.10
1982	249217	—	265.00	66042.50
1983	249500	—	310.18	77391.15
1984	251084	—	351.61	88284.20
1985	253979	—	440.06	111766.70
1986	257115	—	478.50	123029.55
1987	261194	—	504.00	131641.75
1988	266627	—	529.00	141080.75
1989	266694	—	544.00	145096.00
1990	267000	—	546.50	150548.00
1991	266694	—	577.50	154016.00

附录2 《努力探索“三高”农业企业的成功之路》（节选）

勒流特种水产养殖场是在顺德市调整农业结构、发展“三高”农业的过程中发展起来的一个农业股份合作企业，经过几年的努力，现在已成为一家规模比较大、产供销一体化、经济效益好的企业化养殖场，在“三高”农业企业的创办和发展方面取得了一些成功的经验。

一、发挥传统优势，找准“三高”品种，走科技兴农之路

我场始建于1987年，原有土地210亩，是一片低洼低产甘蔗地，属镇农办的知青场。在“三高”农业的发展方向和具体路子远远未有今天这么清晰的当时，我们紧紧围绕如何发展高效优质农业这个主题进行了艰苦的探索。从我场的所在地勒流镇的实际来看，地

顺德水产商会积极推进渔业的发展（胡美玲摄）

处珠江三角洲的顺德市之腹地，有天然的地理、气候、水源条件发展优质高效养殖业，广大农民从事水产养殖历史悠久，经验相当丰富，有水产养殖业的传统优势。

从人们生活水平逐渐提高、饮食营养结构不断优化的趋势来看，我镇虽然有3万多亩的鱼塘面积，但传统养殖品种占绝对比例，难以适应日益提高的饮食消费要求，如不寻求在优质品种引入上进行突破，就难以将农业推上高值、高质、高效的发展轨道。再从我场自有的条件看，虽然仅有土地210亩，资金30万元，但主办单位是镇农办和当时县水产畜牧局及县农业基地公司等农口线主管部门，办场的宗旨很明确，就是要在我场这片不大的土地上，以有限的资金投入，为今后本地区的农业发展探索出一条新的路子。

因此，我场首先将原来的低洼地整治改造为六塘四基的合理布局，拥有了124亩鱼塘的规格化基塘池，大面积试养鳗鱼，直接引用1985—1986年市、镇在黄连地区组织的泥塘养鳗的技术攻关成果，获得了成功。此后，我们就将养鳗确定为本场发展“三高”的主攻方向。围绕养鳗进行了一系列的生产技术配套工作，先后吸入水产工程师5名，并在实践中总结了一整套养鳗技术，撰写了《泥塘养鳗实用技术100问》等资料，定期组织员工进行技术培训和技术交流，使全场上下的生产经营活动立足在坚实的技术基础上。由于选中了在国内外市场逐年走俏的鳗鱼作为主产品，使本地传统优势得到新的发挥，土地资源的经营实现了高度的集约化，从而使我场在1987—1991年的4年间完成了初创阶段的艰苦探索，初步取得较好的经济效益。原来投入的30万元由15股组成，每股2万元，到1991年末全场股份分红总额120万元，平均每股分得8万元。

二、瞄准市场趋势，优选经营模式，不断扩大规模

初创阶段取得的成效给我场干部职工以极大的鼓舞，也使上级主管部门信心倍增，在今后如何进一步发展的问题上，上下形成了这样的共识：上规模、创效益，再上更大规模、再创新的效益。形成这个共识的根据主要有四个方面：一是国内外市场对鳗鱼的需求量逐年递增，但我国台湾地区因地下水缺乏导致养鳗业呈滑坡趋势，另一个主产地日本则由于土地资

源缺乏，成本过高而造成养鳗业萎缩，作为新兴起的珠江三角洲养鳗业则占有自然条件适宜、鱼塘众多、泥塘养殖成本低、地区经济实力雄厚等优势，是国内江苏、福建等有养鳗的地区之条件所不及的。因此，世界养鳗中心向中国大陆转移，势必在我们这个地区驻足，这是顺德养鳗业千载难逢的大好机遇。二是我们毗邻广州、深圳、香港等交通、贸易中心，信息灵通、通信快捷、运输便利，与国内外市场沟通直接。三是我场已拥有初创阶段打好的物质技术基础和一支由养鳗专业人员与技术能手组成的员工队伍。四是有市、镇两级在政策上的倾斜和雄厚的资金后盾。

于是，我们围绕扩大规模、增效益认真打好经营管理体制方面的基础。一是对原已实行的股份合作制进行完善提高，使其内容充实，形式多样，不断适应规模经营的发展。同基层单位合股联营，顺利解决了土地需要的问题；向社会募股，利用社会闲散资金解决了财力不足的问题；让技术骨干和管理人员参股成为股东，使他们的经济利益与企业的经营发展紧密联系起来，实现贴身经营、避免技术骨干流失，解决了经营和技术管理的关键问题等。由于实行并不断完善股份合作制，使企业能够吸引到由各种经济成分聚合而成的新的生产力，使生产要素得以优化组合，为经营规模的扩大造就了良好的体制环境。二是实行了一整套股份合作制企业的内部管理制度，使层级管理、生产管理、资金管理、人员使用、激励措施等各项管理科学规范，实现了高效运作、成本节约、整体优化的良性状态，形成了企业发展的内在动力。

1992—1993年，我场步入了规模大扩展、效益同步增长的高速发展阶段。我场采取向农户租赁鱼塘和同基层单位联营的办法，使鳗鱼养殖规模、产值、效益以每年数倍的幅度增长。1992年，鳗鱼养殖面积增加到569.5亩，是1991年的4.6倍；从原来1个场发展到4个分场，员工也由28人增加到68人；全年销售总值2171.7万元，获利684万元，分别比1991年增长2.97倍和2.3倍；亩均产值和亩均纯利分别为3.81万元和1.26万元；人均创值和人均创利分别是31.9万元和10.05万元。1993年，鳗鱼养殖面积继续增加到2196亩，是上年的3.86倍；分场发展到11个，员工增加到近200人；全年销售总值9246万元，利润1007万元，分别又比1992年增长3.25倍和47.2%。

在规模、产值、效益同时增长的基础上，我场开始向建设产、供、销一体化经营的集团式农业企业目标迈进。从1993年起，镇农业集团公司把水产购销部和制冰厂划归我场管理后，我场还与江苏、浙江、福建等省5家鳗鱼销售单位挂钩，确保了鳗鱼的销路；并参股联营伦教福星鳗鱼饲料厂，保证了饲料供应，就这样逐步走上综合经营、夺取综合效益的路子。

三、按价值规律办事，科学运筹，夺取最佳效益

任何事物的发展都不可能是一帆风顺的。我场经过迅猛发展阶段后，又面临新的挑战。由于前几年发展养鳗业的企业、联合体、专业户都不同程度地取得了较高的投资回报率，所以骤然间将社会各种资金聚合到养鳗业上，竞争非常激烈。而最具挑战性的要数1994年初的情况，因受自然规律的制约，鳗鱼种苗供应量锐减，各路苗贩竞相抢购，苗价剧涨至每条14～15元，比上年同期提高了60%～70%，要继续大规模投入养殖，成本势必大幅增加。面对这个难题，不少养鳗联合体、专业户举棋不定，甚至一些较小的养殖场也不敢贸然投养。但我们认为，国内外市场对成鳗的需求量有增无减，日本今年大幅提高了在中国的活鳗收购量，甚至有几家外商索性将烤鳗厂办在顺德，以往几年还未有这样的好条件尚且能够获得畅销盈利的效果，鳗鱼种苗价格剧升是因为其供给总量锐减，这必然导致成鳗供给总量锐减，而这同另一头的需求总量增加正好形成极大的反差，即必然会出现需求远远大于供给的失衡情况，一定时候就会出现成鳗价格急剧上升的势头并保持一段时间的居高不下。因此，我场对1994年生产经营做出了稳定、巩固、提高的总决策。稳定，即是要发挥我场实力雄厚、社会信誉好的优势，争取上级主管部门以及社会各界的支持，稳定资金投入，保持原定计划的种苗投放数量；巩固，即是加强生产技术管理，以最低限度的资金确保正常的生产运作，宁可增加尾鳗重量，等待成鳗价格居优时才抛出市场；提高，就是要比往年取得更高的经济效益。由于我们按价值规律办事，科学运筹决策，1994年又迎来一次大丰收，全年销售总值达10833万元，获纯利润1300万元，分别比上年增长了17.6%和29%。

回顾我场的发展，我们不但从小到大、从无到有，从暂时受挫到成功

经营，走出了一条有自己特色的发展“三高”农业企业的成功路子，夺取了本企业节节上升的经济效益，而且还在带动和促进全镇区级集体以及广大农民发展“三高”农业上做出了应有的贡献。

由于受我场经营成果的鼓舞和经营模式的导向，以及我场在信息、技术、种苗、饲料等方面及时周到的服务，勒流全镇先后有25个管理区发展了集体养鳗场，总养面积达到10800亩，1994年共为集体获得纯收入8000多万元；投入10万元以上养鳗的专业户、联合体达到600多户，据不完全统计，全镇农户到外市、外镇发展养鳗的总面积不下于8000亩。养鳗的管理区不乏脱贫致富、集体经济实力极大增强的成功例子，如我镇稔海、北星等20个管理区，1994年在养鳗中获取的纯收入超过100多万元；养鳗致富的农民比比皆是，几年间成为百万富翁者不乏其人，粗略统计，我镇不少于300人，而身家过10万元的农民就更是难计其数了。身为农民，以往有谁梦想过耕塘能有这样的奇迹。实践证明，发展“三高”农业是农村和广大农民奔小康的成功途径，而发展规模大、效益好的“三高”农业企业则是探索这条成功途径的捷径，其巨大的社会效益是用数字难以估量的。

（引自勒流镇特种水产养殖场负责人1995年1月在顺德市两个文明建设工作会议上的发言稿。）

第二节　每年所需鱼花8亿尾

唐宋年间，我国开始养殖青、草、鲢、鳙、鳊等家鱼。大量的家鱼鱼花（仔鱼）、鱼苗（稚幼鱼）孕育于江河湖泊中。每年必须在特定时间、特定区域的江河细致烦琐地捕捞选运花苗。在唐代200多年间，逐渐形成一套捞花苗、选运花苗、开花育苗的方法。这一方法长年只以家传的方式传给后人，没有完整的文字记载。待到宋朝，大约在1243年，周密才将这一套好方法写入《癸辛杂识》，之后历代沿用，至新中国成立前基本没有多大改变。

宋朝周密的《癸辛杂识》记载了广东西江鱼花装捞和运输技术。明初前，西江的鱼花装捞一向属于水上渔民（疍户），每年向官府纳税。明弘治十四年（1501年），官府把西江鱼花装捞委南海县九江乡民承担，准九江人专营。当时的鱼花销售范围“南至闽广，北越淮泗，东至于海”；运输“乃以船载往两粤州县，船旁为两水车，昼夜转水，使新水入舟，放水不留，而后鱼花不病也”；“日以米汤和鸭子黄（蛋黄）饲之”。鱼花价格则“鳙、鲢贵，鲩、鲮贱”。明朝年间，南海县九江乡人垄断了西江的鱼花装捞，因而省内均把淡水池养的家鱼鱼苗、鱼种统称为“九江鱼苗”“九江鱼种”。清代末期，养鱼业大发展，西江、东江等沿江各地的鱼苗、鱼种采捞生产也相应发展起来，“九江鱼苗”“九江鱼种”逐渐失去其垄断地位，从过去的垄断两广到仅存龙川、南雄两地，西江、东江两岸自行装捞鱼花。从清代至民国初，从事鱼花、鱼种饲养经营多是南海、顺德、肇庆的鱼苗商贩，也有东莞石碣私商“义利”和“两利”等鱼栏，派船往西江等地采购。1925年春汛期间，东莞石碣乡袁旺首次邀请顺德装捞鱼花师傅在东江的石龙至禄兰等地，用传统的“竹箩、池尾箱式”装捞鱼花，真正有记载地揭开东江装捞鱼花序幕。

顺德传统品种主要有草鱼（俗称“鲩鱼”）、鲢鱼（俗称“编鱼”）、鳙鱼（俗称“大头鱼”）、青鱼。此外，还有青鱼（俗称“黑鲩”）、胡子鲇（俗称“塘虱”）、乌鳢（俗称“生鱼”）等。

1958年以前，鱼苗（俗称“鱼花”）主要从南海九江和西江上游的肇庆、德庆、云浮六都、郁南都城、封开江口，广西的梧州、藤县等地购入，此外，还在顺德主要河道装捞鱼苗作为补充。鱼苗装捞受天时地利制约，耗费人力物力，1950—1964年，顺德河道装捞鱼苗总共5亿尾左右，以四大家鱼为主。

1958年1月，原属广东省水产养殖公司的顺德勒流鱼苗场和顺德江尾鱼苗场，合并组建顺德县鱼苗场，场址设在勒流隔海沙，下设勒流、伦教、沙滘藤东和新隆、杏坛东村和南华、均安上村和沙涌等分场。是年12月，各分场由所在地人民公社接管，各人民公社在131个大队设立鱼苗组。顺德共有鱼苗塘17620亩。在省技术部门指导下，鱼苗人工孵化和鱼苗培育起步发展。

1959年，勒流鱼苗场突破鲢、鳙人工孵化关；1960年，伦教鱼苗场人工孵化鲩鱼成功；1961年，杏坛鱼苗场和龙江鱼苗场分别人工孵化鲮鱼和黑鲩（青鱼）成功。人工繁殖技术迅速向全顺德推广。1969年，顺德结束天然河道装捞和从外地购入鱼苗的历史，每年所需鱼苗7亿～8亿尾，其中鲮鱼苗5亿尾、鲩鱼苗1亿～1.5亿尾、鳙鱼苗4500万～5000万尾、鲢鱼苗3000万尾，全部采用人工孵化的办法解决。

鱼苗养殖（《珠江商报》供图）

自1973年起，为防止家鱼品种退化，县水产主管部门组织水产研究所和有关渔场，从长江、西江引进四大家鱼亲本，进行种内不同水系亲本的远距离杂交。经试验，鳙鱼两地交配种比本地水系种生长速度增长5%～8%。

1975年，顺德县水产试验场改为县水产研究所，与各人民公社、大队鱼苗场（组）联手合作，进一步提高科学繁育水平。20世纪70年代后期，顺德鱼苗孵化除满足顺德需求外，还大量外销省内各地及广西、福建、江西、湖南、四川、云南等省区。1985年，顺德生产各类鱼苗26.06亿尾，外销6.63亿尾；培育各类鱼苗24.63亿尾，外销1.40亿尾。品种仍以家鱼为主。1991年，孵化鱼苗94.55亿尾，其中优质鱼苗30.02亿尾。

顺德传统家鱼分植食性和杂食性两类，在长期的生产实践中，渔农根据它们的特性进行混养，以充分利用池塘各水层和饲料、肥料，降低成本，提高产量。20世纪60年代以前，混养品种有六七个，后来经渔业科研部门试验推广，增加到10多个品种。

鲩鱼是以植食性为主的杂食性鱼类，生长速度快，可直接摄食青饲料和人工饲料，排泄物还可作为其他混养鱼的肥料和饲料。混养其他鱼类，可避免池水肥度过高，加速池水净化，增加产量。20世纪80年代采用此法，间养鳙鱼、鲢鱼、鲮鱼、福寿鱼、野鲮、长春鳊、鲤鱼、鲫鱼、生鱼、青鱼，每1000平方米池塘，用精饲料1443公斤，青饲料9840公斤，可净产鱼1721公斤，其中草鱼740公斤，占43.0%。

鲮鱼属杂食性鱼类，病害少。其体形小，生长较慢，但放养密度大，群体生产力高，可获较高收成。据20世纪80年代典型调查，以鲮鱼为主，间养鲩鱼、鳙鱼、鲢鱼、福寿鱼、鲤鱼、鲫鱼、长春鱼、野鲮、生鱼，每1000平方米池塘使用精饲料6393公斤，青饲料6778公斤，禽畜粪肥12930公斤，可净产鱼1442公斤，其中鲮鱼573公斤，占39.7%。

顺德于20世纪50年代末引进莫桑比克罗非鱼，20世纪70年代中期引进尼罗罗非鱼，两种鱼类杂交为福寿鱼。福寿鱼杂食，病害少，生长快，群体生产力高，最适宜在水质肥、饲料充足和水温高的条件下生长。以福寿鱼为主，混养鳙鱼、鲢鱼、鲩鱼、鲮鱼、长春鳊、鲫鱼、青鱼、野鲮，产量较高。据1982年典型调查，每1000平方米混养鱼塘，用精饲料1219公斤，青饲料9735公斤，净产鱼1548公斤，其中福寿鱼606公斤，占39.1%。

如今，顺德水产站良种场全年供应金鳙鱼苗、俄罗斯金草鱼苗、金草鱼水花，其下属的勤鹭水产良种场为佛山市市级良种场，中国科学院水生生物研究所合作单位等，有种苗基地2个，合作育苗场10多个，拥有丰富的技术和经验及先进齐全的种苗生产设施。勤鹭水产种苗场拥有地热能恒温式孵化繁殖池、水产检验检测室、恒温鱼苗打包池、鱼苗广谱物理杀菌处理系统等，销往全国各地的鱼苗无虫菌感染，成活率高。

在过去，野生鳜鱼主要产于长江流域，依靠捕捞获得。20世纪70年代，国内鳜鱼人工繁殖技术取得突破。20世纪80年代，顺德等地开始有农户人工养殖鳜鱼，也是最早从事鳜鱼种苗繁育的地区之一，同时带动粤西从事鳜鱼种苗繁育。顺德是淡水鱼苗的重要流通市场，粤西的鳜鱼由顺德流通商购买后，会送往全国其他地区。

第三节　注换新水增强鱼体抗病力

顺德塘鱼生产是基塘农业的组成部分。新中国成立后，随着农业多种经营和农副产品加工业发展，形成以池塘养鱼业为主，种植业、畜禽饲养业、农副产品加工业综合利用的复合人工生态系统。种植业为农副产品加工提供原料，农副产品加工为塘鱼和畜禽提供饲料，畜禽粪便和残饵、菜叶也可用作鱼饲料，而塘泥又是农作物的优质肥料。

这种循环利用的综合养鱼方式，具体有以下五种：

一、鱼—桑—蚕—鱼

桑基鱼塘生产方式。塘鱼的残饵、粪便沉入池底，与淤泥混合，用作桑树肥料，桑叶用以养蚕，蚕沙（粪便）、蚕蛹用作喂鱼和增肥池水，这样循环利用，塘鱼、桑蚕均获较高收成。实验表明，每1000公斤桑叶养蚕，可获蚕蛹22公斤和蚕沙450公斤；用作鱼饲料，可产鱼49公斤。

二、鱼—蔗—鱼

蔗基鱼塘生产方式，始于20世纪30年代初。塘鱼残饵和粪便等有机物沉积池底，形成肥沃的淤泥，将淤泥用作蔗苗肥料，蔗叶再作塘鱼的饲料或肥料。每1000平方米蔗地每年可剥蔗叶2000多公斤，用以喂鱼，可增产8公斤左右。

三、鱼—菜—鱼

这种方式主要用于毗邻城镇大量种植蔬菜的乡村。利用肥沃的塘泥作蔬菜肥料，将蔬菜残叶、菜头用作塘鱼青饲料或肥料。每1000平方米菜地每年有1000公斤左右残叶菜头喂鱼，可增产塘鱼30公斤左右。

四、鱼—畜—鱼

这种方式始于明代，沿用至今。养鱼户多在池塘边建猪舍、牛舍，将猪、牛粪便和残食用作养鱼饲料及肥料。每头猪年均排泄粪尿2000公斤，可多产塘鱼40多公斤；每头乳牛年均排泄粪尿约15000公斤，可多产塘鱼270公斤左右。近年大量养殖瘦肉型猪，扩大了综合利用范围。

五、鱼—禽—鱼

历史上，养鸭户多在鱼塘边或塘面上建鸭棚，并在池坡或池角围圈部分水面，用作养鸭场所。鸭粪和残食抛入鱼塘，成为鱼的饲料、肥料。养鸭180只，所产粪便可使1000平方米池塘多产塘鱼170多公斤。近年转为兴办现代化养鸡场，进一步发展了这种方式。

顺德塘鱼病害以鲩鱼居多。新中国成立前，民间用土方土法防治；新中国成立后，认真总结、研究民间防治经验，加以创新，重点推广以下四种方法：

药物消毒：用适当剂量的漂白粉、敌百虫等药物，对塘水、鱼种、饲料进行消毒，消除病源。

免疫注射：根据民间传统土方的免疫原理生产鲩鱼疫苗，作免疫注射。防治效果可达90%左右。1987年，顺德共生产鲩鱼疫苗1281万毫升，注射3166.2万尾，防病效果显著。

药物饲料：在塘鱼颗粒饲料配方中，加入适量的大黄、穿心莲等中草药，或使用复方药物，对防治细菌性鲩鱼病效果较显著。

生态改善：20世纪80年代，采用改善生态环境的方法，即使用新鲜饲料，均匀适量投放，经常注换新水，使用增氧机，改善水质，减少病源入侵蔓延，提高鱼体抗病能力等，使鲩鱼成活率显著提高，产量增长。

实践证明，这四种方法，单项使用与综合使用相结合，可达到最佳效果。

实践中的20世纪50年代后期，顺德开始引进国内外高产优质水产品种。1958年引进团头鲂（俗称“武昌鱼”）和非洲鲫鱼，1965年引进兴国红鲤鱼和黑龙江散鳞镜鲤，20世纪70年代引进丰鲤、金鲫鱼、东北鲫鱼、芙蓉尾红鲤鱼、红荷包鲤等。通过杂交、驯化，在顺德推广，与四大家鱼混养。

20世纪80年代，塘鱼生产向特种水产养殖转移。1983—1991年，共引进13种优质鱼、3种优质虾，并发展鳗鱼、甲鱼、大闸蟹、三角蚌、山瑞等高值水产品养殖。其中以优质鱼和鳗鱼养殖规模最大。1991年，顺德优质鱼和鳗鱼纯养面积17469亩，混养面积12万亩，分别占鱼塘总面积的6.55%

位于顺德区伦教街道鸡洲村顺风顺水·名厨家宴的黄骨鱼调研会议中心（杨厚基供图）

和45%，产量为6102吨，产值为2.33亿元，占塘鱼总产值的41.75%。

顺德农业部门退休干部徐佰康说，20世纪60—70年代，顺德传统养殖的鲩鱼容易发病，也叫“灾鲩”，这种鱼容易烂鳃，顺德农民就把捡回来的死鱼，取出鱼肠、鱼肝进行捣碎、磨烂，加温后增添抗菌药物，直接将其注射到鲩鱼体内，就变成了鱼儿的疫苗。“这是土办法，我的邻居是一名水产工程师，他就曾加工这种‘疫苗’给水产养殖户使用。”如今，徐佰康的儿子就从事代销畜牧疫苗工作。

第四节　6万人划艇外出割草喂鱼

1983年，顺德首批引进短盖巨脂鲤（淡水白鲳）100尾（每尾1.3斤，价值25美元）和体长5厘米的幼苗4万尾（每尾1.5美元）；1985—1986年，引进加州鲈鱼苗300尾和亲鱼70尾；1987年，引进褐首鲇91500尾、叉尾鮰11000万尾、泰国虾虎鱼8000尾、丝足鲈75尾、银粑鱼7100尾、猪仔鱼70尾、桂花鲈鱼8000尾、德国镜鲤300尾。

此后，顺德又引进淡水石斑、淡水银鲍、珍珠鲃等品种。根据各自特点分类纯养或混养，取得较高的效益。北滘镇20世纪80年代后期放养优质鱼3600亩，平均每亩年产值由2000元增至万元；陈村镇1990年纯养优质鱼1008亩，平均亩产值5100元。与此同时，优质鱼种人工繁殖成功。1988年，孵化野鲮、银鲫、丰鲤、土鲤、白鲳、加州鲈鱼苗共4.86亿尾。

顺德于1983年开始批量养殖鳗鱼，经过几年实践，掌握了养鳗高产技术，打破国外以水泥池放养的模式，直接将鳗鱼放入鱼塘混养或单设鱼塘纯养。每亩产值为2万～4万元，纯收入超过1万元。1986年，顺德放养83万尾，纯养35.5亩，混养1.9万亩，产商品鳗鱼34.6吨。1991年，顺德纯养鳗4010亩，利润达4000万元以上。

1985年，顺德试养罗氏沼虾成功，翌年放养虾苗430万只，其中罗氏沼虾35万只、沙虾80万只、墨吉对虾315万只，放养水面共785亩，其中精养185亩、粗养600亩，产虾63吨。1987年引进泰国虾7万只。县水产畜牧局特种水产养殖场解决了虾苗孵化技术问题，孵化出虾苗180万只，进行批量放养。是年还从泰国引进大闸蟹30万只，三角蚌3105只，山瑞2000只，试养成功后，逐步扩大养殖。其后，龙江农科站人工孵化鳖（甲鱼）苗成功，养殖户逐年增多。

20世纪60年代以前，顺德不少鱼塘形状极不规则，长、窄、小、曲，形状各异，容水量少，不利于鱼类生长。顺德7.6万多口鱼塘，面积在2亩以下的就有27223口，2～5亩的有35554口。

从20世纪50年代后期起，顺德大规模开展整治，小塘并大塘，浅塘挖深，窄曲塘截曲取直、拓窄成方，变死水塘为活水塘，改善水质。至80年代初期，共整治鱼塘面积10万亩以上。每口鱼塘面积普遍达4～7亩，水深1.5米以上，形状比较整齐，每亩水体达1000～1300立方米。水质改善，溶氧量增加，鱼塘产量显著提高。较突出的勒流公社联结大队，340亩鱼塘整治后，增加放养，增投饲料，亩产鱼从不足100公斤提高到400多公斤。

1991年12月，顺德鱼塘73582口，面积26.7万亩。其中已整治11万亩，整治塘边周长373.1万米，分别占总数的39.86%和25.48%。但后来基面种植放松，罱取塘泥上基面的传统方式大多停止，塘泥逐年淤积，塘基年趋单薄，基崩塘浅的现象日益严重。部分地区采用水泥预制板保护塘基，采用鱼塘清淤机抽吸淤泥。

20世纪80年代初，顺德推广加注新水以提高塘水溶氧量及使用增氧机。1982年，顺德使用增氧机20台；1988年，使用渔用水泵1500台，增氧机12000台，这成为塘鱼产量大幅提高的措施之一。

顺德渔农在鱼塘捕捞（《珠江商报》供图）

顺德塘鱼生产与甘蔗、稻谷、桑蚕、畜禽业并举，具备塘鱼肥料、饲料的综合利用条件。新中国成立后，随着养鱼业不断发展，饲料供求矛盾逐渐突出。20世纪70年代前，沿用传统方法，以蚕沙、禽畜粪便等农家肥、食品、工业副产品和野草作肥料、饲料。每年国家奖售10000～15000吨谷物饲料，由于粮食紧张，实际用于喂鱼的不多。

自20世纪70年代起，顺德采取以下两种方式增加饲料来源。

一、找、种、养结合

20世纪70年代每年塘鱼生产旺季，顺德出动6万农民划艇到中山、江门、东莞、广州等地割鱼草；并利用河边、塘边及烂地种植青饲料，种植面积达7万～8万亩。此外，充分利用地力，冬春多种蔬菜，春夏多种玉米，夏秋多种瓜豆、太阳麻等作物，为塘鱼提供青饲料。同时推广种植高产青饲料象草，1976年种植1.2万亩，总产15万吨。20世纪80年代，桑蚕业减缩，闲地增加，塘鱼青饲料改以种植为主，1988年顺德种植象草3.8万亩，1991年增至4.2万亩，满足鲩鱼养殖需要。畜禽业发展加快也增加了塘鱼饲料来源，1991年顺德的猪粪、禽粪分别比1978年增长2.2倍和11.9倍。

二、购入精饲料与发展饲料加工业

1979年，广东率先开放塘鱼市场价格，收益明显提高，渔农大量购买粮食、豆麸、豉渣等精饲料，以高投入换取高产出。1979年和1980年，顺德每年购入议价精饲料1.5万吨，同时将奖售饲料2.5万吨的一半用于养鱼，其余用于养猪，以猪促鱼。与此同时，大力发展颗粒饲料加工业，充分满足水产养殖业需要。使用颗粒饲料有利于改善水质，减少鱼病，提高饲料利用率。

顺德水产养殖传统的鱼料是草料、粪料，这也导致水产产量不高；改革开放后，饲料的兴起，先是供鸡鸭鹅，后来随着饲料产量的扩大，才有了鱼饲料。顺德不少饲料厂，还把分厂开到海南、广西等地。

徐佰康是顺德农业系统的资深畜牧、饲料行家，2000年退休前曾担任国营养猪场场长、畜牧科领导、饲料商会干事等职务，对顺德水产使用的饲料、顺德水产饲料业的发展非常了解，并参与指导了顺德饲料业的发展。“顺德饲料企业生产的饲料30%用于水产。”徐佰康记得，20世纪中叶，顺德农民很能吃苦，每天早出晚归去割草喂鱼，最远要去到100公里外，有时要过一夜才回来。

“顺德有句俗语叫‘划着小艇割大草’，可到了冬天没有多少青草，而鲮鱼又怕冷，养殖户不得不自己少吃一点，把煮好的大米饭倒进鱼塘，让鲮鱼吃好、吃饱顺利过冬，不然鱼儿的脂肪会冻结，寒潮一来就会死掉。”徐佰康说，天气太冷、气温太低，鱼也不吃东西，“自从有了饲料，煮大米饭喂鱼的情况就没有了。”

第五节　突破水泥池养鳗的标准

从20世纪70年代中期开始，顺德改变传统的“三级养殖”法，普及“多级养殖、轮放轮捕”法，将鱼塘按比例分为幼格塘（约占5%面积）、中格塘（约占15%面积）、粗格塘（约占30%面积）、成鱼塘（约占50%面积），分别以适当密度，分阶段培育养殖。各级鱼塘在品种、规格、数量、时间上互相衔接，逐级过塘。

这种方法可充分发挥鱼塘生产能力，缩短养殖周期，提高产量。

在成鱼塘放养规格上，20世纪60年代和70年代初期，鳙鱼每尾

250～400克，鲮鱼每尾17–20克，鲩鱼每尾250克以下。20世纪70年代中期以后，放养规格提高，鳙鱼每尾500～600克，鲮鱼多在每尾25克以上，鲩鱼普遍在250克以上。

罟是指捕鱼的网，也可以是用网捕鱼。在捕捞罟数方面，20世纪70年代中期以前，鳙鱼一年三罟（即一年内放3次、收3次）；鲩鱼不分罟数，捕大留小；鲮、鲢鱼大多一年一罟。20世纪70年代中期以后，鳙鱼每年四罟半；鲩鱼随各类混养鱼每次收获捕大留小；鲢鱼每年两罟；鲮鱼大多两年三罟。20世纪80年代初，顺德近5万亩鱼塘改为一年两罟轮放轮捕，产量显著提高。

20世纪70年代后期，勒流公社总结放养和收获方法：前期密养；中期捕大留小，拉疏标粗；后期套养和慢罟插捕鲮鱼。按照此法，鲮鱼能均匀出塘，提高产量。全公社1979年收获鲮鱼2800吨，比1978年增长21.77%。20世纪80年代在顺德推广勒流经验，获得良好效益。

顺德在推广“多级养殖”法的同时，针对鲩鱼价格高、产量低、不能满足市场需求的问题，改革养殖方法和技术措施，通过常年抓种苗培育、分级标粗育养、饲料均匀投放和病害防治（通称“常年四抓”），促使鲩鱼产量大幅提高。1980年顺德平均每亩增产26公斤，比1978年增长35%。其中陈村公社增长幅度最大，1980年平均亩产增加53.9公斤。此后，鲩鱼产量在顺德塘鱼总产量中所占比重最大。

根据鳙、鲢的食性和对季节适应差异，顺德在“多级养殖”基础上，推行“冬春育鲢，夏秋攻鳙”的养殖法。冬春季节鲢鱼食性好，生长快；夏秋季节鳙鱼食性好，生长快。分季养殖，获得良好收益，其中以均安的凌沿村、龙江的排沙村、勒流的联结村最为显著。

在传统放养密度上，顺德每亩成鱼塘放养鳙鱼23～25尾、鲮鱼500～600尾、鲩鱼40～50尾、鲢鱼10尾。20世纪70年代中期以后，提高放养密度，每亩塘面放养鳙鱼28～30尾、鲮鱼900～1000尾、鲢鱼15～20尾、鲩鱼70～80尾。20世纪80年代，鲩鱼放养密度每亩增至200～400尾。在提高放养密度的同时，增加饲料和使用增氧机、加强科学管理，成为提高塘鱼产量的一项重要措施。

20世纪80年代，顺德大量引进优质、高值、高产鱼类，各乡镇各自发挥优势，根据不同鱼类的习性，进行合理混养。桂洲镇1978年混养东北鲫110万尾、鳊25万尾、鲤70万尾，翌年收获混养优质鱼350吨，占总产量的11%。1980年增加混养量，增收优质鱼50吨。伦教公社混养东北鲫和非洲鲫，1980年产量425吨，占总产量的16%。1991年，顺德混养各种优质鱼121764亩，共60.09万尾，36529吨。

顺德1959年起推广家鱼人工孵化的科学技术。至1965年，顺德所需鱼苗全部通过人工孵化的途径解决，结束了靠江河捕捞和向外地购进的历史。20世纪80年代，成功孵化各种引进的优质鱼类，为发展特种水产养殖解决了难题。自20世纪70年代后期起，改革传统养殖方式，推广“多级养殖，轮放轮捕”法，增大放养密度，引进尼罗罗非鱼（非洲鲫）及其杂交新品种福寿鱼。

20世纪80年代初，用药物饲料结合土法免疫注射防治“疽鲩”（草鱼烂鳃病）和“顺德饲料养鲩鱼”的研究相继取得成功，各区设立颗粒饲料厂。勒流区组织了万亩连片鱼塘高产技术试验，综合运用环流水养法、颗粒饲料、鱼塘增氧机、塘鱼浮头抑制剂及其他科学技术，试验成功后向全顺德推广，使塘鱼年产量从平均每亩不足200公斤增至500多公斤。

自20世纪80年代中期起，大规模发展特种水产养殖，引进多种优质鱼、虾、蟹、蛙等水产品，成功进行人工繁殖和科学饲养，大幅提高了经济效益。其中勒流镇和北滘镇以泥塘养鳗的成功试验，打破了日本、中国台湾以水泥池放养的条条框框，在技术上取得突破，为大面积养鳗出

鳗鱼养殖需要一定的技术（《珠江商报》供图）

口创汇奠定了基础。

“星火计划”是1985年国务院批准实施的第一个依靠科学技术促进农村经济发展的计划。北滘镇被定为全国20个“星火技术密集区”之一，自1986年起发展养鸡、养鳗、饲料生产、农副产品加工和花卉种植五大项目，组建农业、禽畜、花卉服务公司，先后投入1.5亿元兴办禽畜、水产品种苗、饲料生产和农副产品加工基地。全镇有养鸡场20多个，养鳗场16个，与之配套的饲料厂2家。以现代的农科技术取代了传统的耕作技术，完成了全镇农业历史性大变革，初步形成较为完善的多层次利用资金、进行复合式生产和全方位发展经济的良性循环体系，并充分发挥基地在农业科技方面的推广、辐射和示范作用。

就这样，顺德形成了生产—加工—销售一条龙，贸、工、农一体化的现代农业经济架构。至1991年，顺德纳入“星火计划”的项目有59个，其中国家级7个，分别是饲料添加剂配方技术与原料国产化技术开发示范、台湾草虾孵化技术开发、鳗鱼饲料生产技术开发、烤鳗生产技术开发、铝塑泡罩包装用热封黏合、PSJ–90型废旧泡沫塑料再造粒机、B12–06水性防锈涂料。

第六节　建设渔业标准化示范区

“集装箱养鱼”只是一种概念。中国乡村之声《三农中国》报道，顺德的渔民们却把这个概念变成了现实。

报道说，顺德是水产养殖的王国，顺德人会养鱼、会吃鱼，这是出了名的。最近，顺德又琢磨出了“集装箱养鱼”，也就是把鱼放在集装箱里养。“集装箱养鱼”是一种绿色的循环水养殖模式，看点似乎在箱体，实际上技术上的亮点都在箱体外面。这些集装箱一般都安装在池塘边，集装箱上有三个孔，分别是进水口、增氧口和出水口，通过管道里传来的水流声可以知道，这套循环水系统正在有序运行。

集装箱里的水是从旁边的池塘抽上来进行了三次处理后的高氧水。集装箱里养鱼的脏水，会经过机器过滤后回到池塘，然后在池塘中进行三级生态净化，最后经过臭氧杀菌消毒，再次回到集装箱内。这样集装箱里的鱼类粪便和残余饵料就得到了有效过滤，表层的富氧水也被送入集装箱，鱼类始终游动在健康的水体中。

和传统池塘养鱼相比，“集装箱养鱼”属于高效集污、绿色环保的养殖方式。用这种方式养出的水产品，病害发生率和用药量大幅降低。不停流入集装箱的水，也让鱼在箱体中始终逆着水流游动，最后鱼肉会细嫩弹牙，没有腥味。此外，由于集装箱隔绝了外界环境干扰，也可以让鱼更健康地生长。而循环水的系统设计让残饵和鱼粪作为肥料，实现资源再利用。

现在，“集装箱养鱼”在顺德较为少见。

2016年，龙江镇迎来首个工厂化养鱼项目，该项目又称“东海瘦身鱼养殖基地项目”，于10月21日在龙江镇现代农业产业园奠基启动建设。园区通过完善龙江基塘农业基础设施建设，结合现有水产养殖业实际情况，建设成以高品质水产标准化养殖为基础，集农业科技推广、历史文化走廊、农业悠闲旅游、餐饮娱乐、科普教育、农业电商、水产物流加工于一体的现代农业园区。

工厂化养鱼项目的投资方是龙江镇水产品养殖龙头企业佛山市兄弟渔业有限公司，项目利用瘦身鱼吊养技术，把百家鱼通过吊水特色养殖，生产优质瘦身鱼和生态水鱼，产品远售珠三角各大酒店、农庄等。养殖基地占地26573平方米，建设生产设施及附属设施建筑共1790平方米，包括室内循环养殖池、室内制冷水池、净化蓄水池、吊水养殖水池、农产品初加工室、农产品检测实验室等。

截至2017年1月，顺德区工厂化养鱼项目发展迅速，在杏坛、容桂、乐从等镇街均有，养殖品种有梭鲈、笋壳鱼、鲥鱼、南美白对虾、鳜鱼、罗非鱼、泥鳅等。

一夜海潮河水满，鲈鱼清晓入池塘。广东省渔业技术推广总站钟小庆、顺德区水产商会陈耀根联合发表的《看顺德人如何保持养鱼的竞争力》一文说，2018年，顺德全区有淡水养殖池塘1.07万公顷，产量超过23万吨，产值逾56亿元，占全区农业总产值六成以上。主要养殖品种为乌

顺德农业特别是水产品一直以最高标准发展（陈耀根供图）

鳢、大口黑鲈、日本鳗鲡、中华鳖、长吻、草鱼、笋壳鱼、广东鲂等，淡水养殖品种达40多种，顺德鱼畅销国内外市场，颇得消费者欢迎。

顺德渔业标准化是以渔业科学技术和实践为基础，运用简化、统一、协调、优选的原理，把科研成果和先进技术转化成标准，并将标准加以实施及监督实施的活动过程。该工作是实施品牌发展战略的一项基础性工作，有利于保护渔业资源环境，实现渔业优质高效安全生产，提高水产品质量安全水平和打造市场竞争核心竞争力，巩固传统消费市场和培育新的消费群体，开拓新市场。

为给从业者立规矩和推动行业发展上新台阶，顺德区农业农村局于2014年就启动了本地特色优势农产品地方标准编制工作，其中顺德区水产商会承担了日本鳗鲡、大口黑鲈、斑鳢、长吻、中华鳖、广东鲂、鳜鱼等品种的地方性行业标准编制工作。

钟小庆、陈耀根说，这是一个综合性工作，是一个系统性工程。根据标准化要求，顺德区水产商会组织有关专家到渔业第一线开展调查研究。该调研是一次深度调研，涵盖每一个品种的生物学分类、原种保有、良种选育、种苗繁育、种苗培育、商品养殖以及养殖病害防治、水产品质量安全监管等，在掌握了大量第一手资料基础上起草了标准初稿，且经过征求意见、专家修改和审定，形成送审稿。每一个品种的标准都极具操作性。

2015年12月30日，顺德区市场监督管理局以顺市监〔2015〕158号文正式公开发布和组织实施了日本鳗鲡、大口黑鲈、乌斑杂交鳢、长吻、中华鳖、广东鲂、鳜鱼等8项渔业地方标准。在此基础上，顺德区水产商会积极开展依法维权和行业自律，主要是编制和颁布团体标准。例如，2018年顺德区水产商会分别制定和颁布了《广东鲂成鱼池塘养殖技术规范》(T/SCSH 01—2018）和《草鱼成鱼池塘养殖技术规范》（T/SCSH 02—2018）两项团体标准。多项标准的制定、颁布和实施，为顺德渔业品牌培育打下了坚实的基础。

渔业标准化示范区是指按照一定的养殖标准组织生产和管理，其产品达到相关质量标准要求，并对周边地区起到示范、带动作用的渔业生产区域。它的建设始于1996年原国家技术监督局（国家质检总局前身之一）开始在全国开展大规模农业标准化示范区建设工作，有13年的工作历史。钟小庆、陈耀根说，农业标准化示范区共分为国家级、省级和市级三个级别，分别由国家标准化管理委员会、省质量技术监督局、市质量技术监督局及市农业局等主管部门批准立项及验收。它是标准化工作的延伸和拓展，是生产实践。

顺德根据有关法律规定以及全区渔业生产实际制定渔业行业标准，上至政府主管部门下到普通生产者和消费者都知道渔业行业标准要落地，要贯彻落实到生产中，才能发挥其区域公用品牌建设方面的推进作用，水涨船高，有了区域公用品牌作支撑，打造企业专营品牌才有可能，因此，顺德民众一直以高度的热情参与和推进渔业标准化示范区建设。顺德渔业标准化示范区建设工作主题突出，内容丰富，形式多样。

例如，2013年以来，顺德区就依法依规，从实际出发，通过自建和承建，共建设和实施了区级、省级渔业标准化示范区4个以上，品种包括长吻鮠、草鱼和广东鲂等多个品种，实施的标准由团体、地方、国家行业以及出口港澳等标准构成，通过示范和推广，提高了顺德区水产养殖和水产品质量整体水平以及顺德水产品品牌市场知名度、认可度，获得了显著的经济效益和社会效益甚至生态效益。

自2020年起，顺德开始了有规模的高位桶“吊水”试验。这个不起眼的高位桶藏着诸多“硬科技”。高密度养殖环境下，鱼类对水体溶氧度有着更高需求。为此，每一个高位桶都专配了溶氧设备为水体持续增氧，同时还设有电控磁阀控制水位，桶外设有过滤、水体紫外线消毒系统，确保桶内水体质量稳定。

高位桶的水全部来自养殖园区循环水，每个桶内都有监控设备，可观测水底鱼群游动情况和水面鱼群上浮情况，这些数据记录为大规模高位桶养殖提供参考。高位桶的应用可以分别降低水产养殖过程中30%的能源消耗和10%的饲料耗损，实现了对水产养殖精准管控和微环境调节。通过各环节布设科技设备，养殖企业仅需要安排2名技术人员管理总共建成的24个“吊水”高位桶，就能实现高密度环境下高品质草鲩鱼高产稳产。另外，通过高位桶积累的丰富数据，将为顺德养殖业开展水产全流程智能化、自动化养殖打下基础。

2020年，为保障养殖生产者合法权益、促进养殖水产品稳产保供，顺德区根据省、市统筹安排，全面启动养殖证发证登记工作，进一步规范水产养殖，杜绝非法养殖行为。水域、滩涂是指经县级以上地方人民政府依法规划或者以其他形式确定可以用于水产养殖业的水域、滩涂，分为国家所有水域、滩涂和集体所有水域、滩涂。养殖水域滩涂包括江河、湖泊、水库、池塘和滩涂等各种类型。养殖水域滩涂功能区分为禁止养殖区、限制养殖区和养殖区。顺德区的养殖水域、滩涂包括非禁养区的江河沿岸国有水域、滩涂，以及以鱼塘为主的集体水域和部分国有水域。

水产养殖业是顺德区农业生产中占比较大的产业之一。养殖方式以池塘养殖为主，主要养殖生鱼（乌鳢）、草鱼、大口黑鲈、鳗鱼、中华鳖等多个品种，年产量超过26万吨。推进水产养殖业绿色健康有序发展，做好水域滩涂养殖发证登记工作，是落实新发展理念、促进顺德区渔业高质量发展、推动乡村振兴、满足人民对优质水产品和优美水域生态环境需求的重要保障。

第七节　为广东养殖业供种

1997年，黎子流卸任广州市市长，之后回到老家龙江镇左滩。此番回乡，并非只是叶落归根，他的心里装着更大的事——要为农业现代化找个出路。

“搞农业，我的目标不在于是否赚钱，就是想找两个答案。”有两个问题困扰他已久，当市长时无暇顾及——“广东的工业化、城市化已经发展到了一定的程度，能不能为农业现代化找到一条出路？中国农民即使进城打工也治标不治本，他们能不能靠农业致富？”

这个听起来过于宏大的命题被他落到了具体项目上：建设广东顺德新世纪农业园。农业园里鱼塘连片，孵化育苗中心、种苗越冬大棚、研发实验室一应俱全。

黎子流是顺德新世纪农业园的法定代表人、董事长，但他不受薪、不持股、不参与分红。黎子流说：“一拿薪水，人的心态就变了，变成了打工仔、受薪阶层。你干多干少，别人都有看法，自己不知不觉也有衡量。而且一拿薪水就当不了董事长，我们这里完全是现代公司化运作，董事会的制度很健全。”

驿寄梅花，鱼传尺素。建设之初，出于长期发展的考虑，新世纪农业园向龙江镇的农民征地。周边的农民对黎子流很信任，因为几十年前他们就是在一起荷锄、担泥、挖鱼塘的伙伴。黎子流也惦记着要保证乡亲们的收益，征地款比时价还高。此外，他还动员农民将征地款的1/3入股；什么时候不愿意干了，随时可以撤股。

顺德是水乡，黎子流选择发展水产养殖，之后农业园成为国家级水产良种培育基地、顺德现代化农业示范基地、广东民营科技企业，出产的大口黑鲈、太阳鱼、鳄鱼等鱼苗为广东养殖业提供良种。

作为当时的农业龙头企业，新世纪农业园给周边农民带来的最大效益就是示范带动作用。除了为农民提供科技含量高、产值高的水产良种，农业园广泛的技术服务和市场服务网络也支撑了周边农民的科技种养。黎子

黎子流先生（左三）一直致力于顺德水产业的全方位发展（《珠江商报》供图）

流说：“我们不光卖鱼苗，还免费提供技术指导。”

新世纪农业园鳄鱼养殖场创建于20世纪90年代，全部引进泰国优良品种，鳄鱼场园林式养殖面积达50亩，全控功能现代化科学管理养殖，配套越冬保温棚室4500平方米，大中小池塘28个，场内养殖鳄鱼3500条，分成鳄、中鳄、幼鳄，可供上市3000条。

说到新世纪农业园，那就不得不提刘铁军。

1947年出生的刘铁军是龙江镇沙富村人，爱吃鱼的他，一生大多数时间都是跟水产、鱼打交道。20世纪60年代末，顺德龙江、勒流、乐从、杏坛、均安就安排年轻人到顺德劳动大学学习水产养殖、蚕桑种植专业知识，大良、容桂、陈村、北滘、伦教则安排人员学习水稻、甘蔗、农副产品种植、加工等技术。刘铁军学习了水产养殖、蚕桑种植。学习水产养殖技术之后，他不但获得了中专毕业文凭，还成了中国淡水鱼类养殖工程师，这可是那个年代为数不多的淡水鱼类养殖工程师。

在近50年与水产养殖打交道的日子里，刘铁军最高兴的事是他赚得了第一桶金。那是20世纪90年代初，他获得了400尾从海南越冬的淡水石斑鱼苗种之后，放弃了当时价值高的桂花鱼，在自家鱼塘把淡水石斑鱼当成宝贝养起来。

淡水石斑鱼原产于中美洲尼加拉瓜，生长速度快、耐低氧、抗病力强，而且外形美观、肉质鲜美、营养丰富，既可以作为商品鱼，又可以作为观赏鱼种，是一种很值得推广的品种。“那时我的信息是全国只引进了2000尾，我就出资3200元订购了400尾，每尾8元，在那时，3200元是很多人一年的工资。”刘铁军回忆，当年400尾苗种在春天生产了鱼苗，他每天打捞两次卖给珠三角的水产养殖户，每天收入2000元，一年里赚了30万元，“当年冬天放去广州过冬的鱼苗，冬去春来，又赚了20多万元，两年赚50万元，这是不得了的事情，收获满满的我除了外出旅游，更是立下了一辈子养鱼、养好鱼的志向。”

刘铁军的第一桶金，就这样引起国内水产工作者的重视，淡水石斑鱼的养殖规模也越来越大，淡水石斑鱼成为淡水养殖新的品种。

进入水产养殖行业，刘铁军在科技养殖上不断研发，主持和参加了顺德水产科研中心的工作，重点研究淡水鱼类的种苗繁育和开发利用等工作，先后获得顺德区（市）、佛山市、广东省科技进步一等奖、二等奖、三等奖多次。刘铁军对草鱼病害混合疫苗的研究与应用尤为突出，个人多次获“佛山科协先进工作者”和“顺德优秀科技工作者”称号。

黎子流开发建设新世纪农业园，第一个聘请的管理、技术人员就是刘铁军。

刘铁军在新世纪农业园走马上任后，主打就是水产养殖，大量孵化鲈鱼、金钱龟、绿色龟等品种。其中，我们现在生活中经常能品尝到的和顺鱼、三黎鱼（鲥鱼）都是他参与引进、孵化、养殖的，他也被农业部、科学技术部评为“星火计划先进个人”。

不过，刘铁军在水产养殖过程中，也有伤心事。比如2008年的初春，顺德气温与全国多地气温一样出现了低温，他养殖的不少中华鲟、鳄鱼等品种都冻死在了鱼塘水底。顺德人熟悉、喜爱的土鲮鱼以前在9℃以下的环境里都会冻死，如今，刘铁军加建水产养殖越冬池，为顺德的鱼提供了新的生存、繁殖环境。

第八节　观赏鱼

“绕池闲步看鱼游，正值儿童弄钓舟。一种爱鱼心各异，我来施食尔垂钓。”顺德渔农养殖观赏鱼已有上千年历史，陈村、乐从、容桂、大良等镇街众多农户实现规模养殖，养殖的品种主要有锦鲤、热带鱼、金鱼三大类，此外还有金龙鱼、银龙鱼等。

2004年之前，顺德在陈村镇建立了热带观赏鱼养殖基地、在大良街道建立了华南水产养殖场，为当地及周边养殖户提供了优良品种和繁殖、防病等技术，有力地促进了观赏鱼业发展，养殖观赏鱼的效益是养殖一般鱼类的2倍以上。

“锦鲤附体”“锦鲤保佑”是当今网民最多的祈愿之一，锦鲤发展至今已有百余年，不仅有高颜值，还有美好的寓意，素来受到大家青睐。观赏鱼当中，要数锦鲤的经济价值最大。

中国锦鲤大赛是国内顶级的锦鲤赛事，自2001年开始每年举办一次，仅次于全日本总合锦鲤品评会（锦鲤行业称“东京大赛”）。自2015年第十五届开始，中国锦鲤大赛已连续8年落户容桂。大赛以“促进行业交

顺德企业家霍新桂收藏的一对雄雌金龙鱼艺术品（何冠洪供图）

流、弘扬锦鲤文化”为办赛宗旨，推广锦鲤文化，为行业企业搭建推介产品的平台，宣传高品质锦鲤品牌，推动锦鲤行业发展。

2022年12月举行的第二十二届中国锦鲤大赛由中国水产学会观赏鱼分会、全国水产标准化技术委员会观赏鱼分技术委员会以及广东省锦鲤协会主办，广东省农业农村厅提供业务指导，得到顺德区农业农村局和容桂街道办事处的支持。大赛有来自全国各地的2000多条锦鲤参赛，共评出206个奖项。其中，由苏信锦鲤负责人袁建栋带来的一条“大正三色”锦鲤获得了全场总合冠军，这也是袁建栋第二次拿到该赛事全场总合冠军。

中国渔业协会锦鲤分会会长、广东省锦鲤协会会长、广东顺德长龙锦鲤养殖场创始人潘志成是容桂街道办南区人。2022年6月11日，容桂街道锦鲤产业发展战略合作签约暨中国锦鲤大师工作室揭牌仪式在容桂举行，容桂街道办事处与广东省锦鲤协会签订锦鲤产业发展战略合作协议，并携手成立中国锦鲤大师工作室，倾力将容桂打造为锦鲤产业界的中国名镇和世界名镇。

容桂锦鲤多次在国际最高赛事“日本东京锦鲤大赛”上夺冠，容桂也成为中国锦鲤标准化示范镇。享有“中国锦鲤大师”美誉的潘志成于2001年成立长龙锦鲤养殖场，大力发展国产鱼，致力于提高国产锦鲤养殖技术，注重锦鲤血统的研究与开发，养殖场的国产锦鲤获得了锦鲤爱好者和同行们的广泛认可。此外，潘志成曾四次获得全日本总合锦鲤品评会全场总合冠军，成为全日本赛事的大满贯得主，为锦鲤史上第一人。

潘志成在获奖后，提出将冠军锦鲤带回中国。这样的提议无疑遭到强烈反对，他不断争取、周旋，最终成功将珍贵的冠军锦鲤引进中国。自此，冠军鱼的血统密码便掌握在国人手中。冠军锦鲤在体形、质地、模样、颜色、抗病、生长等多个方面具有明显优势，是一个上乘的品种。通过对子代锦鲤的公开拍卖，使得优质的锦鲤种质资源迅速打开国内市场大门，养殖锦鲤蔚然成风，顺德锦鲤产业进入快速发展期。

附录1 顺德主要水产品的养殖品种

生鱼

生鱼是顺德地方名，俗名有乌鳢、斑鳢、黑鱼、才鱼等。它生性凶猛，繁殖力强，胃口奇大，能大量捕食水域内的其他鱼类，甚至不放过自己的幼鱼。生鱼还能在陆地上滑行，迁移到其他水域寻找食物，可以离水生活3天之久。是中国人的“盘中佳肴”。杂交生鱼，除生长速度快、抗逆性强、起捕率高、肉质味道好外，还可以完全摄食人工配合饲料，解决了养殖过程中需投喂冰鱼等饵料来源困难、劳动强度大、水质难控制等问题，为生鱼养殖产业化发展开辟了广阔的空间。现今，顺德水产养殖的生鱼品种90%以上是杂交生鱼，是以乌鳢为父本、以斑鳢为母本杂交后的子一代。年养殖面积均在15000亩以上，养殖产量高达1万～2万斤/亩，养殖成本为5～6元/斤。生鱼经济效益良好，一直是区内水产养殖的主要品种之一。

生鱼买卖（《珠江商报》供图）

四大家鱼

我国四大家鱼指的是青鱼、草鱼、鲢鱼、鳙鱼。广东四大家鱼指的是青鱼（黑鲩）、草鱼（鲩鱼）、鳙鱼（大头鱼）、鲮鱼。顺德养殖四大家鱼的高产技术全世界闻名，20世纪70年代初发明增氧机技术后，顺德的四大家鱼养殖亩产量在全国率先超过1000公斤。现在的顺德四大家鱼在多数农户养殖中都作为混养品种，主要用于调节水质，同时也可增加产量。

鳙鱼（《珠江商报》供图）

加州鲈

加州鲈学名大口黑鲈，分类学上属鲈形目，太阳鱼科，原产美国加州密西西比河水系，是一种肉质鲜美、抗病力强、生长迅速、易起捕、适温较广的肉食性名优鱼类。广东最早于1983年从美国引进，1996年获农业部水产原良种审定通过。通过多年养殖推广，顺德大部分养殖户已熟练掌握了加州鲈的人工繁殖、苗种培养、商品鱼养

顺德区优质加州鲈产业园（周焯杰供图）

殖及鱼病防治等一系列关键技术。近年来，加州鲈是顺德水产的主要品种之一，年养殖面积一直保持在4万亩左右，年产量达15万吨以上。占全省75%以上，占全国60%，顺德是广东省乃至全国最大的加州鲈养殖基地，其商品鱼的养殖成本为6～8元/斤，现在销售遍及国内外，经济效益和社会效益良好。

鳗鱼

鳗鱼，俗名白鳝、鳗鲡等，是具有洄游特性的鱼类，在大海中繁殖，在淡水中长大。营养丰富、肉味鲜美、经济价值很高，有滋阴补虚、消肿解毒之功效。顺德是“中国鳗鱼之乡”，是全国主要的鳗鱼出口基地之一。我国可养殖的鳗鱼主要有日本鳗、欧洲鳗、美洲鳗、乌耳鳗和花鳗五种，顺德养殖最普遍、最成熟的品种是日本鳗鲡。顺德人最早发明用普通土池养殖鳗鱼，投资成本最低，养殖效益最大。在1994—1996年的养鳗高峰期，佛山市养鳗面积超过10万亩。最高销售价达到16万元/吨，年养殖的亩利润达到3万元以上。近年来，受世界经济危机等多种因素影响，顺德本土养鳗规模有所减少，并逐步发展成外延农业。

顺德外延农业特别是水产业相当于再造一个顺德水产业（陈耀根供图）

鳜鱼

鳜鱼，又名桂花鱼，是名贵淡水鱼类。分类学上属鲈形目、鮨科鱼类。鳜鱼肉质丰厚坚实，味道鲜美，富含蛋白质，肉刺少，可补五脏益脾胃，可治虚劳体弱症。人工养殖鳜鱼以翘嘴鳜为主，因为它生长最快。还有大眼鳜、杂交斑鳜等。鳜鱼是典型的肉食性鱼类，性凶猛。刚从鱼卵中孵化出的鱼苗就可以别种鱼苗为食，成鱼捕食的对象主要是一些经济价值不大的小型鱼类、小虾和小甲壳动物。顺德养殖鳜鱼主要投喂不同规格的鲮鱼，饲料系数约为4，养殖成本为20～25元/斤。

黄骨鱼

黄骨鱼，又名黄颡鱼。属鲇形目，鲿科，黄颡鱼属，分黄颡鱼（黄蜡丁）和江黄颡（瓦氏黄颡鱼）两种。前者体形小，体表自然色为黄色；后者个体大，体表自然色为灰白色。个体大小通常为0.2～0.8斤/尾，而且雄性个体大于雌性个体。黄颡鱼是我国淡水水体中分布较广的底层经济鱼类，在中高档名贵品种中具有较大的市场开发价值。超雄黄颡鱼由于其雄性比例高而受养殖户青睐，理论上，超雄黄颡鱼一般饲养10个月体重可达175～400克。

观赏鱼

在家里用玻璃柜或水泥池养殖可供人欣赏的常见鱼类就是观赏鱼。在顺德用土塘加水泥池养得最多的是锦鲤，养殖户约有60家，养殖面积近1000亩，初步形成了小产业，商品锦鲤销往全国各地。这些养殖户主要分布在乐从、北滘、伦教等地。在顺德人家常见的观赏鱼还有龙鱼、七彩神仙鱼、胭脂鱼、金鱼和其他热带鱼等。

2023年12月15日至17日，第二十三届中国锦鲤大赛暨2023容桂锦鲤文化节在顺德容桂南宏汽车文化产业园举行（容桂街道宣办供图）

河豚

暗纹东方鲀，俗称河豚。是海淡水洄游鱼类，春季亲鱼由海逆河产卵，幼鱼在长江、湖泊中肥育，翌年春入海。暗纹东方鲀的肉质鲜嫩腴美，蛋白质、脂肪含量丰富，深受广大消费者喜爱，自古就有“拼死吃河豚”“不吃河豚不知鱼味，吃河豚百味皆无”的说法。清明前后，市场售价每公斤高达1000～1200元。从河豚卵巢、肾脏、血液等部位提取的河豚毒素是一种高级镇痛和局部选择性特高的高级麻醉药物，也是一种戒毒的良好药物，在医疗上具有重要用途，国际市场售价高达5.5万美元/克。野生河豚有剧毒。但在内陆地区用土池人工养殖的小河豚基本无毒。近年来，顺德有不少农户用土池养殖近1000亩。小河豚养殖8个月以上即可上市销售，上市规格为3～5两/尾。养殖成本为13～16元/斤，如搭棚过冬后上市，则需要投入成本17～20元/斤。

笋壳鱼

笋壳鱼属于热带、亚热带高档淡水鱼，肉质细嫩，骨刺甚少，营养丰富，深受消费者欢迎。学名尖塘鳢，分云斑尖塘鳢（俗名“泰国笋壳鱼”）和线纹尖塘鳢（俗名“澳洲笋壳鱼”）两种，鲈形目、虾虎鱼亚目、塘鳢科、尖塘鳢属。我国早年分别从东南亚和澳大利亚引入，现在养殖集中于广东珠三角、海南，顺德的养殖面积估计为3000亩左右，养殖亩产为1500～3000斤。笋壳鱼的养殖有池塘、网箱、水库养殖等模式，主要投喂鲜活饵料鱼或冰鲜鱼，少量投喂鳗鱼料等粉料。成功养殖的成本为30～35元/斤（喂冰鲜）或40～45元/斤（喂活饲料鱼）；市场价常年保持在60～80元/斤，市场需求旺盛。

长吻

长吻简称吻鱼，又称江团鱼，原产于长江水域，后来引进顺德进行孵化养殖。经过10多年的吻鱼养殖发展，顺德区已经发展成为全国主要的吻鱼养殖基地，吻鱼养殖技术、养殖面积、从业人员、销售额均处于全国首位，吻鱼养殖成为顺德区水产养殖的支柱产业之一。据2012年数据统计，全区（含外延）长吻养殖面积3万多亩，年产量1.5万吨，吻鱼养殖户超过300户，年产值3亿多元。现今，顺德吻鱼的养殖和销售产业占全国90%以上份额，相关产业（种苗、饲料、流通等）配套日渐完善，顺德区已成为国内长吻养殖主要产区之一。

虾类

能在广东珠三角地区进行人工养殖的淡水虾主要有罗氏沼虾、日本沼虾、南美白对虾三种。顺德主要养殖南美白对虾，养殖面积不大，约1000亩，最大时也不超过3000亩。养殖户主要集中在均安南沙、容桂马岗和勒流冲鹤。他们一般每年只养一轮，也有少数养两轮。前期多采取咸水淡化，后期用纯淡水。

附录2 顺德水产养殖业大事记（节选）

明代 塘鱼生产发展加快，许多村落挖塘筑堰养鱼。鳙、鲢、鲩、鲮四大家鱼已成为放养的主要品种，万历九年（1581年）清丈土地，顺德有鱼塘40084亩。挖塘养鱼较早为龙山、龙江两地，是年，龙山有鱼塘8124亩，占全乡山地塘44947亩的18.07%。

清代 顺德的塘鱼养殖业进一步发展。乾隆年间掀起“弃田筑塘，废稻树桑”的高潮。龙山堡“民舍外皆为塘”，基塘面积达3万亩，占耕地总面积的75%，“每岁鱼价，通以数万计”（清嘉庆《龙山乡志》）。

道光初年 龙山、龙江已无稻田。

咸丰、同治年间 以陈村为中心，北自龙津，南达碧江、古楼、鹿门、冲鹤一带，发展果木、茶叶、桑蚕、水稻生产，并利用洼地和河边浅滩挖池养鱼。黄连、勒流、北水、逢简等地，桑蚕种养与“涵养塘鱼”同时发展。至光绪末年，顺德禾田占总耕地面积不到1/10，大部分成为鱼塘。

民国初年至1930年　塘鱼生产进入全盛阶段。最高峰期顺德鱼塘面积达26万亩，年产塘鱼7.8万吨。

1930年以后　受世界经济危机影响，塘鱼滞销，养鱼业蒙受重大损失。抗日战争期间，大量基塘荒废。

抗日战争胜利后　塘鱼生产稍有恢复。不久内战爆发，苛捐杂税骤增，加之货币贬值，通货膨胀，塘鱼生产大受打击。

新中国成立初至1957年　塘鱼可在贸易市场自由出售，农民生产积极性较高。

1958年开始　关闭自由贸易市场，塘鱼按牌价由国家收购，挫伤了渔农的积极性，导致塘鱼减产。随后粮食紧张，塘鱼生产陷入低谷。

1963年　国家调整农村经济政策，实行奖励交售，生产队完成派购任务后，允许到自由市场上出售，生产逐步恢复。

1967年　鱼塘26.9万亩，总产3万多吨。

1967年以后　国家对塘鱼生产实行“一管二统三派购”政策，只有国家收购的单一渠道，单一价格，渔业生产发展缓慢。

1979年以后　农村实行经济改革，国家对塘鱼生产给予优惠政策和灵活措施，并开放塘鱼市场价格，取消上调任务，在生产体制上，由专业户实行承包经营，塘鱼生产发展迅速。

20世纪80年代　适应市场需要，从原来以饲养四大家鱼为主转向饲养优质高值鱼类为主，并实行科学饲养，集约化经营，产量和收益大幅度增长。

1991年　获“全国渔业生产先进县”称号。

1999年　鱼塘面积30.38万亩，总产鱼20万吨，总产值26.66亿万元，占农业总产值的90.62%，顺德成为国内主要的淡水鱼养殖基地之一。

2003年　顺德实施生猪、蔬菜、畜禽、水产品等大宗农产品市场准入制度。

2007年　国通物流城供港澳农产品中转中心成为珠三角输港澳水产品主要交易中心之一，日供港澳塘鱼能力上升至100多吨；左滩水产养殖场的鲩鱼和大头鱼，获得国家绿色食品认证；全区有4个饲料产品获得“广东省名牌产品”称号。至年底，全区已有4家种植基地、34家水产基地获得省级以上无公害产地认证。

2008年1月30日 乐从兴农水产品专业合作社在区工商局领取了“农民专业合作社法人营业执照”，顺德区第一家农民专业合作社登记成立，并取得法人资格。

2009年1月9日 中国水产流通与加工协会授予顺德“中国鳗鱼之乡”称号，授牌仪式新闻发布会在北京人民大会堂举行；同日，顺德在北京顺峰酒楼举办“顺德鳗北京市场推介会”，向首都公众全方位推介顺德鳗鱼。

2009年9月2日 顺德首个水产专业合作社——顺德区粤新生水产专业合作社——在勒流街道新安村正式挂牌。

2010年 顺德全区水产养殖面积18.9万亩，塘鱼产量23.7万吨，产值41.5亿元。

2011年 顺德按照上级部门的统一部署，实施珠江流域禁渔期制度。在4月1日至6月1日的珠江禁渔期间，全面实施为期2个月的专门执法检查，全区实现应休尽休。

2013年5月1日起 顺德选取三洲水产品批发市场、弘顺渔场作为水产品产地标识准入制度试点企业，对进入试点企业销售的鳜鱼、乌鳢、黄颡鱼实行附加标识准入，对全区水产养殖场进行随机抽样。

2014年 顺德农产品加工估计产值约10亿元，品种以鲮鱼罐头和烤鳗传统品种为主，代表企业为广东甘竹罐头有限公司、佛山市顺德区兴顺烤鳗有限公司。

2015年5月20日 顺德在西江支流德胜河段以及杏坛镇同时举行增殖放流活动。共投放鱼苗约455万尾，包括草鱼、鳙鱼、鲮鱼、鲢鱼以及甲鱼（中华鳖）、鲫鱼等，宣传保护江河生态环境。

2016年 顺德区有2.1万个鱼塘在该溯源系统生成账号，养殖户可在村（居）或者镇（街）打印出追溯标识，收购商及消费者可以通过扫描标识上的追溯码，了解水产品的产地等信息。

2018年12月 《佛山市顺德区养殖水域滩涂规划（2018—2030年）》印发实施。

2019年7月26日 顺德区市场监督管理局发布《顺德区餐饮业即食生食动物性水产品加工操作指南》。

2020年12月5日 顺德区被省农业农村厅授予“全省水产健康养殖示范县”称号。

2022年8月27日 中国水产流通与加工协会授予顺德区“中国水产预制菜之乡”区域特色品牌称号。

2023年6月18日 “保护渔业资源 建设生态顺德”顺德区2023年水生生物增殖放流活动在德胜河举行，200万尾草鱼、鳙鱼、鲢鱼等鱼苗被放流。这是自1983年以来，顺德连续举行的第40次增殖放流活动。

2023年10月 中国水产流通与加工协会授予顺德区“中国优质淡水鱼之乡”区域特色品牌称号。

作者在乐从镇上华村田园渔歌调研

顺德

第三章 品牌与荣光

无公害农产品、绿色食品、有机农产品和农产品地理标志统称“三品一标”。“三品一标”是政府主导的安全优质农产品公共品牌，是农产品生产消费的主导产品，其中，农产品地理标志是指标示农产品来源于特定地域，产品品质和相关特征主要取决于自然生态环境和历史人文因素，并以地域名称冠名的特有农产品标志。

同时，农业部门推动农产品地理标志登记保护的主要目的是挖掘、培育和发展独具地域特色的传统优势农产品品牌，保护各地独特的产地环境，提升独特的农产品品质，提高特色农产品市场竞争力，促进农业区域经济发展。

这一点在顺德鳗鱼上表现得尤为充分。

鳗鱼业是顺德渔业的支柱产业之一，2009年，顺德区成功申报成为“中国鳗鱼之乡”。为了进一步发挥品牌效应，从2016年开始，顺德区又立项推进“顺德鳗鱼”地理标志产品的认证工作，从材料组织、省级初审，到专家品质鉴评和现场核查，形成申报材料，再将材料送往农业农村部，然后由农业农村部组织专家进行评审、现场答辩，最后经农业农村部网上公示。2018年9月，历经两年多时间，顺德区申报的“顺德鳗鱼”地理标志产品终于获得批准，同年，“顺德鳗鱼”还被当时的广东省海洋与渔业厅评为2018年度广东省最具影响力渔业区域性公用品牌。

市场经济是以供求关系为导向的商品生产与交换，在全国乃至全世界统一大市场以及总供给大于总需求这一基本态势下，顺德渔业发展遇到了前所未有的困难，集中表现在总量相对过剩上，卖鱼难，鱼市场价格低迷，只剩下了结构性机会，这就是具有地方特色的优质高档产品。广东省渔业技术推广总站钟小庆、顺德区水产商会陈耀根联合发表的《看顺德人如何保持养鱼的竞争力》一文说，破解这一难题的唯一方法就是实施品牌战略发展。首先是培育区域公用品牌，提高整体水平；其次是打造企业专营品牌，提高个体竞争力，双管齐下，提高地方水产品市场竞争力，实现渔农增收和渔业增效，推动顺德区渔业在新的发展平台上获得新的起飞。

就此，顺德区渔业主管部门尤其是行业协会把实施名牌战略、提高区域品牌影响力作为顺德区渔业破题的关键，以行业标准化建设为突破口，通过打造生产示范区，推进产品“三品一标”建设，让顺德鱼在市场上依然保持着较高的竞争力。

此举极具引领作用，在顺德鱼这一大区域品牌辐射下，许多水产养殖龙头企业、大户以及为水产养殖提供服务的涉农企业乘势而上，积极参与无公害、绿色和有机认证，这是打造企业专营品牌的前提，由此催生出一大批个性化品牌，不断巩固和强化了顺德渔业的市场竞争力，把结构性机会转化为整体性机会，让顺德渔业永葆生命力。

品牌是区域、行业和个体核心竞争力的充分体现，尤其是渔业，这是一个属地感和归属感极强的行业，这是一种荣光：一方水土养一方鱼，一方鱼有一方风情。

今天，顺德以标准化和示范区为抓手，成功申报“中国优质淡水鱼之乡”称号，大力培育渔业区域性公用品牌和企业专营品牌，以品牌为先导推进地区经济发展，行业转型升级，成品更新换代，区域经济走向现代化。

第一节　均安草鲩

“入夜后的一更刚过，顺德的南沙岛上养殖塘里，总会出现一道移动的光……”在知名美食纪录片《老广的味道》里，镜头给到正在池塘巡游的渔民欧阳太根。欧阳太根几十年如一日一夜三巡，毕生只为了篇章故事的主角——均安草鲩。

一方水土，一方文化，一方食味。均安镇地处珠江三角洲中部河网，河流分支贯穿其中，江河鱼类资源十分丰富，鳙、鲢、鲩、鲮在这里都能品尝到。

草鲩，即草鱼，我国特有鱼类，四大家鱼之一。

草鲩是典型的草食性鱼类，身体略呈圆筒形，背部青灰、腹部灰白，头部稍平扁，尾部侧扁体。因食性简单，饵料来源广泛，且生长迅速，产量高，被广泛养殖，是广东人的当家鱼。除了易养殖、易获取，草鲩的功效也使其成为顺德鱼生优选。顺德人不仅喜欢吃鲩鱼生，还十分讲究养鲩之术。在均安镇，广东顺德均健现代农业科技有限公司（简称“均健公司”）已探索出一套科学生态的标准化养鲩流程。

草鲩生性活泼，喜食水草，遵其天性，均健公司养殖草鲩，以皇竹草为主，配合谷料进行喂养，并记录喂养时间、内容、分量，进行全过程把控。为让鲩鱼更健康，还会在鱼塘中加点“料”，加入益生菌微生物调理，使之脱脂、去腥、提质。

均安草鲩（《珠江商报》供图）

区别于一般的草鱼，均安草鲩从鱼苗培育、外形、理化感官指标、饲料、养殖方式等方面都下足了苦功：生态环境（优质水源、土壤、风土）+生态养殖（青料、谷料、水源处理）+现代科技（现代科学暂养技术）=均安草鲩。为了给市场提供一条原汁原味的顺德鲩鱼，2015年顺德区公有资产与民营资本联合组建了广东顺德均健现代农业科技有限公司，推出均安草鲩。均安草鲩味道鲜美甘甜、口感嫩滑不带腥味，是顺德人熟悉的味道。均健公司在伦教永丰、大良逢沙、均安新华、均安南沙均有养殖基地，水域养殖面积达600余亩，每月销量10万斤以上。

均安草鲩遵循鱼苗生长规律，传承顺德淡水鱼养殖手法，从善待鱼苗伊始，由当地水源、土壤入手，精心调配生态养殖方案，用心呵护培育养殖均安草鲩。

在这里，推崇生态养殖方法，喂食青料、谷物饲料，并创造优质水质与水流效果。适量加入益生菌微生物调理，达到淡水鱼“脱脂、去腥、提质”方向的改良，提高鱼的品质活力，注重修紧鳞片及鱼身，使其通体雪白，鱼修长健美，有较强的生命存活能力。

一般来说，草鲩整体呈略圆筒形，鱼头略显尖圆形，鱼体色呈青黄色，有光泽，背鳍、尾鳍呈青黑色，鱼体匀称修长。为了更好地养殖，还给草鲩制定了一套标准微型体态：体重约2斤的体长约45厘米，体重约3斤的体长约50厘米，体重约4斤的体长约55厘米。

一条合格的均安草鲩，内脏脂肪比应在9.5％以内，谷氨酸高于2.1克/100克，蛋白质高于17.5克/100克，钙高于150毫克/千克，脂肪低于8克/100克。为了达到如此严苛的要求，养殖草鲩的水质指标建议控制为pH7～8.5，水温20℃～28℃，透明度保持在30～40厘米，溶解氧5毫克/升以上。在养殖方式上，均安草鲩养殖采用“过池养殖+吊水养殖（暂养）”这一极具地方特色的养殖方式：在草鲩成鱼（约2.5斤）时，通过“吊水养殖”减少进食，帮助草鲩“瘦身减脂”，同时，养殖池内加入推水设备，加大水流速度，使均安草鲩每天逆流运动10小时以上。高强度长时间的运动，使得成鱼的均安草鲩鱼肉紧致，鲜美爽滑。

如今，按照高标准养殖、加工的均安草鲩以及所围绕的产业产生了区域性的品牌效应。2013年，均安镇设立了“广东淡水鱼标准化示范区”，项目由生生农业集团股份有限公司承担。2016年，均安镇设立了“广东省草鱼养殖标准化示范区”，项目由广东顺德均健现代农业科技有限公司承担。

草鲩是淡水鱼中的上品，它的营养价值及功效非同一般，无论是中医还是西医，对草鲩的功效都是很认可的。《本草纲目》记载：“暖胃和中。”《医林纂要》写道：“平肝，祛风，治痹，截疟。”草鲩有治虚劳及风虚头痛，截久疟，暖胃平肝，祛风活痹，祛痰镇咳等功效，是温中补虚的养生食品，其头蒸食尤良。草鲩含有丰富的不饱和脂肪酸，对血液循环有利，是心血管病人的良好食物；硒元素丰富，经常食用有抗衰老、养颜的功效，而且对肿瘤、乳腺癌也有一定的防治作用。

均安草鲩被广东烹饪协会、香港餐饮管理协会、澳门餐饮业联合商会、《广东烹饪》杂志社共同评选为“粤港澳餐饮唯一指定产品”，2017年获得农业部农产品质量安全中心颁发的“无公害农产品证书”。2018年5月，以均安草鲩为宴，名为“福禄有余”的鱼宴，被中国烹饪协会认定为“中国名宴”。

广东省草鱼养殖标准化示范区于2016年7月立项，是广东省农业标准化项目，由均健公司承担。广东省草鱼养殖示范区严格按照《广东省农业标准化示范区管理办法》进行规划、管理，实施全过程质量控制和标准化管理，建立了较为完善的标准体系，并严格执行和推广实施。示范区经过2016年以来的建设和推广，提高了生产经营标准化水平和组织化程度，到2018年8月通过验收，让广东草鱼养殖有了“顺德标准”。

均安镇河涌纵横交错，水资源丰富，自然生态环境优美，水质优良，非常适合草鲩生长，已有数百年养殖历史。2019年，全镇从事草鲩产业的农户为1621户，养殖面积为1.42万亩，草鲩产业产值2.53亿元，占全镇农业经济总产值的51.2%，带动农户增收21083元/年。2020年，均安荣获广东省“一村一品、一镇一业”草鱼养殖专业镇称号，通过“一村一品、一镇一业”项目和优质草鲩产业园的建设，攻克单一农业生产这一产业模式存在的各种问题，包括水产养殖户分散、缺乏科技养殖手段、产品单一且不直接面对市场等，逐渐向“农业生产、农产品加工、农业服务”三产融合的农业模式转变。

2020年12月17日，由粤港澳大湾区双创产业孵化联盟带队，联合顺德水产养殖业龙头企业均健公司，在均健公司科研楼大会议室，举行了由广东国富汇基金管理有限公司与中港湾创投（广州）股份有限公司领投设立基金规模为10亿元的《成立股权投资基金合作协议》的签约仪式。

粤港澳大湾区孵化产业联盟位于深圳前海，坚持“产业+金融”双轮驱动引领产业变革，其发展和振兴的产业基金，是一只由五矿资本下属的五矿金通股权投资基金管理有限公司作为基金管理人、专注于投资大湾区内有潜力的产业的基金，目标是通过基金投资的驱动，形成大湾区各产业的转型升级，并致力于农业板块的投资，考察具有发展潜力的农业企业。

粤港澳大湾区孵化产业联盟前往顺德水产养殖业龙头企业均健公司进行了参观考察。均健公司董事长关耀华先生对均健公司的经营情况、发展理念及未来规划进行了详细的介绍，提出了通过将顺德优质淡水鱼（均安草鲩）作为主导产业，借助省级农业产业园佛山市顺德区优质草鲩产业园的力量，通过四轮驱动生产+加工+科技+营销（品牌）的全产业链和价值链重构，形成互动融合发展、相互关联配套的淡水鱼产业新趋势，投资整合顺德水产养殖产业链条上各环节的关键项目，打造顺德水产大联盟的发展思路。

双创基金人员在经过前期尽调等工作后，十分认可均健公司的实力及打造顺德水产大联盟的发展思路，双方经过多次协商讨论，达成战略合作共识，计划投资整合顺德区淡水鱼养殖产业发展，由粤港澳大湾区孵化产业联盟引入领投资金，均健公司作为项目公司发起人，对“顺德养鱼产业”进行扩展投资，成立基金规模10亿元、首期3亿元的“顺德养鱼产业”股权投资基金。

早在1957年10月，均安沙头农业社就获得了中华人民共和国水产部颁发的奖状。该奖状表彰其重视技术改革，在防治鱼病方面获得塘鱼丰收的好成绩。2022年3月，“均安草鲩”正式申请国家地理标志证明商标，涉及“均安草鲩”的草鲩团体标准、草鲩养殖技术规范团体标准由区标准编

“均安草鲩”国家地理标志证明商标启动（《珠江商报》供图）

码所制定完成。

2023年5月，“均安草鲩”成功注册国家地理标志证明商标。6月30日上午，“均安草鲩”国家地理标志证明商标新闻发布会暨第二届均安草鲩文化节启动仪式在均安举行，来自养殖、销售加工、餐饮、预制菜等领域的16家企业被授予“均安草鲩”地理标志证明商标准用证书，进一步擦亮“均安草鲩”品牌。

截至2023年6月，均安镇草鲩养殖面积超1.1万亩，年产量18476吨，产值达2.4亿元，占据全镇农业总产值的半壁江山，是均安农业的特色主导产业和富民产业。

在顺德，除了均安草鲩，生生农业集团股份有限公司养殖的草鲩，也于2017年获得广东省名牌产品（农业类）推进委员会颁发的“广东省名牌产品证书”。2021年12月，顺德草鲩纳入2021年第三批全国名特优新农产品名录。

第二节　稔海鳗鱼

作为一个由鱼米之乡发展而来的制造业重区，特色农业在顺德经济中占一定比重。鳗鱼素有“软黄金”“海底冬虫草”之称，口感细腻、营养价值极高。在经济发展中，顺德获评“中国鳗鱼之乡”，勒流稔海村获评“中国鳗鱼之村”。

“顺德鳗鱼”获得国家农产品地理标志
（《珠江商报》供图）

从农业到制造业、从中国到世界，顺德在高质量发展大潮中的样本意义越发凸显。我们先看看一条鳗鱼带来一个村的荣光：随着时间的推移，一条鳗鱼的升华，为高质量发展注入了乡村振兴新动能；随着“中国鳗鱼之村”荣誉带来的影响力，稔海继续在一条具有鳗鱼特色高质量发展之路上书写新的篇章。

顺德鳗鱼已有30多年的养殖历史，稔海村是中国现代鳗鱼养殖的主要发祥地之一，《顺德县志》（中华书局1996年版）就有记载。稔海鳗鱼养殖历史较早，从1983年开始试养，到1986年批量土塘养殖取得成功，开创了国内土池养鳗先河，打破了国外以水泥池放养的模式。短短几年，全村从事鳗鱼养殖的人数就超过1500人，这带动了顺德养鳗鱼业一举成为国内外的知名大产业，也使得鳗鱼的销售价在1992—1994年迎来了14万元/吨的价格巅峰，这让稔海人的生活率先富了起来。与此同时，稔海村先后创办、组建了广东大峰水产集团有限公司、顺德顺大水产集团有限公司、顺德区保利食品有限公司、顺德华大裕饲料实业有限公司、大峰鳗苗培育场等众多与鳗鱼有关的鳗鱼产业，其中不少还是广东农业龙头企业。

2002年成立的广东省鳗鱼业协会，历任五届的协会会长当中，有三届的会长是由稔海村的养殖户担任，他们分别是周添雄、周绍荣、周兆恩，他们带头制定了鳗鱼业的养殖标准。广东省鳗鱼业协会名誉会长周添雄表示，养鳗鱼从投放鱼苗到最后产出，要精心照顾半年，过程中需要耐得住寂寞，“默默耕耘、大胆创新是顺德人一直以来的务实作风”。

作为世界上最大的鳗鱼养殖基地之一，经过一代又一代养殖户的不懈努力，稔海村已经形成一条围绕鳗鱼的全产业链条。在现代科技的推动下，鳗鱼从育苗、养殖、饲料研发迈进深加工的工业领域，衍生出烤鳗等“稔海鳗”深加工产品。由稔海人创办的兴顺烤鳗厂和保利食品有限公司，实现了从单一的鳗鱼销售到深加工的终端产品发展，改变了我国鳗鱼业的业态。

进入21世纪，稔海村鳗鱼养殖面积从本土扩大到中山、台山一带，面积达到2.5万亩，产量2.3万吨，产值达到29亿元。鳗鱼，作为稔海独特的水乡资源，通过延伸产业链条，让稔海因鳗鱼兴了产业、富了乡亲。鳗鱼一直有“水中人参”之称，稔海人养的鳗鱼多供出口。不过，随着周添雄等养殖大户们对鳗鱼的推广，稔海村小到家庭聚餐、食府吃饭，大到宴会酒席，总能看到鳗鱼这道菜，这也给世界美食之都的顺德添加了新菜品，

勒流街道稔海村浪漫渔港（《珠江商报》供图）

鳗鱼的美味与营养价值早已家喻户晓。

鳗鱼因稔海荣光，稔海因鳗鱼增色。鳗鱼，承载着一个村庄的光荣、梦想，以及养殖鳗鱼的文化延伸。20世纪90年代开始，周添雄、周绍荣等养殖户除了带动村人发展、就业，还捐建了稔海小学，在村里每年捐资举办敬老活动，举办“鳗鱼杯”龙舟竞赛。2018年5月，鉴于稔海村在中国鳗鱼产业发展进程中所发挥的积极推动作用以及稔海村具备的雄厚鳗鱼产业基础，特向中国水产流通与加工协会申报了“中国鳗鱼之村”荣誉称号。很快，该协会批准稔海成为中国首个鳗鱼之村。

几个美国人搭乘飞机从西雅图出发，穿越北太平洋来到大洋深处阿留申群岛中的一座火山岛屿，他们把在这里捕获的狭鳕鱼一部分制成鱼粉，最终送往广东顺德市场。

这是纪录片《鳗鱼的故事》中的一个场景。

早在20世纪80年代初，顺德养鳗人就引进由太平洋阿拉斯加深海的白鱼粉加工成的鳗鱼饲料试养鳗鱼。到20世纪90年代中后期，顺德人逐渐摸索推广了土泥塘养殖方法，从而成为广东最大的鳗鱼养殖基地。其中，横跨顺德水道、拥有广泛水资源的稔海村更是其中的佼佼者。

如今，鳗鱼已经是我国重要的出口农产品之一，也是我国具有国际定价权的产品之一。在全国范围内，顺德鳗鱼产品出口量占1/5，勒流稔海村鳗鱼产量又占到顺德一半，对国际鳗鱼市场发挥着重要影响。此外，珠三角另一个鳗鱼主产区江门台山，也有许多企业家来自顺德、来自稔海。

《鳗鱼的故事》在拍摄的两年中，赴海外走访了美国、日本，又在国内沿着珠江、闽江、长江一路追寻，找到了不少不为人知的细节。尤其是深入观察了勒流稔海的发展样本，追溯了当地的千年文化源流，把产业、美食与民俗、人文串联到了一起，令人有机会看到一个乡村振兴的完整样本。

《鳗鱼的故事》导演之一刘硕说，顺德是当代中国的一个缩影，传统农业和最现代、最先进的当代工业制造在顺德并存，而且这两者之间有清晰的连接，又有一个个独具传奇的人物个体贯穿其间，是一个特别典型的值得去挖掘和记录的地方，通过顺德就能读懂中国。

2018年9月5日，农业农村部批准对“顺德鳗鱼”实施国家农产品地理标志登记保护。2020年5月20日，“顺德鳗鱼”入选2020年第一批全国名特优新农产品名录。2022年11月3日，农业农村部发布2022年农业品牌精品培育名单，将75个农业品牌纳入2022年农业品牌精品培育计划，“顺德鳗鱼”榜上有名。

为贯彻落实党的二十大和中央农村工作会议精神，加快推动农业品牌创新发展，支持脱贫地区区域公用品牌打造，由农业农村部市场与信息化司指导、中国农业大学主办的中国农业品牌创新发展大会于2023年5月8日上午在北京召开。大会主题为：“品牌打造 助力农业强国；渠道创新 引领消费升级”。

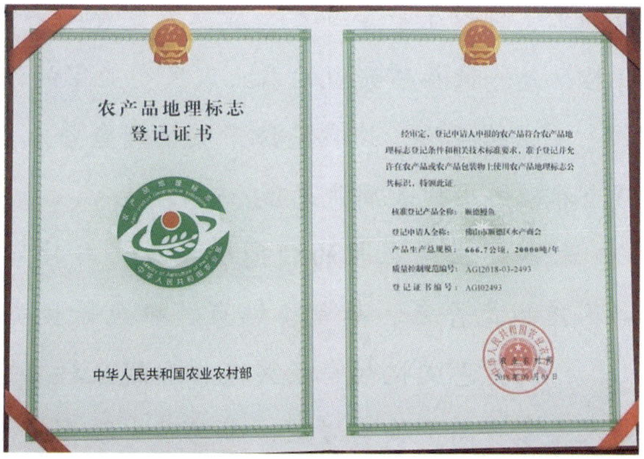

顺德鳗鱼（国家农产品地理标志登记证书）

作为大会的重头戏，由农业农村部农产品质量安全中心牵头，组织专业行业协会对纳入首批精品培育品牌按品类开展渠道对接活动于5月9日上午举行。“顺德鳗鱼”在“专场三：农业品牌精品培育——水产品牌优质渠道对接会”上隆重登场。顺德区农业农村局提供的资料显示，顺德已形成鳗苗培育、鳗鱼养殖、饲料生产、烤鳗加工和产品出口等完整的鳗鱼产业链和行业服务体系，并具有产业规模大、质量安全保障、产品特点突出等产业优势。顺德多年保持鳗鱼养殖面积3万亩（含外延）以上，年产量5万多吨，产值约100亿元，年出口2万吨，出口额达35亿元，养殖产量、出口量和出口额均占全国20%以上；顺德鳗鱼产业实施标准化生产、产业化经营和“四级质量监管体系”战略，推动产业可持续健康发展；顺德鳗鱼是国家地理标志产品、全国名特优新农产品，肉质鲜美嫩滑，味道清香独特，出肉率高。其中，佛山市顺德区东龙烤鳗有限公司、佛山市顺德区保利食品有限公司是顺德鳗鱼产业的行业佼佼者。

附录1 养鳗人周兆恩

在中国鳗鱼之乡——顺德，有着大型鳗苗培育场7家，年培苗能力达1亿尾。如果按照每尾鳗鱼70厘米长度算，1亿尾的总长度是70000公里，这等于能绕地球1.75圈。惊人产量的背后，是涵盖鳗苗培育、鳗鱼养殖、鳗鱼加工、饲料生产等一整套成熟、完整的产业链在支撑，而这个产业链的背后，是一批养殖鳗鱼的本土农民企业家的汗水和智慧。

“我的经历，让我见证了顺德鳗鱼登上世界餐桌的过程。”顺德本土鳗鱼养殖杰出代表周兆恩说。

“我是土生土长的顺德稔海人，当时家里有七八十亩鱼塘，桑基鱼塘养殖的是青鱼、草鱼、鲢鱼、鳙鱼等鱼类，对于发展养殖业，我有信心。”周兆恩回忆起自己是怎样和鳗鱼打上交道的，“1986年，我国台湾商人在家乡高价收购鳗鱼，带动了一股养殖热潮，当时我觉得，我的机会来了。”那一年，周兆恩果断拿出7万元，承包了10亩鱼塘，买了1.5万条

稔海村鳗鱼年年大丰收（《珠江商报》供图）

鳗鱼苗，第一年就盈利过万。

照日深红暖见鱼，连村绿暗晚藏乌，黄童白叟聚睢盱。20世纪90年代中后期，顺德鳗鱼业发展迅猛，像周兆恩这样的鳗鱼养殖户渐渐多了起来，顺德成为广东省最大的鳗鱼生产、加工、出口中心。1993—1996年，鳗鱼养殖的发展达到新的峰值，当时顺德的养殖面积有7.5万亩，年产量5.5万吨，产值达22亿元，鳗鱼产品出口量和出口额均占全国的1/5，顺德成为全国最大的鳗鱼养殖、加工和出口基地。

2001年前后，鳗鱼销售市场出现了危机，进口国进行压价收购，国内鳗农出现恶性竞争，乱了阵脚，不计成本地低价抛售产品。“当时，鳗鱼价格一落千丈，整个行业受损严重，一度陷入低迷。行业内缺乏权威的协调机构，也未建立有效的行业及约束机制，在养殖、饲料、渔药、产品加工等方面缺乏有机连接，出口市场主要依赖东亚国家，出口市场单一，行业风险大，”周兆恩回忆说，“当时身边有不少人因此破产。”

因为这次危机，周兆恩早年赚到的钱赔进去不少。随后，广东省鳗鱼

专家现场考察烤鳗企业生产流程

业协会成立，通过协会牵头和协调，慢慢为养殖企业、流通企业以及销售市场搭建了一座“桥梁”，帮助鳗农度过危机。

“而现在，我也是鳗鱼业协会的会长了，我也要利用自己的企业优势，打通产业链的资源，带动省内行业的发展。”周兆恩带动协会，整合鳗鱼产业链的资源，打造专业的生产平台和贸易平台，做好鳗鱼品牌战略布局，在保持国际鳗鱼市场占有率的同时，不断加大国内鳗鱼市场的开拓。

为了拓展鳗鱼养殖事业，周兆恩开始寻找适合养殖鳗鱼的土地与水质，随后辗转广州番禺、中山等地方调研考察，最终定在了台山市。

周兆恩介绍，台山地处低纬度，光照充足，气候温和，近海域水质良好且污染小，适合各种鱼类生长。此外，台山海域面积广阔，可以用来水产养殖的浅海和海滩面积大，非常适合鳗鱼养殖。至此，周兆恩开始在顺德与台山两地发展自己的事业。

“除了出口危机外，气象灾害也是另一个大危机。”周兆恩回忆了2008年“黑格比”台风席卷沿海城市期间的事件。他在台山的渔场正好临海，当他连夜驱车前往台山渔场时，映入眼帘的只有一片汪洋。因为受到台风影响，无数的海水倒灌进他的渔场。看着眼前的景象，周兆恩的心在滴血，因为台风的影响，周兆恩损失了1000余万元。“当时眼前一黑，天旋地转。”

“说不难受都是假的，放弃的心都有了，但这么多年的心血，我还是不舍得。”周兆恩说。

经过近几十年的发展，“顺德鳗鱼”与“台山鳗鱼”已经形成品牌效应。为进一步探索品牌IP，开拓国内市场，2020年11月，在周兆恩带领下，鳗鱼业协会在顺德举行了广东鳗鱼品牌推广活动，旨在让世人更加了解顺德鳗鱼。“举办鳗鱼品牌推广活动，是对鳗鱼行业开辟国内鳗鱼市场的一次全新探索，以期通过线上线下各项活动的开展，为广大市民提供丰富的鳗鱼美食和文化体验。”周兆恩说道。

顺德鳗鱼是年轻人最爱的美食之一

提及鳗鱼或者鳗鱼饭，人们往往想到的是日本，为了打响顺德鳗鱼的知名度，当时任职鳗鱼业协会常务副会长的周兆恩和鳗鱼业协会会长周添雄一拍即合，决定拍摄一部关于顺德鳗鱼的纪录片，让中国14亿人口认识顺德鳗鱼，知道在广东有这么好的一道食材。

经过3年的打磨，2019年5月20日，关于鳗鱼生长、成熟、制作、滋味的纪录片《鳗鱼的故事》在央视播出。一经播出便好评如潮，借助央视的影响力，顺德鳗鱼“红”了，随着知名度的提升，鳗鱼的价格也水涨船高。“没播之前，菜鳗一般是七八万元/吨，纪录片播出以后，菜鳗最高峰能卖到10万元/吨以上。而出口国外的活鳗价格一度达到了29.8万元/吨。”周兆恩说。

如今，顺德鳗鱼（含外延面积）养殖基地年生产能力达6万吨，拥有5家烤鳗加工企业，年生产能力可达2万吨，占广东省的60%。当地已发展出涵盖鳗苗培育、鳗鱼养殖、活鳗出口、鳗鱼加工、饲料生产等一整套成熟、完整的产业链，产品远销日本、美国、欧盟、俄罗斯、韩国、澳大利亚等30多个国家和地区。

周兆恩说："以顺德鳗鱼和台山鳗鱼为代表的国产鳗鱼，正在成为行业的新标杆。我希望将它们推向全国乃至走向全世界，让鳗鱼登上全世界的餐桌。"

附录2 一条鳗鱼的生命之旅

鳗鱼企业抱团合作应对未来（《珠江商报》供图）

鳗鱼属于鳗鲡科类，还有其他名字分别叫日本鳗和风鳝，鳗鲡和白鳝，青鳝和河鳗等，鳗鱼长得有点像蛇，不过身体没有鳞片，它的身上滑滑的。鳗鱼的营养价值很高，体内含有微量元素和矿物质，还有多种维生素等，对人体非常有益。

鳗鱼是淡水养殖的名贵鱼类，其肉嫩、味美、营养价值高，有祛瘀生新、滋补调养等药用功效。

1. 条件

水源：以河水为主；电源：要保证常年不停电；土质：地形要求平整，水陆交通方便，以便运输饲料和商品鳗。

2. 放养

百苗密度：止水式池放养密度为150～300克/米^2，流水池为500～1000克/米^2；鳗鱼消毒：用容器进行药浴，全池泼洒药浴；鱼苗放养：水温15℃以上摄食与生长。

3. 分池驯养

一级池：用于鳗苗引食训练并将鳗苗养到0.2克；二级池：饲养体重0.2～2克鳗种，这个阶段体重分化厉害，因此要经常分池；三级池：饲养体重2～20克的鳗种。

4. 成鳗养殖方法

食用鳗的养成是将体重20克/尾左右的鳗种，养成体重150克/尾商品鳗的过程。

养殖方法可分专养、混养和搭配养三种，关键在饵料投喂、水质管理和病害防治等。

（1）新鲜饲料：丝蚯蚓、美女蚤、剑水蚤、摇蚊幼虫、河蚌、黄蚬、螺蛳、小鱼、小虾和动物内脏等。

（2）配合饲料：应根据鳗鲡不同生长发育阶段的营养要求而将各种原料按比例配制，是发展鳗鲡养殖的理想饲料。

广东省鳗鱼业协会举行水产品质量提升活动（陈耀根供图）

5. 轮捕轮放及越冬管理

轮捕轮放是鳗鱼养殖的增产技术，主要在于符合鳗鱼的生长规律。轮捕轮放为投苗—分拣（按重量）—上市（烤鳗、活鳗）—干塘—晒塘，这需要很多人力，不少稔海人就是从事这项工作。

鳗鱼生长至7月，有50%达到规格鳗（0.4斤/尾）水平，符合出口要求，每隔1个月捕一次，轮捕前停食1～2天。

越冬管理是顺德地区成鳗养殖的瓶颈，通过秋季育肥和加大水位保证了鳗鱼顺利越冬，直到水温降至10℃停食停喂。

附录3 陈耀根眼中的“顺德鳗鱼”品牌

2023年5月9日上午，顺德区水产商会秘书长陈耀根站上了2023中国农业品牌创新发展大会的首批精品培育品牌按品类开展渠道对接活动讲台，面向全国推介“顺德鳗鱼”。

顺德是国内重要的淡水养殖和出口基地之一，鳗鱼是顺德水产的“拳头产品”之一。陈耀根介绍，20世纪80年代，敢为人先的顺德人首创土塘

广东省鳗鲡人工增殖放流活动在顺德举行（《珠江商报》供图）

养鳗先河，经过试验成功和大力推广，到90年代，顺德土塘养鳗面积达到10万亩，顺德成为全国鳗鱼主要生产、加工和出口基地之一。2009年，顺德获得“中国鳗鱼之乡”荣誉称号。2018年，顺德鳗鱼获得国家地理标志认证。2020年，“顺德鳗鱼”入选全国名特优新农产品，同年，顺德通过“中国鳗鱼之乡”命名复审。2022年，顺德获得“中国水产预制菜之乡”荣誉称号，不断提升“顺德鳗鱼”品牌价值。

一路荣誉“加载”，如何保护和发展好“顺德鳗鱼”品牌？陈耀根从养殖规模、质量监管和品牌推广三个方面给出了答案。

养殖规模方面，多年来，顺德鳗鱼的养殖规模一直保持稳定，养殖面积超3万亩（含外延），年产量超5万吨，年产值约50亿～100亿元。目前，顺德辖区内共有5家烤鳗厂，每年出口量约2万吨，出口金额达35亿元，出口烤鳗占全国的20%，全省的70%。

规模之外，四级质量监管体系是成就“顺德鳗鱼”质量和品牌的关键所在。陈耀根说，一直以来，顺德鳗鱼养殖以“打造国内淡水养殖第一安全食品”为目标，实施标准化生产、产业化经营和“四级质量监管体系”战略，推动了产业可持续健康发展。四级质量监管体系见证了政府主管部门、行业协会、专业监管部门、养殖企业的勠力同心：一级是企业自律，二级是CIQ监管，三级是行业协会引导和规范，四级是农业行政部门技术规范和标准支持。

此外，自“顺德鳗鱼”获得国家地理标志认证以来，顺德还建立了《顺德鳗鱼地理标志管理办法》，严格规范标志的使用，要求标志使用者必须做到保质保量，严格执行《顺德鳗鱼质量控制技术规范》（AGI 2018-03-2493）强制标

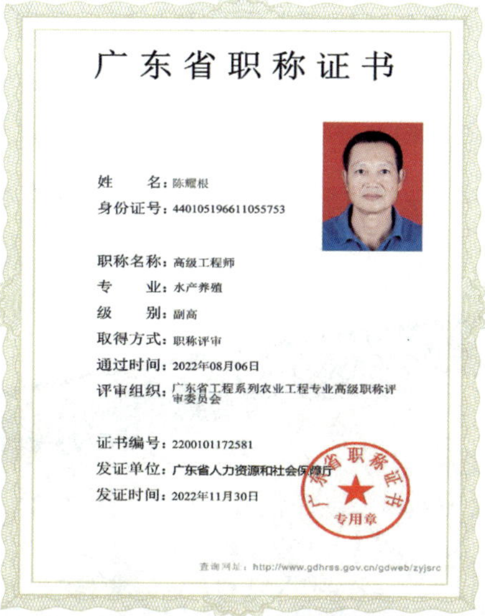
广东省职称证书
姓　　名：陈耀根
身份证号：440105196611055753
职称名称：高级工程师
专　　业：水产养殖
级　　别：副高
取得方式：职称评审
通过时间：2022年08月06日
评审组织：广东省工程系列农业工程专业高级职称评审委员会
证书编号：2200101172581
发证单位：广东省人力资源和社会保障厅
发证时间：2022年11月30日
广东省职称证书专用章
查询网址：http://www.gdhrss.gov.cn/gdweb/zyjsrc

陈耀根获得的水产高级工程师证书
（顺德区水产商会供图）

准进行生产和销售，切实保证了“顺德鳗鱼”的品质和特色。

过硬的品质为“顺德鳗鱼”游向全国、畅游世界奠定了坚实基础。陈耀根介绍，多年来，顺德除了推动“顺德鳗鱼”参加各级评优评选项目，还积极组织“顺德鳗鱼”品牌使用者组团参展和开展品牌宣传推广活动。其中影响力和影响范围最大的莫过于《鳗鱼的故事》。2019年5月20—22日，由中央电视台纪录频道、广东省鳗鱼业协会、顺德区委宣传部、佛山电视台顺德分台联合摄制的3集纪录片《鳗鱼的故事》在央视纪录频道完成首播，全球约6000万人次收看。这让“顺德鳗鱼”火速“出圈”，加快了“顺德鳗鱼”开拓国内市场的步伐。趁势而上，在2020年，顺德举办了首届中国（顺德）鳗鱼美食文化节和鳗苗增殖放流活动，进一步讲好“顺德鳗鱼”的故事、擦亮“顺德鳗鱼”的金字招牌。

谈及“顺德鳗鱼”的未来，陈耀根说，“顺德鳗鱼”和“寻味顺德”的品牌叠加优势和“中国鳗鱼之乡”“中国水产预制菜之乡”“世界美食之都”三块“金字招牌”将为“顺德鳗鱼”提供更为广阔的市场。但由于鳗鱼种苗暂未实现人工繁育，全部来源于人工捕捞，产量受自然因素影响，价格波动大，养殖风险较高。居安思危，陈耀根提出了五点建议：一是要加强江河生态保护，做好增殖放流工作；二是要加强苗种管理，加大对鳗苗禁捕和走私管理的力度；三是要加强养殖管理，提高成活率和产出率；四是要标准化生产，加强质量控制；五是要加大扶持力度，加强品牌培育，促进一、二、三产业融合发展。

顺德烤鳗（王冠靖供图）

第三节 江义加州鲈

江义村，与稔海村一样位于勒流街道北部，北邻顺德水道。全村经济、社会、环境协调发展，景色宜人、环境优美，荣获“广东省文明村”“广东名村名镇”称号，并荣获“2014中国最美村镇·循环发展奖”。

江义村连片的农田保护区，格子化的鱼塘、笔直的河涌、平坦的道路、清澈的河水、绿绿的落羽杉，给人呈现一派现代田园的新景象，这大概才是中国最美乡村的底色所在。农田保护区是广东省加州鲈养殖示范片区，站在写有示范片区字样的醒目牌子前，环顾四周，是一口接一口的鱼塘。

广东省加州鲈养殖示范片区是20多年努力得来的。2001年，临近顺德水道的江义村，充分利用水资源丰富的优势，推进农业园区基塘整治，整治面积超过3500亩。当时，江义村开挖11公里长的河涌引入北江水源，连接原有的村内河涌，形成一个“六水四基”、流水不腐的良好生态网络，以及“鱼塘格子化，灌溉自流化，道路硬底化，塘头电气化”的生态农业格局。

2004年，江义村农业区被评为“顺德现代农业园区”，2004—2015年，江义村现代农业园区通过省农业部门的审批，被认定为“广东省无公害农产品基地”。江义村优美的现代田园风光，早已成为顺德农田风貌取景的首选之地。除突出农业基础建设外，江义村也积极加强养殖业配套。江义村通过每年开展水产养殖专题讲座，引导养殖户在养殖技术上下苦功，养殖户养殖技术水平得到有效提高，实现增产增收，从而推动基塘投包收益。

江上往来人，但爱鲈鱼美。江义村的拳头养殖品种是加州鲈，加州鲈养殖面积、养殖技术位居全区第一，单亩产量1万斤以上。江义村出产的加州鲈等优质水产品广受各地客户的青睐，素有“顺德鲈鱼看勒流，勒流鲈鱼看江义”的市场美誉，建有“鱼米”公园，打造文旅田园路线。

养殖加州鲈的鱼塘底部基本以泥质为主，面积主要集中在9～10亩，池塘深度2.5～3米，进水后基本控制在2～2.5米，养殖用水为北江水，水源充足，可以满足当地养殖用水量，排换水方便，可有效缓解大量投喂带来的水质恶化问题。江义村的养殖户普遍习惯3年沤塘一次，如果当年死鱼比较厉害，也会进行沤塘，然后暴晒2～3个月。进水1～1.5米，一般用茶籽饼20～25斤/亩或漂白粉30～40斤/亩消毒，接着持续开增氧机3～5天（视天气水温而定）搅动池塘底泥，使其充分氧化，后加水至1.3～1.5米，使用生石灰80～100斤/亩调节塘底酸碱度，待水质稳定后可以准备试水放苗。普遍为4～5月投放鱼苗，规格为8～10朝鱼，投放密度控制在8000～11000尾/亩，以1万尾/亩居多。苗种主要是土塘苗，近几年也有养殖工厂化育苗的，并呈增加趋势。一般混养鳙鱼30～40尾/亩，鲫鱼200～250尾/亩。

养殖户一年基本出2～3次鱼，在11～12月出头批鱼，规格为7两/尾，可出鱼存塘量的25%左右，规格为8两/尾，可出鱼存塘量的20%左右，之后出塘时间根据市场需求情况而定。一般料比1.1，亩产能达到1万斤以上，亩利润能达到1.5万～1.8万元。

“熟身”病是危害加州鲈苗期最严重的病害之一，多发于6～8朝（2～5厘米）规格，患病鱼常游动缓慢、反应迟钝、体色泛白，严重时烂尾。此病具有发病快、死亡量大、治疗难度大等特点，死亡率一般在五成以上，处理不当甚至全塘死亡，是制约加州鲈育苗成活率的关键病害之一。

优美的顺德区优质加州鲈产业园（周焯杰供图）

“熟身”病发病过程主要分为三个阶段。

第一阶段：拖便、肠炎，在投喂不干净饵料、过度投喂或暴雨天气等强应激下容易高发；第二阶段：熟身，此阶段病症显著，迅速死亡，损耗大，弹状病毒感染率高，也常能检出虹彩病毒、柱状黄杆菌等；第三阶段：烂尾，此阶段柱状黄杆菌感染率高。

解决“熟身”病发病问题，主要是培苗前做好培苗池的消毒处理，选择有质量保证的“水花”进行培苗工作；加强培苗期间的水质监测，保证投喂饲料的质量安全，预防病害发生；注意操作工具的卫生和消毒，避免发病池和健康池之间工具共用，避免病害传播；采用外用消毒药物（戊二醛或碘等）加内服抗菌药物（新霉素等）可控制病情。

顺德区优质加州鲈产业园文化活动（《珠江商报》供图）

除了“熟身”病，加州鲈的寄生虫病也较为严重，成鱼和鱼苗均有发生，一般为常见的车轮虫、指环虫、斜管虫等寄生虫病。

2022年，顺德区税务局、区农业农村局和江义村三方单位共同签订了“税收服务乡村振兴”政村党建结对协议，并举行了全区首个“税务助力乡村振兴共建基地示范点”挂牌仪式，成立佛山市首个“乡村振兴法律顾问团”和“乡村振兴结对帮扶培训基地”，还开展了“税雨扶苗　惠农利企”乡村振兴税收优惠政策赠书活动。

加州鲈以鲜活销售为主，从2023年春节后至5月底，顺德区规格0.8斤/尾以上加州鲈销售价格在10~11元/斤，价格一直在养殖成本线附近徘徊。不料，5月底6月初持续高温接踵而至，短短半个月间，顺德区存塘的加州鲈就因高温“中暑”死亡超过1000万斤。

第四节　杏坛生鱼

“全国生鱼看广东，广东生鱼看顺德，顺德生鱼看杏坛。”这句话说明了杏坛生鱼举足轻重的地位。顺德区生鱼养殖面积为2.5万多亩，占广东全省生鱼养殖面积的50%以上；2013年生鱼产量超10万吨，产值超过12亿元，占全区水产品产值的1/3以上。其中杏坛的生鱼产量占顺德的一半以上。

杏坛镇水产养殖面积约4万亩，以生鱼养殖为主，已经成为顺德、南海乃至周边中山等地生鱼集散地，位于古朗的生鱼流通中心，每天都会有生鱼从这里装运、发货，再运往全国各地，平均每天从这里发货90万斤，最多时一天达到200万斤。

根据顺德区生鱼养殖协会2016年提供的数据，以杏坛生鱼为代表的广东生鱼产量约占全国六成，平均每天就有130万斤生鱼从塘头走向大众的餐桌。其中，又以顺德最具代表性，顺德生鱼的产量在广东所占比例至少超过60%，具有举足轻重的地位。

顺德区农业农村局等部门为保护渔业资源有功单位颁奖（《珠江商报》供图）

生鱼是耐高温不耐低温的鱼类，因此，与外省相比，广东有几个天然优势：第一，广东常年高温，养殖生鱼的周期基本少于1年，而外省至少需要2年；第二，夏季高温上市的都是广东生鱼，外省养的生鱼很难满足在夏季出鱼；第三，由于起步早，广东生鱼的产业化发展更为成熟；第四，在投喂方面，广东生鱼投喂的都是饲料，和外省养殖生鱼主要投喂冰鲜相比，具有成本低的特点，价格上也因此占据优势；第五，养殖技术水平更高，平均亩产量高达1万斤以上，远远高于外省4000～5000斤/亩的平均水平。

顺德区农业综合服务中心和顺德区生鱼养殖协会合作在杏坛镇建设了一个40亩规模的生鱼示范养殖基地。示范基地通过检测程序收购养殖户的生鱼，收购的标准是身形优美、没有药物残留，并聘请大学的专家教授做技术指导，对示范基地的养殖鱼塘进行微藻调水，改变珠三角地区水质重金属偏高的特性，加上菌相调节，使鱼塘水质达到最适宜生鱼生长环境的条件。在养殖的过程中，通过标准化的程序，尽量降低养殖密度，投喂优质饲料，提高生鱼的活动能力，提升生鱼的口感，从而完全区别于市面上的顺德生鱼，带动更多养殖户在生鱼品质上下功夫，走品牌鱼的发展道路。

生鱼价格经过2021—2022年两年的“高光时刻”，从2022年10月开始一路走低，从原规格2斤/尾以上10～12元/斤快速跌至6～7元/斤，2023年春节后至5月间，生鱼最低价格曾跌至统货价5.8～6元/斤，价格跌幅之大在近年来是少见的，令业界始料不及。

第五节　顺德龟鳖

数十年来，粤港澳大湾区的美食家，都会推荐外地客人到鱼米之乡顺德去吃鱼。这样的介绍到了今天，要添加一项全新的内容：“要吃最好的龟鳖，也还得去顺德。”不得不佩服顺德人的开拓进取精神，在耕地与鱼塘被工业化与城市化不断压缩的今天，依然守着“顺德农业”四个字的顺德人，开创了一个全新的农业养殖品种：龟鳖。

顺德龟鳖行业在专业、规模、市场认同上位于全国前列，广东龟鳖业知名养殖企业有广东绿卡实业有限公司、珠海仲信龟养殖专业合作社、顺德区南祥饲料有限公司、顺德区金闪闪饲料有限公司、顺德区南星水产专业合作社、顺德区三星水产专业合作社、顺德区高星水产专业合作社、顺德区金顺龟鳖养殖农民专业合作社、顺德区炜杰龟鳖繁育专业合作社、顺德区永盛龟鳖繁育专业合作社等。

全国农牧渔业丰收奖

证 书

为表彰2008-2010年度全国农牧渔业丰收奖获得者，特颁发此证书。

获奖类别：农业技术推广成果奖

项目名称：龟类养殖产业化关键技术应用推广

奖励等级：二等奖

获 奖 者：陈耀根 （第21完成人）

获奖者单位：广东省龟鳖养殖行业协会

中华人民共和国农业部

二〇一〇年十二月

编号：FCG-2010-2-131-21

顺德养龟技术获得国家部委肯定（顺德区水产商会供图）

2013年，顺德甲鱼产量占广东省的50%，占全国的10%，年产值超过10亿元；顺德已成为中华鳖优质商品供应基地和“二次养殖”大规格种苗供应基地，龟鳖产业已形成规模庞大的产业链，年交易额在50亿元以上；来自全国21个省、市的行业精英带着他们的优质龟鳖产品来到顺德，参加了2013年中国（顺德）龟鳖产业发展论坛暨第二届中国（顺德）龟鳖文化、美食、实物展。

有了好食材，自然难不倒顺德的好厨师。蓬勃的龟鳖养殖业不仅大大丰富了顺德菜系，甚至让赣菜、湘菜等外地菜系的厨师也连称要免费帮顺德龟鳖做广告。顺德最传统的龟鳖做法是清汤边炉配龟鳖肉，新做法则是高汤熬龟。最传统的是将龟壳、鸡脚、猪骨、甘蔗以及多种中药材放在一起，小火慢熬，数个小时烹出营养极其丰富的“冬季进补大作”。顺德龟汤与一般的“土茯苓龟汤”和“参汤龟肉”最关键的区别在于以龟肉为主。乌龟本身营养丰富，含丰富的蛋白质、矿物质等，乌龟蛋白有一定的抗癌作用，能抑制肿瘤细胞，并可增强机体免疫功能。甘蔗的运用堪称“顺德厨智慧”，龟肉虽补但略显“火力太猛”，配以甘蔗，汤水不仅更加滋润，而且老少皆宜，更符合广东老火汤中阴阳平衡之道。

2017年，由顺德区水产商会主办，广东省龟鳖养殖行业协会、顺德区农业局、伦教街道办事处支持的中国龟鳖产业发展（顺德）论坛在新世界

顺德举行龟鳖文化活动（陈耀根供图）

万怡酒店举行。来自湖南、上海、海南、广西、福建、江西等全国各地和广东省内的龟鳖养殖协会领导和养殖户近300人参加了论坛。论坛主要就龟鳖行业的养殖现状及市场前景、龟鳖业的发展态势和应对措施、健康养殖与龟鳖产品质量安全等行业重大问题进行探讨、讨论，目的是促进本行业能健康、有序地可持续发展。此时，伴随着全国龟鳖业的迅猛发展，顺德的龟鳖业也实现了从家庭式、小规模向集约化、企业化的转变，全区甲鱼年产量达1.2万吨，产值达6亿多元，龟鳖养殖成为顺德农业的支柱产业之一；顺德甲鱼不仅在国内占有1/10的市场份额，而且以仿生态养殖、质量上乘而享誉龟鳖业界。

顺德金顺龟鳖养殖农民专业合作社曾在陈村花卉世界举行了世界名龟科普养殖交流展，享誉业界的黑颈乌龟、珍稀的火焰龟、鹰咀龟、金钱龟、黄缘盒龟、星点龟、洪都拉斯木纹龟、黄头侧颈龟、地图龟、焦糖巴西龟、金头闭壳龟等百余种世界名龟都亮相于展会。

随着国家“一带一路”建设的推进，不少顺德养殖业都沿“一带一路”走出国门寻找商机。2020年，新冠疫情发生后，在得知农业农村部发出通知，明确中华鳖、乌龟等水生动物不列入禁食名录后，顺德区龟鳖养殖协会执行会长伍长源松了一口气。此时，顺德是广东省重要的龟鳖养殖基地，形成了专业化苗种生产、商品养殖、饲料生产、市场销售，超万从业人员的完整、成熟产业链体系，是全国最大的甲鱼养殖基地之一。

顺德区甲鱼养殖协会成立（顺德区水产商会供图）

春节是水产品销售的传统旺季，如果不是疫情影响，顺德每天都能卖近30万斤龟鳖。疫情发生以来，顺德区龟鳖养殖协会十分关注禁止非法野生动物交易、食用的相关新规定。尤其是《深圳经济特区全面禁止食用野生动物条例（草案征求意见稿）》发布后，该协会第一时间递交意见书，建议不要把人工养殖的水生龟类排除在可食用动物范围之外。比如，中华鳖，顺德每年的养殖量达到5000万只，是一种全人工饲养下的与大众百姓生活密切相关的非常安全、优质的水产养殖品种，其产品在食用、制药及保健产品领域得到了广泛应用。

进入2022年4月，顺德龟鳖的生产进入正常的轨道后，顺德区龟鳖养殖协会举办了两场龟鳖信息座谈会，一场是鳖类信息座谈会，另一场是龟类信息座谈会。两场座谈会，让顺德龟鳖产业又一次迎来了朝阳。

第六节　顺德吻鱼

顺德于20世纪90年代初引进、驯养繁殖吻鱼，继而推广养殖。经过30多年的发展，顺德已成为全国最大的吻鱼养殖基地。2012年，顺德吻鱼养殖面积达1万多亩，年产量1.5万吨，年产值3亿多元，约占全省的90%、全国的80%。

长吻俗名江团、吻鱼。此鱼刺少肉多，肉质鲜嫩肥美。其鳔特别肥厚，纹理呈笔架状，干制品为名贵的笔架鱼肚，为淡水鱼中的上等名贵品

吻鱼（《珠江商报》供图）

种。顺德是全国最大的吻鱼养殖加工基地，也是全国最主要的吻鱼销售配送中心。在水产养殖成本飙升的压力下，吻鱼产业凭借高附加值逐渐成为顺德渔业的“重头戏”。

在粤港澳大湾区，吻鱼的养殖历史较长，由于其肉食性的特征，很长时间以来，都是用冰鲜饵料喂养，其冰鲜饵料的流通与交易，和早年的生鱼、加州鲈属于同一个行业；养殖投喂模式也非常类似，每天凌晨要将冰鲜饵料运到养殖场，经过简单加工后投喂，劳动强度非常大。

在顺德吻鱼养殖户群体中，用粉料喂养仍占大部分，也有部分人用生鱼料、叉尾鮰料投喂，正式开发专业膨化料的企业有5家。从实践的养殖案例看，膨化料已经体现出了巨大的优势。勒流龙眼村一户养殖户养吻鱼有10多年时间，养殖面积为两口塘各10亩，跟以前使用粉料对比，膨化料的各项表现数据均很理想。在养殖过程中，养殖户每天投喂膨化料，根据吻鱼的摄食习惯，每天投喂2次，投喂方式基本和黄颡鱼一样，一早一晚；由于改用颗粒状的膨化料，比粉料投喂更加均匀、整齐，中等规格的鱼更多，最终能收获更多效益。

从养殖和生长特征来看，吻鱼和生鱼有较多相似，吻鱼是肉食性鱼类，抢食凶猛，以6000～8000尾/亩密度投苗，亩产普遍可以达到万斤以上，还有不少超过1万公斤的实践案例；养一塘鱼从投苗到清塘卖完，鱼的规格会随养殖时间而增大，最大能达到2公斤。从冰鲜到粉料再到膨化料，吻鱼的发展历程和生鱼、加州鲈非常类似，从这两个品种的发展历程可以看到，随着膨化料运用的成熟，整个产业将会越来越成熟，养殖过程和流程将趋于标准化，养殖模式和管理方式也会逐步走向正规、健康、品牌化，产业显著升级。

和生鱼个头越大越贵不同，吻鱼价格最高的是中规格鱼，其次是小规格鱼，大规格鱼最便宜。但是什么样的鱼属于中规格鱼，并没有具体的数字，都是每次卖鱼时，由鱼商中介说了算。另外，吻鱼的生产和生鱼、加州鲈相似，但有它的局限。吻鱼现在还是一个小宗品种，市场消费面偏窄，商品鱼的走量和流向基本固定；每年的苗种产量有限，从苗种产量就可以预估出接下来1～2年的鱼价走势。而且，吻鱼卖鱼市场也较局限，整个顺德地区，收吻鱼的就那么几个鱼商中介，不论谁都要找他们卖鱼，卖价和销路相对受限。

德益水产养殖有限公司拥有全国最大的吻鱼养殖面积和产量，自有养殖基塘1000亩，建有全国最大型的加工销售配送中心，通过“公司+基地+养殖户”的模式，实现了从养殖到加工再到配送销售的全产业链经营，通过市场“蓄水池”功能吞吐养殖户生产的吻鱼，平抑市场，稳定价格，保障每个养殖户每年都能获得稳定、合理的收入。现时的顺德区吻鱼养殖协会会长，由德益水产养殖有限公司董事长刘海新担任。

第七节　中心沟鲩鱼

中共中央、国务院印发的《横琴粤澳深度合作区建设总体方案》，为横琴粤澳深度合作区建设勾勒了蓝图。放眼当下的横琴，这里已成为一片创新创业热土，为推动粤澳深度合作再立新功。但鲜为人知的是，20世纪70年代，横琴中心沟的围垦，是由成千上万的顺德人创造的近现代填海工程的一个奇迹。

围垦，是人类为了生存与自然斗争的产物。横琴中心沟围垦有其特

顺德人在珠海围垦的中心沟

殊性，横琴的建设包含了顺德、珠海两地围垦人的情感。对于中心沟的历史，要从宏观角度来看，它最初是十三行的外港，是海上丝绸之路的重要节点，未来还将成为粤港澳大湾区发展的重要一环。

珠海横琴中心沟原来只是大小横琴岛之间的一片滩涂。1968年，珠海决定在大小横琴岛之间的中心沟进行围垦，但因工程艰巨，故报请佛山地委，提出与邻近兄弟县合作围垦开发的设想。1970年，为响应佛山地委的号召，顺德县杏坛、勒流、龙江、均安、乐从5个公社派出3000多名民兵参与横琴岛中心沟围垦工程（加上后续参加围垦的人员则超过1万人）。挥师横琴之前，双方明确工程完工后，围垦的土地面积2/3归顺德，1/3归珠海。最终，围垦工程由顺德独立完成，后成为顺德的一块“飞地”。

中心沟的建设绝非易事。中心沟位于大、小横琴岛之间，呈东西走向，东与澳门氹仔岛、路环岛隔海相望，西临西江的出海口磨刀门。而顺德的围垦任务，就是在大、小横琴两座岛屿之间的西侧筑起长约2公里的西堤，将一片汪洋拦腰截断，围海造田。

要在这样的汪洋、淤泥上筑堤，首要的难题就是如何让堤有个基础，让大堤在柔软的海底淤泥上能够“站稳脚跟”。据悉，当时，通过吸取其他地方以往围垦的经验教训，工程组给出的对策是：垫沙。在海底堤基垫上厚厚的一层沙子，增强淤泥的承载力，同时又能滤水，利于未来堤身的自然沉降和稳定。据测算，总铺沙量约9万立方米。

围垦指挥部把堤段铺沙任务划分给各营，再分划给各工程队。在海面抢运海沙时，经常遇到突如其来的风浪袭击，把船艇打翻或打沉，人也摔在水里，最多一天翻艇沉船100多次。有时因潮退水位不够，就在泥滩上推船前进；小船沉了，又翻回来，重新战斗……尽管面临着自然、技术、资金等多方面的挑战，但凭借着艰苦卓绝的奋斗精神顽强攻坚，中心沟围垦区最终拓荒成功。

1970年冬，3000多名顺德青年奔赴珠海横琴。1971年筑西堤，1972年筑东堤，1973年垦殖试种，1974年扩种……为解决滩涂上无淡水、无电的问题，1976年秋，牛角坑水库和发电站动工兴建。2000多吨水泥全靠青年突击队员肩扛上山，“实干加巧干”，顺德人解决了许多技术难题。1977年6月，水库和发电站工程竣工。引淡、排涝、发电，中心沟不再是“有得种，没得收”的“伤心沟”；铺设过海电缆，把光明带到了中心沟。

2006年前后拍摄的中心沟鱼塘

牛角坑水库和发电站是一宗以防洪、灌溉为主，兼顾发电、蓄洪防冲的综合利用工程，设计采用洪水按照20年一遇设计，200年一遇校核，目前仍发挥作用。牛角坑水库和发电站的建设，为横琴日后成为宜居宜业的城市提供了重要基础。

值得注意的是，中心沟围垦成功，经过近10年垦殖试种后，顺德根据自然环境特征和国家形势发展，把垦区改造成具有珠三角特色的桑基鱼塘。中心沟地处咸淡水交汇处，面积500亩，养殖的鱼类品种较好，20世纪末，当时的经营者注册了“中心沟鲩鱼”商标，这也是顺德首个获得国家原农业部颁发的无公害认证鱼类产品，并在顺德大良设立了经营部，推广中心沟水产品。

中心沟的顺德餐饮店

横琴岛中心沟养殖场于1996年成立，主要盛产虾、蟹、咸淡水混合饲养的鱼等。从1996年开始，顺德大力创建水产养殖基地，横琴岛上没有工业，具有得天独厚的优势。中心沟瞄准机遇，经过努力，成为顺德首个通过认证的水产养殖基地。中心沟鲩鱼脱颖而出，大名鼎鼎。中心沟鲩鱼主要靠自然养殖环境饲养，利用海水、河水、山泉水“三水”相结合。没有污染的自然条件使得中心沟鲩鱼肉质鲜嫩、爽滑，深受游客喜爱。

2009年10月，经国家工商总局正式批复，“顺德中心沟草鱼”成功注册商标，顺德中心沟草鱼可以带着这张身份证在市场上流通。中心沟养草鱼的只有一家公司，养殖面积达200亩，鱼塘水咸度在3度左右，非常适宜草鱼生长，草鱼吃芦苇或丈草，鱼肉结实鲜美，平均每天运回顺德食肆的草鱼有1000斤左右。

2009年第四季度的一天，我来到中心沟西堤的广东省无公害农产品生产基地时，这里基本“人去楼空”，来自顺德的养殖户潘国文在中心沟承包养殖草鱼的500亩鱼塘，也基本干枯了。潘国文介绍，由于中心沟草鱼长期受到食客的欢迎，因此价格要比一般草鱼贵三成至四成。“没有了中

2010年4月，本书作者（左二）在中心沟采访后与中心沟转让领导小组领导合影

心沟的环境之后，中心沟草鱼就会消失，但这个品牌不会就这样没了。”顺德区委、区政府中心沟协调工作领导小组负责人告诉我，区政府正在与养殖场一起在斗门、湛江、江门等地物色咸淡水养殖区，以供潘国文继续养殖“顺德中心沟草鱼”。

原来，在2010年，为配合国家全面实施横琴开发战略，在广东省委、省政府的协调下，珠海和顺德就中心沟归属问题签订相关协议，明确了中心沟权属转移至珠海横琴新区。中心沟水产养殖发展有限公司的工程化循环水养殖技术摒弃过往大排大灌的用水方式，创制以高效增氧推水装置为核心，集多种工艺技术于一身的池塘工程化循环水环保养殖技术，俗称“推水养殖”。2016年初，广州市中心沟水产养殖发展有限公司从场地改造、水质监控、养殖技术等各个生产环节入手，因地制宜建立工程化循环水养殖模式。养鱼零换水，生产过程执行标准化养殖规范，定时委托机构对养殖环节、生产投入品、产品质量等进行检测……跟随时代发展的步伐，中心沟不断改良升级技术，高产池塘陆基一体化生态养殖系统成为广东省2020年渔业主推技术之一。

第八节　万安村鱼稻共生

作为广东第一个世界灌溉工程遗产，千年桑园围上，现代农人们正在进行一场新的试验。在龙江镇万安村，有一块与众不同的鱼塘：塘内多出来几块长条状的大型浮板，仔细一看，上面竟然种着绿油油的水稻，鱼塘的水质看上去也明显比周边其他鱼塘更好。这是当地与广东省农科院合作开展的“鱼稻共生”示范项目。

过去谈起桑园围，人们很容易就联想到桑基鱼塘。旧时珠三角的农民将桑田与鱼塘结合在一起，将桑叶、鱼粪、塘泥等综合利用，形成高效环保的循环经济系统，桑园围所在的顺德等地也是这种模式的主要发源地之一。如今桑蚕种养已不再是主流，但水稻在保障粮食安全中越来越重要，鱼塘资源还有更大的利用潜力，水环境治理要求也日益提升，于是“鱼稻共生”应运而生。

2022年5月，万安桑园水韵美丽渔场纳入广东首批示范性美丽渔场项目名单。8月，佛山出台关于落实“鱼塘种稻”重点工作任务的通知，要求市内的示范性美丽渔场率先示范。村里已经几十年没有种过水稻了，万安村委会办公室主任麦顺元一直负责“鱼稻共生”项目，见证着一株株稻苗的成长。

鱼稻共生在顺德（《珠江商报》供图）

鱼塘和稻田，两种农田形态原本迥异。顺德作为鱼米之乡，曾经也大规模种植过水稻，但是改革开放后逐渐以高经济价值的鱼塘为主。“鱼稻共生”有两种模式：一种是在稻田中饲养鱼虾等水产品；另一种则是在鱼塘中种植水稻，也称“渔上稻”。作为广东省首批示范性美丽渔场，万安桑园水韵美丽渔场自然采取了“渔上稻”的模式。

“渔上稻”模式就是水中养鱼、浮板上种稻，水稻根系通过浮板上的小孔，伸入水中，在水中生出水生根，吸收池塘内鱼的排泄物（或残饵）作为水稻的营养物质；同时，水稻通过光合作用在水面和水下形成好氧环境，加快微生物的繁殖，使得整个稻田的有机物处于动态平衡之中。该模式节约土地、节约能源、节约人力、生态环保，实现了“一水两用，一塘双收”。

鱼塘普遍是以个人承包为主，在没有成功先例的情况下，让谁先来做实验都很难。好在万安村2021年底开展新一轮鱼塘承包时，已经与省农科院建立了合作，于是将村口一块面积10亩的鱼塘保留了下来，没有承包给个人。

2022年立秋之前，首批1.2万多株秧苗在省农科院培育完成，万安村以及龙江镇农业农村办、河长办、以水兴城办等多个部门，也早已进行插秧前的准备。他们在专业人士的指导下，精心选择了抗台风、抗暴晒、抗腐蚀的种稻浮板，并且自主发明了通过绳子、木桩将其固定在池塘中间的方法，避免水稻因为靠岸而被虫、鼠等破坏。20多个人用了2天时间，集中完成了浮板拼接、插秧、下水固定等工序。

当然，探索的过程并非一帆风顺。在前期，村民们特别选择了肉食性的而非草食性的鱼在塘内饲养，以免误伤稻苗。后来村民们逐渐发现，水稻周边生长的一些杂草难以清理，于是又适量投放了一些草食性的鱼，改善了这一状况。“渔上稻”示范项目之外，龙江镇万安桑园水韵美丽渔场的更多项目同步谋划展开。万安桑园水韵美丽渔场横跨万安村和麦朗村，连片池塘面积1352亩，以场容场貌园林化、尾水治理规范化、生产过程智慧化、产品质量标准化、经营管理现代化和生产服务组织化为目标，规划了现代桑基鱼塘生态循环模式示范、渔光互补示范、单塘循环养殖示范等多个项目。

第九节　顺德鱼供应港澳

顺德地处珠三角水网平原，物产丰富，盛产淡水塘鱼河鲜，素有“鱼米之乡”的美称。凭借得天独厚的水产养殖环境和地理位置，顺德成为我国淡水塘鱼主要产区和出口基地之一，每天都有塘鱼出口，其中超九成输往香港、澳门地区。

陈村国通物流城建有供港澳农产品中转中心，中转中心的新型设备为密封不锈钢鱼箱。鱼箱能确保顺德鱼在整个供港澳的运输过程中，其水质保持不变。这是顺德鱼自供应港澳以来，首次引入如此健全而又稳妥的运输、通关与监控工序，其供应能力是每日供应120吨到150吨淡水活鱼，种类包括四大家鱼及桂花鱼在内的其他鱼种。其中一成供应澳门，其余供应香港。

引入了密封鱼箱工序后，顺德鱼将在中转中心完成所有的检疫手续，合格后就会连鱼带水一起封箱，此时有关工作人员将会记录密封鱼箱内的鱼种类和重量。鱼箱仅留一个小口，让氧气管插入，而运输鱼的集装箱车上有先进的冷藏设备，可让鱼箱保持在10℃～15℃的低温中，而鱼箱内的活鱼处于半休眠的状态。

当顺德鱼抵达香港、澳门的批发市场后，才能打开密封部分。整个过程不仅避免了运输过程出现夹带和二次污染的问题，最关键的是，加上之前顺德出品渔场的一整套检验检疫工序，未来顺德鱼抵达香港后，每一个运输、出品的环节都可以有效监督及回查。

2022年上半年，经佛山海关驻顺德办事处检验检疫监管的供港澳活鱼共1335批次，重1215.7吨，货值925.5万美元。

作为广东省省级农业龙头企业，生生农业集团股份有限公司的顺德绿源水产养殖场主要养殖鲩鱼、鳙鱼、鲮鱼、鲫鱼、桂花鱼、加州鲈等淡水鱼类，这是顺德供港澳的特色优势农产品。该公司节日期间每天供应港澳的活鱼比平时明显增加。要让出口塘鱼一路保“鲜”，品质是关键。在运输过程中，主要采取泵氧、加冰等方式保鲜，确保供港塘鱼质量。春节期间也不放假，仍正常保持供应。

进入市场的顺德鱼都需要挑选（《珠江商报》供图）

为了让港澳市民吃上“放心鱼”，佛山海关驻顺德办事处指导企业严格开展养殖水质监测，检测化学物质残留情况，帮助企业开展土壤水质、药物管理、饲料以及添加剂等合规检查和疫病监测，改进养殖方法，确保出口活鱼各项指标符合目的地国家和地区准入要求。

第十节　中国水产预制菜之乡

2022年8月22—23日，一连两天，顺德顺利通过“中国水产预制菜之乡”专家评审团的现场考察和现场答辩，获得“国字号”金字招牌——“中国水产预制菜之乡”，为顺德逐鹿万亿级预制菜产业赛道再添制胜砝码。

本次评审会议以线上线下相结合的方式召开，中国水产流通与加工协会参会人员以线上视频的方式参与评审会议。由中国水产流通与加工协会组织的评审专家一行先后实地考察顺德区保利食品有限公司、广东甘竹罐头有限公司和广东顺德均健现代农业科技有限公司，并与各考察点负责人互动交流。评审进入现场答辩阶段，由区农业农村局、区乡村振兴局就专家组提出的质询和疑问进行答辩。

专家组认为，顺德水产资源丰富，生产水产预制菜历史悠久，水产预制菜产业发展基础雄厚、产业链完整，年产量、产值在全国县（区）级中位居前列，且顺德区政府高度重视水产预制菜产业发展，产业规模全国领先，经济效益显著，科技和人才支撑有力，品牌效益凸显，产业可持续健康发展，同意授予顺德区“中国水产预制菜之乡”称号。

申报“中国水产预制菜之乡”是顺德区推动水产预制菜产业发展战略性调整、提高顺德区水产预制菜知名度和对外影响力的重要举措。吴楷钊表示，通过申报“中国水产预制菜之乡”，推动顺德农产品质量安全管理水平持续提升，并发挥水产预制菜产业联农带农作用，引领顺德水产养殖业健康、高质量发展，提高水产养殖业的产量、产值，继续擦亮顺德“世界美食之都”“鱼米之乡”品牌。

截至2022年8月，顺德水产养殖面积15万亩，年产量30多万吨，产值80多亿元，拥有区域公共品牌“中国鳗鱼之乡”和“中国鳗鱼之村”，地理标志农产品“顺德鳗鱼”，全国名特优新农产品“顺德鳗鱼”“顺德草鲩”等名牌。顺德还拥有国家及省市级农业品牌29个，全国驰名商标2个，市级以上农业龙头企业40家。2021年顺德预制菜产量约11万吨，产值约60亿元，拥有60家规模以上预制菜企业，其中，水产预制菜产量6万吨，产值25亿元，规模以上企业20多家。

顺德作为工业强区，却把农业特别是水产做到了全国知名的水平（《珠江商报》供图）

顺德水产预制菜发展至今打造的品牌与形成的规模都离不开严格的农产品质量安全管理。近年来，顺德区持续加强水产预制菜质量安全监管工作，主要包括：加强水产品养殖全链条管控；推动乡镇水产品质量安全网格化监管，推广“顺德农安码”，实现“一塘一码”更好地实施监督管理；全面推行承诺达标合格证制度；加强水产品普法宣传教育；等等。与此同时，顺德区水产预制菜的生产、加工不仅严格执行各项国家标准和行业标准，还引领、主导团体标准的建立——于2019年制定并出台了《顺德鱼生全产业链管控技术规范 草鱼部分》。

此外，顺德还是“世界美食之都”和“中国厨师之乡”，是粤菜的主要发源地，拥有10万人以上的专业厨师队伍。优质食材和一流厨艺的搭配，让顺德水产预制菜在国内外享有美誉。其中，顺德鲮鱼罐头主要销往国内大中城市和港澳市场；顺德鳗鱼除销往国内大中城市和港澳市场外，还远销日本、美国和俄罗斯等30多个国家和地区；2023年，顺德生产的多款预制菜成功出口东盟，正积极推动全面融入 RCEP市场。

佛山市顺德区预制菜产业园入选2022年珠江三角洲地区自筹资金建设省级现代农业产业园名单，顺德已出台支持预制菜发展的“六个一”工程政策，成立了广东省预制菜产业联合研究院顺德分院、顺德区预制菜产业发展促进中心，作为世界美食之都，顺德区在预制菜发展品牌、人才、产业集群等方面具有不可替代的优势，有能力也有责任为推动广东预制菜产业高质量发展走在全国前列积极贡献“顺德经验”“顺德样式”，借助“中国水产预制菜之乡”的金字招牌，进一步加快推动预制菜产业做强做大，打造全国预制菜产业高地，全力创建国家级水产健康养殖示范县。

附录1 甘竹罐头，甘香可口

中国罐头产业的起点，是豆豉鲮鱼。

清末时期，广东沿海地区很多劳动者开始外出谋生，而最能慰藉广东海外游子思乡情的，莫过于来自家乡的美味——豆豉鲮鱼。

将鲮鱼去除头部和内脏后两面煎炸至金黄，配上广东陈年老豆豉，把炸过鱼的底油没过鲮鱼装入瓦罐封好，隔绝空气，可以长时间储存。以前劳工们出发前总会在行李中放上两罐。

1893年，广州建立了我国第一个罐头厂——广茂香罐头厂，第一罐豆豉鲮鱼罐头由此诞生，这家罐头厂也是大家现在熟悉的鹰金钱的前身。

位于顺德杏坛的广东甘竹罐头有限公司成立于1988年，虽然晚于生产同类罐头的鹰金钱牌，但甘竹牌罐头凭借“甘竹罐头，甘香可口”的广告语，成功在广东打响了知名度，这句广告语简直像深深刻进了DNA里，几乎是所有广东孩子的童年回忆。

豆豉鲮鱼罐头是甘竹牌最经典最畅销的单品，将鱼肉经过熏干脱水后再油炸，鱼肉有一定的韧度，富有嚼劲，而鱼骨被油浸泡得酥软好嚼，咬在嘴里已与鱼肉融为一体，可以一同嚼碎吞下。甘竹牌豆豉鲮鱼滋味酱香浓郁，一点儿也没有鱼腥味，回味甘香味美，不仅能空口当零食吃，佐粥配饭也是绝顶美味。

一盘豆豉鲮鱼莜麦菜，就是最地道的顺德味、岭南味，其中豆豉鲮鱼罐头是必不可少的食材。在家只需两分钟就能搞定：热锅加油，将蒜末与罐头中的豆豉下锅煸香，倒入莜麦菜翻炒断生，最后将鲮鱼切碎后倒入锅中翻炒片刻，按个人口味加入适当盐和糖调味，便大功告成。

林海是广东甘竹罐头有限公司董事长，他小学上了不到5年，做木工17年，30多岁建立了罐头厂。如今，广东甘竹罐头有限公司的“甘竹”品牌在他的带领下已经远销世界各地。

林海先生（陈耀根供图）

广东甘竹罐头有限公司从创厂至今已有35年，经过多年发展，林海还创办了广

勒流街道办上涌村创新的顺德美食文化（胡美玲供图）

东东方管业有限公司、广东东方树脂有限公司、广东东方面粉有限公司。林海也是顺德水产商会会长，荣获“广东省优秀乡镇企业家”等称号。

林海回忆，早年他在一次外出的途中，听人说起鱼罐头很好销，但加工的工厂太少，供求矛盾很大。回到家中，想想“自己身边这么多村民不是养了鱼卖不出去吗，价格又这么便宜，只有几毛钱一斤，何况鲮鱼也只有珠三角才有，属于稀缺资源”，就找到几个合伙人商量这件事，并筹集到了60万元资金开办罐头厂。当然林海也不会傻干，他找到广州食品研究所寻求合作，购买技术，邀请所里专家做顾问，至今已经合作数十年。就这样，罐头厂终于在1988年12月18日成立了。

林海的“一种豆豉鲮鱼罐头及其制备方法”发明专利说，本发明制得的豆豉鲮鱼罐头，原料易得，成本低廉，制备方法简单，制得的豆豉鲮鱼罐头色香味俱全，口味鲜美，能够长期保存不腐败，制作过程最大限度地保存了鲮鱼的营养成分，营养丰富，老少皆宜。

具体如下：

（1）一种豆豉鲮鱼罐头，其特征在于，包括以下重量份数的原料：鲮鱼100～150份、豆豉20～40份、辣椒粉0.5～3份、食用油15～20份、食盐5～10份、水300～500份、糖5～10份、谷氨酸钠1～3份、生姜1～5份、料酒10～20份、花椒1～5份、青梅5～10份。

（2）根据权利要求1所述的豆豉鲮鱼罐头，其特征在于，包括以下重量份数的原料：鲮鱼120～140份、豆豉25～35份、辣椒粉1～3份、食用油16～18份、食盐6～8份、水350～450份、糖6～8份、谷氨酸钠1.5～2.5份、生姜2～4份、料酒12～18份、花椒2～4份、青梅6～9份。

（3）根据权利要求1所述的豆豉鲮鱼罐头，其特征在于，包括以下重量份数的原料：鲮鱼130份、豆豉30份、辣椒粉2份、食用油17份、食盐7份、水400份、糖7份、谷氨酸钠2份、生姜3份、料酒15份、花椒3份、青梅8份。

（4）一种根据权利要求1～3任一所述的豆豉鲮鱼罐头的制备方法，其特征在于，包括以下步骤：①称取各组分原料，备用；②将鲮鱼去除鳞片、内脏、头尾和鱼刺，清洗干净，得到鱼肉，沥干备用；③将鱼肉、食盐、料酒倒入盆中，腌20～30分钟；④分离鱼肉和滤液，将食用油倒入锅中，加热至140℃～180℃，将鱼肉倒入锅中油炸，捞出鱼肉，沥干备用；⑤将水煮沸，将油炸后的鱼肉倒入沸水中，同时加入豆豉、辣椒粉、糖、谷氨酸钠、花椒、青梅以及步骤②中的滤液，小火熬煮20～40分钟，制得熟鱼肉；⑥将熟鱼肉装罐，真空封口，经高温灭菌、冷却后，即得。

（5）根据权利要求4所述的豆豉鲮鱼罐头的制备方法，其特征在于，步骤③中，腌渍时间为25分钟。

（6）根据权利要求4所述的豆豉鲮鱼罐头的制备方法，其特征在于，步骤④中，油炸时间为2分钟。

（7）根据权利要求4所述的豆豉鲮鱼罐头的制备方法，其特征在于，步骤⑤中，熬煮时间为30分钟。

“吃了这包鱼，唱出那份情！”2023年的夏天，林海又有了新的出品，开发出“‘顺得味’鲜辣零食库”，推出“酥辣鱼”产品，满足人们朋友小聚、出差旅行、休闲追剧等的需求。

附录2 2008年顺德区政府表彰的农业龙头企业

一、国家级农业龙头企业

广东陈村花卉世界有限公司

二、省级农业龙头企业

佛山市顺德区乐从供销集团有限公司

佛山市顺德甘竹罐头有限公司

广东国通物流城有限公司

三、市级农业龙头企业

佛山市顺德区粤花罐头食品有限公司

佛山市顺德区杨氏水产有限公司

佛山市顺德区顺西畜牧有限公司

佛山市顺德区杏坛镇海联水产畜牧养殖场

佛山市顺德区生生水产股份有限公司

四、区级农业龙头企业

佛山市顺德区北滘镇盈安竹丝鸡种苗场

佛山市顺德区北滘镇永业家禽养殖场

佛山市顺德区北滘镇兴隆花木有限公司

佛山市顺德花卉博览园有限公司

佛山市顺德区冠羽实业有限公司

佛山市顺德天天饲料有限公司

佛山市顺德区徐顺水产养殖贸易有限公司

佛山市顺德区新世纪农业园有限公司

佛山市顺德区龙江镇泓顺水产品加工服务部

佛山市顺德区勒流兆全鱼场

佛山市顺德区锦华农业生态有限公司

佛山市顺德区均安镇新沙水产有限公司

佛山市顺德区禾荣食品有限公司

佛山市泰山环境绿化有限公司

佛山市顺德区金港禽畜养殖有限公司

佛山市顺德区广顺饲料有限公司

佛山市顺德区杏坛镇冯氏水产种苗场

（资料来源于顺府发〔2008〕7号，2008年1月11日区政府印发。）

附录3 2020年顺德区市级以上农业龙头企业（40家）（表3-1）

表3-1 2020年顺德区市级以上农业龙头企业（40）家

企业名称	镇（街道）	主营产业	级别
广东陈村花卉世界有限公司	陈村	园区、花卉、苗木、盆景	国家级
佛山市顺德区乐从供销集团有限公司	乐从	批发市场	省级
佛山市顺德甘竹罐头有限公司	杏坛	鳗鱼罐头加工	省级
佛山市顺德区粤花罐头食品有限公司	容桂	鳗鱼罐头加工	省级
生生农业集团股份有限公司	大良	水产	省级
佛山市顺德区宏隆生物科技有限公司	勒流	生物科技	省级
广东大峰水产集团养殖有限公司	勒流	水产	省级
广东金禾面粉有限公司	均安	粮油加工	省级

（续表）

企业名称	镇（街道）	主营产业	级别
佛山市顺德区生鱼米业有限公司	均安	粮油加工	省级
广东白燕粮油实业有限公司	容桂	粮油加工	省级
广东东方面粉有限公司	杏坛	粮油加工	省级
佛山市顺德区巨扬园艺有限公司	陈村	花卉	省级
广东维生农业股份有限公司	陈村	花卉	省级
广东英农集团有限公司	大良	猪肉	省级
广东顺德菊花湾农业发展有限公司	勒流	园区、花卉、苗木、盆景、龟鳖	省级
佛山市顺德区东龙烤鳗有限公司	杏坛	鳗鱼加工	市级
佛山市泰山环境绿化有限公司	容桂	花卉、苗木	市级
佛山市顺德区海皇锦鲤养殖有限公司	北滘	锦鲤	市级
佛山市顺德区大洲水产批发有限公司	伦教	水产批发市场	市级
广东顺德大地园林环境工程有限公司	大良	苗木花卉生产经营、绿化管护	市级
佛山市顺德区兴顺烤鳗有限公司	北滘	鳗鱼加工	市级
佛山市皿井植物有限公司	陈村	花卉	市级
佛山市顺德区杨氏水产有限公司	北滘	鳗鱼	市级
佛山市顺德区键林园艺科技有限公司	北滘	国兰、杂交兰、发财树、苏铁树	市级
佛山市顺德区东民水产养殖有限公司	龙江	西江鳊	市级
粤山生物科技有限公司	陈村	花卉、苗木	市级
广东顺德均健现代农业科技有限公司	均安	水产	市级
广东潮汇水产有限公司	陈村	水产	市级
广东南兴天虹果仁制品有限公司	龙江	坚果制品	市级
佛山市顺德区保利食品有限公司	杏坛	鳗鱼	市级
佛山市顺德区鸿信宝园艺有限公司	北滘	国兰	市级
佛山市顺德区禾荣食品有限公司	均安	鳗鱼加工	市级
广东顺德康圣泽水产有限公司	龙江	水产	市级
佛山市顺德区海皇实业有限公司	杏坛	饲料、水产	市级
佛山市顺德区百辉食品有限公司	勒流	食品加工	市级

（续表）

企业名称	镇（街道）	主营产业	级别
广东德宁水产科技有限公司	大良	水产饲料、添加剂预混合饲料	市级
佛山市顺德区旺海饲料实业有限公司	勒流	水产饲料	市级
广东顺德顺爷水产有限公司	北滘	水产养殖	市级
佛山市新雨润食品有限公司	北滘	食品	市级
佛山市顺德区绿和花木有限公司	北滘	花卉	市级

注：各级龙头企业名单的排序不分先后。

附录4 2022年广东省重点农业龙头企业名单（顺德22家）

（1）广东陈村花卉世界有限公司

（2）佛山市顺德区乐从供销集团有限公司

（3）广东甘竹罐头有限公司

（4）佛山市顺德区粤花罐头食品有限公司

（5）生生农业集团股份有限公司

（6）广东宏隆生物科技有限公司

（7）广东大峰水产集团有限公司

（8）广东白燕粮油实业有限公司

（9）广东金禾面粉有限公司

（10）广东东方面粉有限公司

（11）佛山市顺德区生鱼米业有限公司

（12）广东英农集团有限公司

（13）广东维生农业股份有限公司

（14）广东顺德菊花湾农业发展有限公司

（15）佛山市顺德区东龙烤鳗有限公司

（16）广东潮汇水产有限公司

（17）佛山市新雨润食品有限公司

（18）广东南兴天虹果仁制品有限公司

（19）佛山市顺德区旺海饲料实业有限公司

（20）佛山市顺德区东民水产养殖有限公司

（21）广东德宁水产科技有限公司

（22）佛山市顺德区保利食品有限公司

广东省重点农业龙头企业牌匾颁发仪式在顺德举行（《珠江商报》供图）

第十一节　中国优质淡水鱼之乡

顺德是历史上著名的“鱼米之乡”，是全国重要的淡水鱼产区和出口基地之一。改革开放40多年来，顺德水产业从小到大，从弱到强，逐渐发展壮大成为顺德农业的支柱产业之一，在帮助顺德农民发家致富、促进社会经济发展等方面起到了重要的作用。

截至2023年10月，顺德已经形成了水产养殖规模庞大、养殖技术过硬、产业链条完善、一二三产业高度融合，渔业效益明显提升、发展态势良好的产业格局，全区放养的优质水产品种达40余个、面积11万亩，占淡水养殖面积的70%以上；大宗优质品种有鳗鱼、加州鲈、生鱼（乌鳢）、广东鲂、笋壳鱼、桂花鱼、太阳鱼、长吻、龟鳖等10多个食用品种及多个观赏鱼品种，成为全国主要的鳗鱼、加州鲈、生鱼生产基地之一。

顺德优质鱼在国内外享有美誉，是国内重要的淡水鱼产区和出口基地之一，在2022年全区水产养殖中，加州鲈年产量占全国的20%，占全省的32%；生鱼（乌鳢）年产量占全国的20%，占全省的45.3%；广东鲂年产量占全省的70%；顺德有5家烤厂，出口烤鳗占全国的20%，占全省的70%。顺德水产品以其品种多样、质量上乘而扬名国内外，出口创汇水平日益提高，每年超过1亿美元。

顺德区政府一直十分重视和支持水产业的发展，已完成了顺德区优质淡水鱼现代农业产业园总体规划，广东省农业农村厅分别在2020年和2021年批复同意顺德区创建优质草鲩和优质加州鲈两个省级现代农业产业园，全力支持顺德优质淡水鱼产业做大做强，打造全国优质淡水鱼产业高地。

2023年年中，根据顺德区水产业的辉煌历程和取得的巨大成就，配合顺德水产业发展战略性调整，提高顺德优质水产的知名度和对外影响力，顺德区人民政府向中国水产流通与加工协会申报“中国优质淡水鱼之乡”称号，并委托顺德区水产商会作为“中国优质淡水鱼之乡”的申报主体，负责完成本次申报材料的相关资料收集、整理、编写和报送工作。

2023年11月18—19日，中国水产流通与加工协会组织专家组一行到顺德开展“中国优质淡水鱼之乡”评审工作。其中11月18日，专家组一行先后实地考察生生农业集团股份有限公司、顺德区东龙烤鳗有限公司和广东顺德均健现代农业科技有限公司。11月19日上午，中国水产流通与加工协会组织召开“中国优质淡水鱼之乡”评审会议。

经实地考察、审阅材料、听取汇报、质询、讨论等环节，专家组认为顺德区高度重视优质淡水鱼产业发展，区位优势明显，产品品质优良，科技支撑到位，产业优势突出，经济、社会效益明显，注重品牌建设，知名度不断提高，优质鱼产业发展潜力大，符合中国水产流通与加工协会有关“区域特色品牌共建”的评审条件和要求。

“专家组一致认为，佛山市顺德区优质淡水鱼产业品类优、品质优，生产模式先进，产业规模全国领先，品牌效益凸显，同意授予佛山市顺德区‘中国优质淡水鱼之乡’的称号。”2023年11月19日上午，当专家组的审核意见宣读完毕时，会场里响起一阵阵掌声。

顺德区水产商会秘书长陈耀根知道“中国优质淡水鱼之乡”的称号来之不易，他说还要进一步传承“顺德鱼”的文化，并发扬好。

面对顺德农业新增一个“国字号”品牌，顺德区农业农村局局长谭逢显告诉笔者，区农业农村局将根据专家组提出的意见，挖掘和培育特色渔业品牌文化，利用农业会展、产销对接、电商平台促进水产品销售，引导辖区内农业企业参加国内外知名展会，提升顺德渔业知名度，把“中国优质淡水鱼之乡”的品牌作为地方名片推向社会，为推动顺德农业和渔业行业的高质量发展打造顺德典型示范。

顺德区现代渔业科技园迎来市民参观，这是顺德打造“中国优质淡水鱼之乡”的举措之一（珠江商报供图）

顺德

第四章

鲜味与产业

草艇划向鱼塘。

同时也划破了宁静的清晨，

太阳才从地平线上升起。

顺德渔民已为刮鱼做好了准备，

“出鱼啦”。

柔和的晨曦唤醒了沉睡的鱼米之乡，

鱼塘边站着七八个村民。

“哗啦”一声，一个村民撑着一条草艇向对岸划去，也划破了宁静的清晨，

随着水波荡开的，还有一张渔网。

要出鱼了，

太阳从地平线上升起，几位村民将渔网从岸上拉拽到鱼塘。

村民划着草艇，把渔网从西侧拉到东侧，

随后，渔网缓缓地由北向西移动——“刮鱼”。

渔网与西侧岸边之间的水面慢慢收窄，

水里、岸上都开始热闹起来。

水里，数以万计的加州鲈在翻滚跳跃，

岸上，村民们搭起了出鱼临时平台，搬来了地秤和椅子，“鱼中”开来了货车。

村民们在鱼塘两侧同时拉网，渔网在池塘中形成一个半圆形，

村民合力将渔网合围。

渔网在鱼塘边合围后，随着水面收窄，不时有鱼跃出阳光下波光粼粼的水面，

一场紧张的“击鼓传鱼”马上开始。

站在水里的村民用胶桶把鱼舀出来，岸上的村民把鱼倒入塑料筐里，上地秤，记账，上货车，

众人配合默契，出鱼如行云流水。

太阳越爬越高，给江义村披上了一层金色的“薄纱”，

鱼塘里渐渐归于平静。

路边候着、从各地赶来的“鱼中”都得到了满足——满载而归，

一条条活蹦乱跳的加州鲈，从顺德出发，“游”向全国各地的餐桌。

村民们也满意地收起了渔网等家当，系好草艇，回家，

村民们“刮鱼”正是一幅齐心协力、互相帮助的图景。

两名村民合力把满筐的鱼抬上地秤，

“刮”出的鱼装满桶后转移到简易平台。

最美不过是寻常，

在顺德各养殖区，出鱼是日常“大片”，隔三岔五就在不同的鱼塘上演着。

日复一日，年复一年，

顺德各养殖示范片区。

无人机迎着阳光起飞，

俯瞰江义村，村中的工业区、居民住宅区和农田保护区有着明显的分界，大面积连片基塘分外抢镜。

一口接一口的养殖池塘方正有序，如围棋棋盘般铺开，红墙灰顶的新农棚错落有致，

一幅幅赏心悦目的画面让乡村田园的静谧感和富足感油然而生。

顺德的鱼，鲜味，产业，名副其实，

这是我与《珠江商报》记者一起写给顺德的鱼与顺德养鱼人的一首诗。

位于粤港澳大湾区腹地的顺德，是广东省水产养殖大区，现有池塘约15万亩，2021年全区渔业总产量逾32万吨，产值逾74亿元，占顺德区农业总产值的六成以上。

顺德区渔业主要养殖品种为鳗鱼、加州鲈、生鱼、草鱼、吻鱼等，淡水养殖品种达40多种，顺德鱼畅销国内外市场，深受消费者欢迎。根据广东省农业农村厅公布的2020年第一批省级现代农业产业园建设名单，顺德区优质草鲩产业园顺利被纳入2020年第一批珠江三角洲地区自筹资金建设省级现代农业产业园名单，顺德区渔业发展再上新台阶。

顺德区优质草鲩产业园，是顺德区优质淡水鱼现代农业产业园的“一

顺德水产养殖户获得丰收（《珠江商报》供图）

块拼图”，规划范围包括均安镇、龙江镇、乐从镇，建设了顺德区优质草鲩产业园和顺德区优质加州鲈产业园。草鲩产业园核心区在均安镇，面积约1.5万亩；加州鲈产业园核心区在龙江镇和乐从镇，面积约2.38万亩，2个产业园均按照省级现代农业产业园的标准和要求进行建设。

这只是顺德鱼形成一个产业的缩影。

顺德民丰物阜，顺德人自古食不厌精，脍不厌细，加以外出经商、做官人多，不断传入外地的制作经验，逐渐形成特色鲜明的饮食习俗。梁介香在《凤城梦游录》中说，早在清代，就有人称道：“顺德乳蜜之乡，言饮食，广州逊其精美。”及至近世，“食在广州，厨出凤城”的说法，得到外界公认；广州、香港、澳门以及海外粤人聚居地的酒楼餐馆，多喜标榜“凤城（大良）名厨”以广招徕。

顺德美食文化源远流长，天下闻名，享有“世界美食之都”“中国厨师之乡”美誉，每年一届的“岭南美食文化节”也成为该地品牌盛会之一。明末清初文学家、戏剧家李渔论鱼时说：“食鱼者首重在鲜。”

顺德鱼的鲜美是一种淡淡的美，清而鲜，细腻的质感让唇齿感动。

烹调手法重在保鲜，如何最大限度地保持鱼的鲜美，既是一种对待食材的优雅态度，也是一种能力，考验技术的娴熟和对火候的把握，不可失之毫厘，否则，鲜就大打折扣了。

夜幕降临，世界美食之都——顺德，迎来了一天当中烟火气最浓重的时刻。远近食客会聚到这里，顺德各家餐馆也开始红火起来。

“捞起！捞起！风生水起！”这是顺德人在吃鱼生时，最经典的一句话。

在顺德均安当地还有一句这样的民谣：清甜雪白薄如蝉，仿若冰融入口鲜，风生水起人钟爱，一见鱼生便垂涎。

顺德人对鱼生的钟爱可见一斑。

对于追求食材本味的顺德人来说，均安草鲩是鱼生的优选。《本草纲目》中记载，鲩鱼具有“暖胃和中”的特点，其含有丰富的不饱和脂肪酸，对血液循环有利，是心血管病人的良好食物；硒元素丰富，经常食用还能抗衰老。

顺德的鱼催生了不少产业链的发展（胡美玲摄）

顺德人“吃鱼有招”，生鱼放血后切片，每片厚度不超0.5毫米，薄如蝉翼，轻可吹起，细刺已断而肌理仍在，均匀铺于冰盘之上，佐之油、盐、柠檬草、花生米等数十种配料，入嘴爽口弹牙，满口留香。

在均安镇仓门梅庄欧阳公祠，还有一面由咸丰年间已未科甲探花李文田（均安籍，后官至礼部侍郎）手书的“绍德堂”匾额，右上方有“味道之腴”字样的印章，为清末皇族士大夫阶层食用均安鱼生增添了有益的佐证。均安草鲩以肉质紧实、鲜美甘甜、口感嫩滑不带腥的特点著称，“福禄有余”均安草鲩鱼宴成功获得“中国名宴”食材认证，12道草鱼美味相当“出圈”，闻名海内外。

切片鱼生、鱼腩煮粥、切片火锅、鱼皮凉拌、鱼头清蒸、鱼嘴鱼肠煎焗、鱼尾红烧……顺德人对鱼的料理可谓是“出神入化”，光是一条土鲮鱼，就能做出180种花样来。

顺德物产丰富、盛产淡水塘鱼河鲜，素有“鱼米之乡”的美称。凭借得天独厚的水产养殖环境和地理位置，顺德成为我国淡水塘鱼主要产区和出口基地之一，每天都有塘鱼出口，其中超九成输往香港、澳门地区。

年年有“鱼”寓意年年有余。每年新春佳节期间，顺德塘鱼都会迎来出口高峰，源源不断地“游”上港澳居民餐桌。

这是美味与产业的共生。

第一节　养与捕后形成的罐头业

顺德有940条大小河涌，总长度超过2000公里。20世纪60年代后期，顺德就开始利用河涌养鱼。1970年，养殖2255亩，总产鱼108吨，平均亩产48公斤。因水源流动，鱼和饲料容易流失，1973年减至1123亩，总产鱼92吨，亩产82公斤。以后几年，养殖面积有所增加，但因效益低，量又逐年下降。1977年为2756亩，总产鱼59吨；1979年为1907亩，总产鱼56.1吨；1980年为548亩，总产鱼20.2吨；1991年仅40亩，总产鱼15吨。

历史上，江河捕捞属零星分散性副业。直到20世纪80年代初，顺德年捕捞量也只有两三百吨。1983年，顺德渔政管理部门首次进行人工增殖放流，分别在顺德的甘竹水道、容桂水道、潭洲水道、三洪奇水道、东海水道投放各种鱼苗396万尾，其中鲤鱼苗25万尾、长春鳊鱼苗42万尾、白鲢鱼苗56万尾、东北鲫鱼苗33万尾、青鱼鱼苗15万尾。是年捕捞产量增至350吨。此后，分别于1985年、1986年进行人工增殖放流。1985年放流各种鱼苗201.87万尾，捕捞鱼410吨，比1980年增长49.1%。1986年放流46.52万尾。1991年，顺德共捕捞鱼667吨。

捕捞的鱼需要交易才能获益、才能凸显顺德鱼的价值。1959年在伦教羊额码头办起第一家罐头厂——顺德县罐头厂，加工玻璃罐装油炸鲮鱼，后因塘鱼减产，于1962年停产。1961年，县商业储运公司南冲仓库办起冷冻厂，经营冷冻加工塘鱼及冷冻制品。

1979年以后，顺德农民生产积极性高涨，塘鱼产量逐年增加，鲜鱼供过于求。为解决鲜鱼销路，1983年伦教熹涌开办农副产品加工场，建冷库1座，冷冻加工鲜鱼、虾肉。1985年均安开办水产冷冻厂，总投资215万元，建0.5吨急冻库和10吨保温库各1座。1985—1986年，县水产供销公司为便于塘鱼外调，先后建成羊额、龙江、勒流、乐从、容奇南冲5个小型水产冷库，日急冻能力30吨，保温能力400吨。1986年，顺德水产系统有冷库9座，库储能力660吨，急冻能力24.5吨/次。

1987年，桂洲罐头厂建成投产，有炸鱼生产线、装罐生产线及真空输送线各1条，封罐设备18台（套），保温库8个。同年，勒流东风开办农副产品冷冻厂，年生产能力2400吨；龙江万安开办水产品加工厂，代珠海罐头食品厂加工油炸鲮鱼，年加工能力1800吨；北滘水产站开办粤顺冷冻厂。1988年，县食品企业集团公司投资3800万元兴建的国内首家大型现代化淡水鱼综合加工厂——顺德鱼类制品厂——建成试产。同年，杏坛水产品冷冻厂建成投产，总投资661万元，有急冷库2个、低温库3个，总贮量250吨，冷冻能力5000吨/年。杏坛东村开办冷冻厂，总投资398万元，年生产能力2500吨。

1989年，杏坛东村东方罐头厂建成投产，总投资390万元，厂区占地面积3000平方米，有国产封罐机2台，年生产罐头能力400万罐。同年，

顺德水产养殖业的部分成员合影（陈耀根供图）

县农业基地发展服务总公司与港商合办龙华腊味食品有限公司，共投资100万港元，自宰生猪加工制作腊味及鱼制品。1990年，龙江罐头食品厂建成试产，总投资387万元，占地面积2.35万平方米，引进台湾产冲罐设备1套，有国产异型封罐机3套及制冷成套设备，年生产罐头能力500万罐。同年10月，北滘兴办的省内规模最大的家禽、水产品加工基地——北滘兴顺食品发展有限公司——建成投产。

1991年，顺德共有水产品、肉类加工及罐头制品企业21家，职工2260人，产值23148万元；冷冻制品生产能力3.37万吨，产量1.25万吨；罐头制品生产能力1.7万吨，产量5443吨。

广东甘竹罐头有限公司董事长林海说，甘竹罐头的原材料创业初期使用杏坛、顺德的鲮鱼，后来随着社会经济发展的变化就采购番禺、三水、珠海斗门、东莞、江门的鲮鱼；2000年后就用惠州博罗、湛江、茂名的鲮鱼，现在用阳江、阳春的鲮鱼，“阳江是广东鲮鱼最后的养殖基地，甘竹罐头用的鱼、豆豉都是阳江的”。

林海说，养鱼是农民的特长，他更会把鱼加工成人们喜欢的食品，“我也上过当，比如在中国糖烟酒交易会上结识了一个东北的客户，发了货对方竟然不付款，我就跑去黑龙江追款，也追到了。”

对于食品加工，林海说：“一定要把好原材料的第一关，不然就是垃圾进厂垃圾出厂。”

附录1 1991年顺德主要水产品加工企业

顺德鱼类制品厂

位于勒流镇冲鹤新涌桥边，属地方国营企业，隶属于县轻工集团公司。1987年兴建，1988年试产，1989年4月全面投产。厂区占地面积3.6万平方米，建筑面积2.3万平方米。从英国和日本引进具有20世纪80年代国际先进水平的大型冷冻设备，包括500吨低温库、平板速冻机、冷水机组、制水机等，以及鱼糜、鱼粉、罐头、鱼油、鱼糜制品、冰鲜、炸鱼等生产线，其中蒸汽升温炸鲮鱼生产线是省内首条；年生产能力为鱼糜1500吨，鲮鱼罐头5000吨，鱼粉300吨，冰鲜鱼5000吨；产品主要出口美国、加拿大、中美洲、日本、中国香港和澳门等地。

1991年，有职工578人，其中技术人员38人；年产值6613万元，出口值2113万元，利税总额109万元；产量为罐头1195吨，鱼糜841吨，冷冻鱼255吨。

北滘兴顺食品发展有限公司

位于北滘镇兴顺大道，1988年北滘农业发展公司与香港兴伟海产公司合资兴办，1990年10月投产。引进荷兰、美国等国外先进设备，有国内先进的每小时可宰割活鸡2000只的半自动生产线、鱼虾加工生产线各1条，自动控温冷库8座2.16万吨，快速冻结机1台，平板冻结机3台，30吨透明冰条制冰设备等，年可加工生产、速冻、保鲜出口家禽、水产品1.6万吨，产品90%外销。

1991年，厂区占地面积5.9万平方米，建筑面积1.63万平方米；总投资5000万元；有职工803人，其中技术人员70人；年产值7000万元，出口产值6465万元，利润10万元；产量为冻鸡130吨，鳕鱼900吨，冻鱼115吨。

桂洲罐头厂

位于桂洲镇四基工业路，属镇办集体企业。1986年筹建，1987年6月投产。1988年粤花牌五香鹌鹑、香炸鹌鹑、豆豉福寿鱼、蒜子塘虱鱼罐头获省轻工“四新”产品一等奖。1989年，鲜炸狮子鱼罐头获省优质产品奖。是年鲮鱼罐头内销居全省首位。1990年，豆豉鲮鱼罐头获省行业一等奖。

1991年凤尾鱼罐头获国际博览会银奖。是年，厂区占地面积2.6万平方米，建筑面积1.4万平方米；总投资1955万元；有职工392人，其中技术人员13人；年产值4091万元，出口产值191万元，利税82万元；罐头年生产能力6000吨，产量3000吨。产品销往全国各地及东南亚地区。

顺德渔民熟练地将鱼抛入车上的水箱中（《珠江商报》供图）

附录2 1991年顺德产值500万元（当年价）以上食品工业企业一览表（表4-1）

表4-1 1991年顺德产值500万元（当年价）以上食品工业企业一览表

厂名	经济性质	建厂年份	职工人数/人	年产值/万元	主产品	产量/吨
北滘兴顺食品发展有限公司	合资	1988	803	7000	冷冻制品	1180
顺德鱼类制品厂	国营	1987	578	6613	罐头	1195
桂洲罐头厂	集体	1986	392	4091	罐头	3000
杏坛水产品冷冻厂	集体	1988	32	1549	冷冻制品	3536
杏坛东村冷冻厂	集体	1988	17	1474	冷冻制品	1600
杏坛东村东方罐头厂	集体	1988	140	988	罐头	1700
龙江罐头食品厂	集体	1988	177	833	罐头	4000
均安水产冷冻厂	集体	1985	20	600	冷冰制品	2300

第二节 鱼用颗粒饲料厂的开办

顺德是经济作物区，饲料来源特别是精饲料、蛋白质饲料缺乏。20世纪60年代以前，主要由粮食加工厂、丝厂、糖厂、食品厂提供玉糠、统糠、酒糟、豆渣、蚕蛹、蔗渣、花生壳、二仁谷等作为饲料。

1954年，顺德县粮食加工厂始加工统糠，以大糠与原糠2：1混制而成，年产4000多吨。1958年“大跃进”时期，粮食紧张，饲料缺乏，采用鲜蔗渣等各种代用品加工饲料。1962年，顺德县粮食部门9家加工厂有统糠机14台，饲料年加工能力3.7万吨。

20世纪60年代，顺德许多大队在“支农”的口号下，先后办起粮食饲料加工厂，除为社员加工碾米外，还代碾玉糠、谷皮糠作为饲料。1964年1月8日，容奇粉厂改名为容奇粉面饲料加工厂（广东冠华饲料厂前身），年产禽畜粉状混合饲料300～500吨，成为全国首家生产混合饲料的企业。

20世纪70年代，顺德粮食部门加工厂利用麦秆、稻草、豆枝、木薯头、玉米蕊、鲜蔗渣、虾壳等19种代用品混合20％白玉糠与30％统糠制成混合糠，年产1.4万吨。1972年，马冈、容奇粮食加工厂为省粮油进出口公司加工出口大米，年产白玉糠3000多吨，缓和了精饲料短缺的矛盾。1974年，顺德糖厂利用酒精废液试产蛋白饲料——白地霉——获成功，当年投产，日产能力3吨。

1978年，全国饲料标准草案颁发及推广，带动了饲料工业的发展。20世纪80年代，在改革开放的形势下，畜牧业、水产养殖业迅猛发展，饲料供不应求。在饲料使用上也有很大变化，由单一饲料喂养变为多种饲料混合喂养，由以能量饲料为主到按饲养标准讲求各种营养物质的合理配搭，由青粗料为主到以精料为主，饲料市场则由供应各种单一饲料变为供应全价饲料。

在此形势下，顺德各乡镇纷纷办起饲料厂，1980—1982年，先后有勒流鱼用颗粒饲料厂（金冠饲料厂前身）、乐从颗粒饲料厂、龙江鱼用颗粒饲料厂、均安鱼用颗粒饲料厂、伦教鱼用颗粒饲料厂、陈村饲料厂等开办。1982年7月，容奇叶绿素饲料厂（原容奇粉面饲料加工厂）以补偿贸易形式，引进美国时产2吨的压粒机1台，开始生产冠华牌禽畜粒状配合饲料。1983年，北滘颗粒饲料厂（华星饲料厂前身）建成投产，年产2000吨。

1985年，容奇叶绿素饲料厂进行技术改造，增设1条时产10吨的颗粒饲料生产线，使年产达7万吨。同年，顺德县粮食局办起顺德锦峰饲料厂，从澳大利亚引进具有20世纪80年代国际先进水平的生产设备生产全价颗粒饲料，年生产能力6万吨。

1987年，冠华饲料实业公司投资1400万元进行技术改造，从美国引进1条具有80年代先进水平、年产能力12万吨的电脑控制全自动生产线，新建厂区1.3万平方米，成为国内规模较大、现代化水平较高的饲料生产企业。同年，华星饲料厂从荷兰引进1条时产10吨的饲料生产线投产、1988年，从加拿大引进整套技术，年产饲料添加剂7000吨，成为国内最大的饲料添加剂生产厂。

1989年，杏坛麦村家泰饲料厂建成投产，引进禽畜和水产压粒机生产线各1条，年生产能力4万吨，成为国内规模较大的村办饲料企业。同年，勒流饲料厂（金冠饲料厂）从美国引进1条具有80年代国际先进水平的全自动饲料生产线，次年建成投产，时产20吨，年产12万吨。

1991年，华星饲料厂投资500万美元，从澳大利亚引进全套具有80年代末国际先进水平的时产60吨的自动化饲料生产线，使年产能力达12万吨，单班生产能力居全国乡镇企业之首，成为国内规模较大的饲料生产厂家之一。

1991年，顺德共有饲料企业33家，职工1537人，产值47532万元，配（混）合饲料产量55.35万吨。其中镇以上9家，职工1107人，产值42103万元，配（混）合饲料产量36.54万吨。

以鱼为名的河涌——鱼滘涌（《珠江商报》供图）

附录1 1991年顺德主要饲料生产企业

广东冠华饲料实业公司

位于容奇镇德胜区新业路，为镇办集体企业。1964年1月开办，厂名为容奇粉面饲料加工厂。1970年增加叶绿素产品，易名为容奇叶绿素饲料厂。1977年叶绿素产品停产，转为中药加工。1987年易名为顺德县容奇冠华饲料实业公司。1990年评为国家二级企业，列入全国50家最大饲料工业企业第八位和全国500家最大工业企业。

1991年，易名为广东冠华饲料实业公司，获首届全国饲料工业科技进步奖先进集体称号。是年，厂区占地面积1.34万平方米，建筑面积6375平方米；有先进生产线3条，年生产能力15万吨；职工498人，年产值17776万元，利税总额546万元。

企业名优产品有：冠华牌小鸡、中鸡、肉鸡粒状配合饲料，1986年和1990年获省优质产品奖；冠华牌大猪、小猪、蛋鸭配合饲料，1988年获省优质产品奖；中鸡、小鸡配合饲料，1988年获农业部优质产品奖；蛋鸭配合饲料，1989年获农业部优质产品奖；小鸡粒状配合饲料，1990年获国家优质产品银奖；鳗鲡配合饲料，1991年获农业部优质产品奖。是省内同行业中获优质产品称号最多的企业。

顺德华星饲料厂

位于北滘镇三洪奇桥边，为镇办集体企业。1983年开办，厂名北滘颗粒饲料厂。1985年改名华星饲料厂。1990年评为省级先进企业，华星牌113大鸡、112中鸡、604草鱼颗粒饲料获省优质产品奖；1991年评为全国乡镇企业先进单位，国家二级计量合格企业，302小猪颗粒饲料获部优质产品奖。是年，厂区占地面积4.13万平方米，建筑面积1.33万平方米；总投资6400万元；拥有先进生产线2条，年生产能力12万吨；职工175人，其中技术人员14人；年产值9301万元，利税总额119万元。

该厂是技术密集型企业，下属企业有海南华星饲料厂、华星饲料添加剂厂和大型畜禽、水产养殖试验场，产品有11大系列45个品种。

勒流金冠饲料厂

位于勒流镇西安亭大桥侧，镇办集体企业。1980年筹建，厂名为勒流鱼用颗粒饲料厂，1982年投产。1986年改名勒流颗粒饲料厂。1990年改名勒流饲料厂，金冠牌“202快大中鸡饲料”和“102地方中鸡饲料”获省优质产品奖。

1991年改名勒流金冠饲料厂，厂区占地面积1.52万平方米，建筑面积8800平方米；有职工194人，其中技术人员15人；年产值9267万元，利税总额84万元，产量8491吨。

附录2 1991年顺德产值500万元（当年价）以上饲料工业企业一览表（表4-2）

表4-2 1991年顺德产值500万元（当年价）以上饲料工业企业一览表

厂名	经济性质	建厂年份	职工人数/人	年产值/万元	主产品	产量/吨
顺德锦峰饲料厂	国营	1985	127	5429	饲料	60000
杏坛麦村家泰饲料厂	集体	1989	35	2285	饲料	3500
伦教鱼用颗粒饲料厂	集体	1982	24	1474	饲料	10000
龙江鱼用颗粒饲料厂	集体	1981	31	704	饲料	6636
乐从颗粒饲料厂	集体	1981	22	665	饲料	6046
杏坛鱼用颗粒饲料厂	集体	1984	36	631	饲料	7899
广东冠华饲料实业公司	集体	1964	498	17776	饲料	150000
顺德华星饲料厂	集体	1983	175	9301	饲料	120000
勒流金冠饲料厂	集体	1980	194	9267	饲料	8491

第三节 “鱼王”周德、高寿

1953年3月，粤中水产分公司在容奇设置水产推销组，1954年6月在三洪奇、藤东、勒流设置水产供销站。

顺德于1956年6月成立县水产公司，下设勒流、三洪奇、藤东、容奇水产站及大良、勒流、陈村、杏坛、龙江、均安咸鱼批发、零售部，隶属顺德县商业局领导。1957年隶属顺德县服务局。1958年并入顺德县商业局水产经理部。1959年归属顺德县外贸局。1961年并入顺德县水产局，成立县水产局供销公司，下设凤城、伦教、北滘、陈村、小布、勒流、龙江、容奇水产站。1966年起设置公社基层水产站。

1969年，顺德县水产供销公司与县食品公司合并，成立县食品水产公司。1971年7月恢复县水产供销公司建制。

1974年1月，广东全省水产供销公司实行统一领导，统一计划，分级管理，分级核算，统一计算盈亏。自1975年起，由顺德县财贸办公室代管。1980年9月，成立顺德县水产进出口公司，与水产供销公司实行一套人马、两个招牌。

1984年1月原属广东省管理的水产供销公司下放给顺德县管理，财政收入纳入地方财政预算。1991年，有基层水产站8个，门市部15个，干部职工419人，购进额6852万元，销售额9431万元，利润19.59万元。

明代后期，顺德的塘鱼购销业已有一定规模，屈大均《广东新语·事语》记载，“容奇、桂洲、黄连村，吹角卖鱼”招徕顾客。

清代，随着商品经济的发展，鱼栏业兴起。嘉庆五年（1800年），容奇的海傍开设广利和泗聚2家鱼栏，属牙行性质。民国初年，容奇海傍又开设江利、海源、海安3家鱼栏，每天销售塘鱼10～15吨。其中，周德、高寿2人从设摊摆卖起家，发展为批发大户，人称“鱼王”。周德经营的德记号全盛时期有员工200多人，汽船2艘，大鱼船7艘，小鱼船20多艘，其他圩镇也有规模较小的鱼栏。民国二十七年（1938年），容奇海傍店铺全被日军烧毁，鱼栏也无一幸免。光复后，容奇新堤开设复兴、永安、福利3家鱼栏，2位“鱼王”恢复原来的营业规模。

新中国成立初，鱼栏照常营业。1952年2位“鱼王”经营的德记和协发号均参加公私联营，成为健德公司较大的股东。1954年6月，广东省水产公司粤中分公司在三洪奇、藤东、勒流设立水产供销站，粤中土产出口公司在均安设立出口塘鱼收购站。划分内、外销区，其中归公私合营健德出口公司收购塘鱼面积7096公顷，归国营土产出口公司收购面积2415公顷，归省水产供销公司粤中分公司收购站收购面积8180公顷。严禁鱼贩到产区直接收购，由国营水产部门按计划出口外销港澳和运销广州、江门、市桥、东莞、三埠等地。是年购进塘鱼32710吨，上调含供应出口30993吨，零售1717吨。

1956年6月，顺德成立县水产供销公司，原粤中分公司在勒流、三洪奇、藤东、容奇设立的水产站统一归属县水产供销公司。复兴、永安、福利3家鱼栏纳入公私合营。9月，放宽市场管理，开放自由市场，农民不愿把鱼货卖给国营水产部门。年底，把塘鱼划为二类商品，严禁农业社和个人外运塘鱼，不准鱼贩直接到农村收购。1957年购进塘鱼24787吨，上调含供应出口22991吨，零售1796吨。1958年刮“浮夸风”，塘鱼生产受到严重破坏，市场供应紧张，实行凭证定量供应。

自1961年起，顺德实行鱼物挂钩，奖励交售，超额部分加价收购，并由外贸部门奖售大米。是年购进塘鱼18032吨，上调含供应出口14624吨，零售3408吨。1963年10月，设立国营水产货栈，允许生产队在完成上调任务后，把超产塘鱼通过代购、代销、代运和协作换取薯莨、茶麸、漂白粉等渔需品。是年购进塘鱼18324吨，上调含供应出口15397吨，零售2927吨。

1964年，顺德的生产队每交售塘鱼50公斤，奖售饲料粮25公斤，棉布0.166米。是年购进塘鱼27448吨，上调含供应出口24904吨，零售2544吨。从1966年开始，把原来塘鱼购、留政策以及农贸市场和水产货栈当作资本主义进行批判。1973年规定塘鱼完成计划后也不准上农贸市场，全部由国营水产（出口）部门收购，实行“一管、二统、三派购”政策，单一渠道、单一价格，严重挫伤了农民养鱼积极性，市场供应极度紧张，城镇居民食无鱼的情况十分突出。

以后，顺德每年在元旦、春节、国庆节和中国出口商品交易会期间，都会下达指令性上调指标，作为政治性任务完成，水产供销部门派出大批干部职工下乡“追鱼”上市。顺德于1975年购进塘鱼37312吨，上调含供应出口34284吨，零售3028吨。

自1979年4月起，顺德塘鱼收购价格按原价提高30%；从完成任务内每50公斤鱼，奖售稻谷12.5公斤，超额部分奖售25公斤，提高到按任务每50公斤鱼，奖售50公斤粮，由县包干，并分季节、分鱼类进行奖售。对淡季上市及优质鱼提价幅度大些，奖售物资多些，促进塘鱼均匀上市。是年购进塘鱼34925吨，上调含供应出口31708吨，零售3217吨。

1983年，顺德调整塘鱼购、留比例，从1978年的购85%、留15%调整为购39%、留61%。是年购进塘鱼51156吨，比1978年增加46.43%；上调含供应出口42084吨，零售9072吨。

1985年4月，顺德塘鱼市场放开，零售取消凭证供应，议价销售，多渠道经营，市场趋于活跃。乐从镇随后形成专业市场，鱼货60%来自顺德，40%来自三水、高明、高要、南海、肇庆等地；30%在当地销售，70%运往广州、佛山、梅州、惠州、电白、遂溪、湛江、河源、珠海、深圳、汕头等地，远者销至湖南、海南及广西。顺德县水产供销公司及供销社系统还开拓塘鱼北运销售业务，全年销售塘鱼不含社会数25380吨，其中北运销售3300吨，上调含供应出口16594吨，零售5486吨；另乐从镇塘鱼市场销售不含社会数1825吨。1987年销售塘鱼不含社会数47521吨，另乐从镇不含社会数塘鱼市场销售10950吨。1991年销售塘鱼不含社会数29688吨，其中北运销售7236吨，另乐从镇塘鱼市场销售不含社会数20025吨。

顺德河网密布，806平方公里的区域内有940条河涌，均盛产各类河鲜。清初屈大均有“甘滩最好是鲥鱼”之句。清末及民国时期，河鲜除在本地销售外，还销往香港、澳门。

新中国成立后的20世纪50年代，河鲜主要由外贸部门收购出口。1952年出口216吨，1957年出口388吨。

20世纪60年代以供销社收购为主。1962年派员下乡帮助生产队利用大鱼塘试验混养生鱼（乌鳢）等杂鱼，增加货源。是年购进974.6吨，本地销售411吨，调给外贸部门525吨，供加工虾米25.6吨。1966年购进2552吨，地销398吨，调给外贸部门683吨，供加工虾米1471吨。1968年购进

2588吨，地销376吨，调给外贸部门847吨，供加工虾米1365吨。

顺德自1973年5月起采取奖售政策，扩大出口货源，按国家牌价交售符合出口规格的生鱼、乌头鲚、鳝、鳊鱼，每交售100元奖售化肥30公斤或饲料（大米）50公斤；鳖（水鱼）、鲥鱼（三黎鱼）、鲫鱼，每交售100元，奖售化肥25公斤或饲料（大米）40公斤；塘虱（鲇鱼）、河鲤、鳡鱼、桂花鱼（鳜鱼）、黄鱼，每交售100元奖售化肥20公斤或饲料（大米）30公斤；塘虾、河虾，每交售100元，奖售化肥10公斤或生麸（大米）10公斤。是年购进1281吨，地销106吨，售出县外24吨，调给外贸部门531吨，供加工虾米471吨。1975年购进816吨，地销61吨，售县外18吨，调给外贸部门380吨，供加工虾米309吨。

1978年，顺德县供销社派出200多人下乡驻队，为生产队组织捕虾艇410艘，虾缯1300棚，虾寨4.3万扎，利用大鱼塘混养生鱼、鳊鱼927万尾。是年购进河鲜杂鱼804吨，销售804吨。

神州公司旁边的乐从鱼市场（20世纪90年代摄，乐从镇宣传文体旅游办公室供图）

从20世纪80年代开始，顺德各类市场开放，取消牌价收购，实行议价购销，多渠道经营。政府主导的塘鱼销售量逐年下降，其中，1981年销售不含社会数632吨，1984年销售不含社会数432吨，1986

年销售不含社会数212吨，1991年销售不含社会数41吨。

虾米是顺德出产的大宗商品，以杏坛、均安、勒流最多。1958年，人民公社化后，当地供销社发动生产队组织虾艇、虾罾捕捞专业队伍，增加鲜虾上市。是年，供销社开办虾米加工场。翌年，部分生产队也开办虾米加工场。最多为1978年，队办场83个，收购虾米152吨。20世纪80年代，农村推行家庭联产承包责任制，剩余劳动力转向第二、第三产业，鲜虾捕捞队伍解体。1984年后，基本上没有鲜虾加工、收购。1958—1991年，顺德共收购、加工虾米3671吨，以销往县外、省外为主，其中收购1305吨，占35.5%；供销社加工2366吨，占64.5%。

附录 20世纪50—90年代顺德县国营商业、供销社塘鱼购销量统计表（表4-3）

表4-3 20世纪50—90年代顺德县国营商业、供销社塘鱼购销量统计表

单位：吨

年份	顺德上市量	其中		当地销售	上调与供应出口	销出县外	其中北运
		国营商业、供销社收购	占上市量				
1957		24781		1796	22991		
1962		18078		2174	15904		
1965		30752		2563	28189		
1970	31233	29700	95.09%	3372	26328		
1975	38427	37312	97.10%	3028	34284		
1978	37519	34935	93.11%	2316	32619		
1979	41861	34925	83.43%	3217	31708		
1980	42134	35860	85.11%	3829	32031		
1981	48802	41833	85.72%	4960	36873		
1982	55526	46591	83.91%	9637	36954		
1983	67928	51156	75.31%	9072	42084		
1984	80638	37436	46.42%	11311	26125		
1985	104974	25380	24.18%	5486	16594	3300	3300
1986	116144	31921	27.48%	3654		28267	7500

（续表）

年份	顺德上市量	其中		当地销售	上调与供应出口	销出县外	其中北运
		国营商业、供销社收购	占上市量				
1987	124189	47521	38.27%	10556		36965	14079
1988	133337	33958	25.47%	6909		27049	9946
1989	135627	21559	15.90%	2878		18681	4397
1990	142453	24932	17.50%	2503		22429	4357
1991	145240	29688	20.44%			29688	7236

注：1. 顺德上市量是指农业生产部门和农民把塘鱼交售给国营商业、供销社、外贸部门及其他社会商业、生产加工部门和自行销售等。
2. 国营商业、供销社收购、销售不包括外贸部门的直接收购和销售。
3. 当地销售：1985年前主要配售给城镇非农业户口居民及单位食堂、市场饮食业等。

第四节　优质草鲩产业园

在水产养殖业，顺德区优质草鲩产业园先行先试，探索“公司+基地+养殖户”“协会+鱼苗场+养殖户”“饲料公司+鱼苗场+养殖户”等发展模式，充分发挥农业产业化龙头企业的带动作用，坚持为农、联农、带农、富农的初心，带动农民发展生产和就业增收，让农民分享产业园的发展成果和收益，同时努力为顺德水产品牌的全国乃至全球推广带来新的突破。

政府、龙头企业、协会、养殖户以产业园为载体，共同描绘了一幅产业园发展蓝图——通过四轮驱动“生产+加工+科技+营销”的全产业链和价值链重构，形成互动融合发展、相互关联配套的淡水鱼产业新趋势，最终形成“一心、三区、全片”的空间布局和实现产业园区15000亩养殖规模。其中，“一心”是指产业园技术运营管理中心，“三区”即产业集聚发展区、产业融合体验区、生态养殖示范区，“全片”是指分布在均安的7个优质草鲩养殖片区。

产业园参与实施主体有广东顺德均健现代农业科技有限公司、生生农业集团股份有限公司、佛山市顺德区大河开明水产养殖有限公司、佛山东民种业科技有限公司、广东勤鹭农业科技股份有限公司、佛山市顺德区云喜贸易有限公司、广东省澄丰水产科技有限公司等。

这些企业围绕草鲩良种繁育、生态健康养殖等核心产业，延伸发展鱼类加工、科技研发、电商物流、社会化服务、质量溯源、品牌运营、市场营销等多项配套业务，形成一条从生产到加工，再到科技，最后到营销（品牌）的全产业链，从生产到营销实现有效闭环，形成各产业间的互动融合发展、相互关联配套的淡水鱼产业新格局。

通过产业园的建设，顺德的淡水鱼养殖实现集约化、规模化、科技化，促使顺德淡水渔业真正走上高质量发展道路；顺德淡水鱼养殖户在综合互联网平台的数据统筹、整合、系统管理与营销管理等环节的协助下，实现产量、质量“双提高”，带动园区养殖户收益稳步提升；推动第一、第二产业联动走上规模化、规范化、科技化的建设轨道，形成个性鲜明的

位于均安镇南沙岛的顺德区优质草鲩省级现代农业产业园核心区（《珠江商报》供图）

产业面貌，同时，以自身具备的岭南水乡特色文化为支撑点，顺理成章地形成作为顺德第三产业的创新文旅开发项目，也就是优质淡水鱼的现代养殖文化。

2019年11月，顺德区农业农村局印发《2020年佛山市顺德区优质草鲩产业园项目入库申报指南》组织企业申报项目入库，经专家评审，第一批共有6家企业9个项目顺利入库。

其中，产业融合类别项目3个，为园区现代科技水产加工中心项目、园区科研成果转化落地项目、优质水产营销平台建设项目。园区现代科技水产加工中心项目6月开始打桩并进入建筑主体的施工建设阶段；园区科研成果转化落地项目的牵头企业广东顺德均健现代农业科技有限公司已分别和省农科院等机构就相关成熟养殖项目落地签订了战略合作协议和具体落地的项目合作协议；优质水产营销平台建设项目的牵头企业佛山市顺德区云喜贸易有限公司也已组织了专门的营销队伍搭建线上与线下销售渠道，并在华东区域建立了上海营销分部。

科技研发与信息支撑项目4个，为广东均健公共监测中心（均安）建设项目、生态养殖尾水智能化循环处理监测调控系统建设项目、顺德互联网+水产综合服务平台建设项目、翡翠草鱼繁养示范基地项目。这些项目均在相关省级科研单位的技术支撑下稳步推进。其中，广东均健公共监测中心（均安）建设项目主体已装修建设完成；顺德互联网+水产综合服务平台建设项目牵头企业广东世朗投资置业有限公司已与中国移动股份有限公司佛山分公司共同打造5G数字农业互联网综合服务平台。

农业设施建设项目2个，为高位桶养殖建设项目、草鱼良种选育和基础设施改造。其中，广东顺德均健现代农业科技有限公司牵头的高位桶养殖建设项目已完成大部分主体工程。

随着第一批项目的顺利推进，第二批项目申报已组织专家进行项目入库评审。经过专家评审，智慧渔业工厂化AI管理控制建设项目、顺德优质淡水鱼良种繁育基地项目、“三生共融”生态养殖示范区改造项目、智慧渔业生产装备（一期）研发与示范、高位桶养殖建设项目、当当鱼水产数据交互应用平台6个项目顺利入库。

产业园实施单位之一的均健公司在其建立的省草鱼养殖标准化示范养殖基地划出1000多亩推广实施“企业+合作社+农户”模式，公司与合作社养鱼户组成了“利益共享、风险共担”的利益共同体，已带动100多户农户加入利益共同体，采用保底包收的形式降低农户风险、保障农户收益，推进联农带农的新发展。

2022年10月1日，均安镇在顺德区优质草鲩产业园高标准示范区（均安南沙）举办优质草鲩产业园成果展暨均安草鲩文化节，通过展示优秀项目成果、打造自有文化节日，进一步推广“均安草鲩”区域品牌，提高品牌知名度和美誉度。

经过三年时间建设，顺德区优质草鲩产业园初步构建起鱼苗孵化、生态养殖、数字化服务、预制菜加工、品牌营销、休闲农业等第一、第二、第三产业融合发展的现代农业全产业链，在国家乡村振兴战略规划实施的第一个五年交出了亮丽的成绩单。

成绩的取得，离不开农业产业化龙头企业及优秀项目的带动。均健、勤鹭、澄丰、圆方等多家园区共建企业更是为顺德渔业带来了新动能，推动农业现代化成为顺德渔业新常态。澄丰智能养殖系统项目通过陆基高位

2022年10月1日，均安镇在顺德区优质草鲩产业园高标准示范区（均安南沙）举办优质草鲩产业园成果展暨均安草鲩文化节（《珠江商报》供图）

桶养殖模式，以关键技术推动水产养殖朝着设施化、标准化、集约化、智能化的高质量方向发展，实现四节四减，形成水产智能养殖范式。澄丰水产科技技术顾问罗志东表示，通过工厂化养殖节约土地空间、提升农产品质量，是现代农业发展的必然要求，能够获得政府和社会的认可，将鼓励企业继续加强技术研发，为社会提供安全可靠优质的水产。

除了推动均安乃至顺德渔业发展再上新台阶，顺德区优质草鲩产业园的建设与发展也有力推动了乡村振兴战略的落地。优质草鲩产业园的建设让均安农业实现质的飞跃，让农业更强、农村更美、农民更富，让群众切实享受到土地增值、产业发展的双红利。

如今，顺德区优质草鲩产业园坚持为农、联农、带农、富农的初心，全力带动农民发展生产和就业增收，让农民分享产业园的发展成果和收益，为全省联农带农创新机制输出顺德经验，期待产业园继续为推动产业融合、产业升级而努力奋斗，为顺德乡村振兴注入强劲动力，为顺德“三农”高质量发展保驾护航。

均安草鲩文化节围绕人文、美食、露营、摄影等主题，开展“绘就乡村振兴新画卷”书画活动、“厨出凤城·材自均安”预制菜擂台赛、岭南民俗鱼灯展、星空夜·渔乡露营体验活动、美丽乡村行·有奖打卡、“美丽乡村”摄影作品征集活动等系列活动，带动市民游客全方位发现均安南沙的美，展现在三产融合下焕发生态美、产业旺、众人乐、乡村兴的乡村新风貌。

第五节　广东顺德均健现代农业科技有限公司

广东顺德均健现代农业科技有限公司（简称“均健公司”）成立于2015年，是在顺德区政府指引下，由均安镇人民政府下辖国资企业与民营企业联合组建而成，并贯彻社会产业融合发展经营理念，着力全面布局顺德水产生产、科研、加工、营销、文化全产业链生态闭环产业模式，先后建设了多项科研课题及成果转化（种业孵化、生态环境保护、生态种养模式、智能工厂化养殖模式、产品研发、水产预制菜加工、品牌建设、营销平台搭建、文旅、研学、科普平台等），并配以检测监测、溯源系统、互联网综合服务平台、创新联农带农模式。现时产业生产覆盖15000亩，年销售额达2亿元的产业规模，是广东省高新技术企业、佛山市农业龙头企业。

养鱼先养水。均健公司采取分级净化的养殖尾水治理思路，在全面提升生态养殖水平的同时，排放的养殖尾水经生态处理方法逐级净化，实现养殖尾水资源化，最终将净化后的养殖尾水循环回用，实现“氮磷资源化”和“尾水零排放”。公司使用湿地公园模式建设养殖进水、调水、尾水收集系统工程，同时设计生态绿植浮岛、水平潜流湿地、生物强化型“三池二坝”，并借助移动5G在线微生物智能孵化设备、在线管道式微藻管生物反应器进行在线远程控制的全自动化养殖尾水处理，治理后水质将达到《淡水池塘养殖尾水排放要求》（SC/T 9101—2007）的二级标准。治理后的水体可循环利用或达标排放，达到土塘和高位桶养殖水体循环可视化监测处理，使经处理后的养殖尾水可实现达标排放或循环使用，避免对周边环境造成污染。

第二届均安草鲩文化节（《珠江商报》供图）

如今，均健公司深度开发广东新农业产业链，成为顺德预制菜行业的头部品牌。在均健公司的网上店铺里，加州鲈（麻辣酸菜）、金凤鱼酸菜鱼片（金汤味）等产品琳琅满目，这些都是均健公司出品的预制菜。每个包装盒里都有一条处理干净的冷冻鱼和经过大厨调配的调料包，市民买回家只要解冻鱼，将调料包煮开，再将鱼置入后煮5分钟即可食用，每个人都能分分钟变大厨。

如今，均健公司的产业结构模式成为广东省现代农业产业园重点入库项目，分别被评为国家级健康养殖示范场、国家重点研发计划、蓝色粮仓技术创新、广东省草鱼标准养殖示范区、广东省菜篮子基地，主营产品均安草鲩被评为全国名特优新农产品、粤字号品牌、无公害农产品、有机农产品、中国名宴、粤港澳餐饮唯一指定产品，均健公司获得各级荣誉70多项，拥有发明新型专利、实用新型专利11项。

第六节　生生农业集团

1992年，以个体经营形式经营水产品供港业务；2005年，成立顺德区生生水产养殖有限公司；2008年，改组为佛山市生生水产股份有限公司；2012年，成立生生农业集团股份有限公司（简称“生生农业集团”）。

这是生生农业集团的发展史。

生生农业集团旗下有多个养殖基地，其中多年倾力打造的高端产品“珍品鲩”，定位主要是供应高端酒楼制作鱼生和清蒸。为了保证鱼的品质，“珍品鲩”的生产要求是非常严格的。每天凌晨4时，生生农业集团勒流基地室内车间里，工人已经就位，开始张罗出鱼工作。按照订单计划、规格、质量、数量等要求调鱼进来基地室外池塘不投料养殖60天，再根据销售计划，打捞进室内车间吊水40天。在室内暂养初期，加大水流循环力度，让鱼游动瘦身，安排1~2次拉网，检查鱼的健康情况。出鱼前，吊网3次，训练鱼的抗应激能力，保持鱼的活力。工作人员把鱼按照各个客户要求分桶装好后，在每尾鱼背鳍打上可溯源二维码，向鱼桶打氧和加入适量冰水调节水温，使水温保持在20摄氏度左右，有利于运输、分发配

顺德鱼生是顺德美食的精品品牌

送给粤港澳大湾区的各个酒楼。

顺德区市场监督管理局大力构建基于风险分析和供应链管理“从田头到餐桌”的食品安全全链条监管机制，组织制定了“顺德鱼生”全产业链管控技术团体标准，并于2019年实施，在19家执行“顺德鱼生”团体标准餐饮单位中，有11家采用了生生农业集团供应的草鱼。

从2011年开始，生生农业集团涉足工厂化设施养殖，改变传统靠天吃饭的养殖方式，引入智能传感、无线传输等电子信息技术设备，构建物联网系统来实时监测水质，包括溶解氧、酸碱度、电导率、浊度等指标，改变此前试纸检测、看水养鱼模式，从而降低养殖风险，提升水产品的品质。生生农业集团采用“公司+农户”模式进行产销合作或直接参股规模化养殖基地把控养殖过程，在顺德、中山、珠海等地建有生产基地，全资、控股、参股15个养殖场，面积达2万多亩。

生生农业集团早期养殖场主要在中山，2005年才将总部搬回顺德，并成立进行集团运作。生生农业集团提出了“生命·生态·生活”的企业理念，以“持续发展产业、不断改善民生、推进现代农业、引领健康生活”为企业使命。生生农业集团确立总部经济战略后，形成了以顺德为中心，向周边辐射发展的产业格局，在珠三角、海南等地拥有15个标准化水产养

精美的鱼生出自生生水产（《珠江商报》供图）

殖基地，养殖面积2万多亩，主营草鱼、鳙鱼、鳜鱼、石斑鱼、海鲈等优质品种。同时，公司拥有水产良种合作基地、饲料加工合作基地、水产品加工基地、大型农产品交易中心。

此外，生生农业集团还通过成立合作社，建立科技示范区，充分发挥省级农业龙头企业作用，辐射带动农户从事健康养殖，把分散的农户组织起来，形成以个体养殖为主，区域连片，专业合作，一体化经营的现代化经营模式，把小生产与大市场有效对接起来，优化产业结构，增加农民收入，逐步引导农户由“传统的数量增长型”向“现代的质量效益型”过渡，提高广东水产养殖业的整体水平和竞争力。

拥有20多年供港澳资质的生生农业集团水产品主要面向港澳市场，是广东省供港澳水产品的重点企业，长期占据港澳市场的重要份额。同时，以“生生”品牌鱼为主营产品，以“加盟代理、直营配送与互联网”为主提供线上线下的同步运营模式，深受各地消费者青睐。

在流通领域，生生农业集团创立了自己的水产品牌，并借助电商渠道来销售自己的优质水产品，旨在强化顺德地标优势，将顺德水产品牌展示给千家万户。在电商渠道，他们不断探索，尤其在生鲜配送方面已有自己的一套方法，探索出“一条鱼一条袋”的配送模式，并且尝试独有的保鲜技术保证水产品的新鲜。电商平台可以减少与终端消费者的中间环节，让消费者获得更有性价比的生生农业集团产品。

如今，生生农业集团正在不断提升企业的竞争能力和水平，大力建设智慧渔业自动化系统工程，实现生态养殖，争当“粤港澳大湾区菜篮子”生产基地的省龙头企业标兵，为广大消费者提供健康、安全的高品质水产品。

第七节　佛山市现代渔业科技园

2021年3月的最后一天，佛山市现代渔业科技园开园暨省农科院水产研究所进驻仪式在乐从镇上华村举行。

为进一步提升佛山市渔业科技水平，推动渔业高质量发展，助力乡村产业振兴，佛山市政府研究决定，由佛山市农业科学研究所和乐从供销集团有限公司合作，在乐从镇上华村共建一个高质量的现代渔业科技园区，以国家现代农业科技示范展示基地为平台，重点开展良种良法、基塘农业保护等方面的研究，推广应用生态种养新模式、新技术和新品种，服务大湾区广大水产养殖户，充分发挥科技创新在产业振兴中的重要支撑作用，推动佛山市渔业实现高质量发展。

佛山市现代渔业科技园整体规划由1800多平方米的现代渔业科创中心和面积1200亩的现代渔业试验示范中心组成。其中现代渔业科创中心将建设水生动物疫病防治实验室、新型职业农民培训中心、渔业科普教育示范展示中心等。现代渔业试验示范中心中的245亩鱼塘作为科技园的核心区，由市农科所建设，包括生态绿色养殖模式试验示范、遗传育种、课题攻关试验、科普长廊、养殖尾水处理等六大功能区。

科技园的建设还得到了省农科院的大力支持。省农科院和佛山市农业农村局共同决定，由省农科院水产研究所和市农科所共建水产研究所，并将省农科院水产研究所落户科技园，针对佛山渔业发展的瓶颈问题，开展一系列课题研究，解决佛山现代渔业发展“卡脖子”问题。同时，科技园将与珠江水产研究所及各大院校开展合作，搭建佛山市农业重大科技创新平台，联合开展水产养殖核心技术攻关，实现科技创新驱动引领渔业高质量发展，全力打造“三地两区一园”，即国家现代农业科技示范展示基地、广东淡水渔业研发高地、中小学生农业科普及课外拓展基地、大湾区都市现代农业创意展示区、5G智慧渔业试验区、佛山市万亩千亩农业公园。

这也寓意着顺德水产要实现自我突破，由水产大区向水产强区迈进，走科技化、集约化、产业化、健康化的道路，引领渔业高质量发展，促进顺德成为全国渔业标杆。

第八节　淡水鱼的八种烹饪方式

民以食为天，顺德人的一天包括主食、菜肴、饮茶及夜宵、风味食品等。

顺德人以大米饭为主食。正常年景，不论贫富，正餐（午、晚两顿）多吃干饭，早餐以粥品、糕饼为主，许多体力劳动者也吃干饭。

顺德人的菜肴很丰富，日常佐膳中普通人家多用瓜菜、豆腐、咸鱼、头菜、冲菜、榄角、腐乳之类。稍好的家常菜，为虾米蒸水蛋（鸡蛋）、头菜剁猪肉、冲菜剁牛肉、咸鱼蒸鲜鱼、豆角煮鱼、芥蓝炒鱼松、时菜炒肉片、煲猪肉汤等。每逢年节、喜庆及宴客，菜肴则十分丰盛，富家和酒楼的烹调尤其讲究，特别擅长清蒸河鲜（海鲜），小炒菜式也很周到，充分体现粤菜鲜、嫩、爽、滑、香的特色。顺德传统菜式主要有大良野鸡卷、大良炒牛奶、大良煎虾饼、水鱼三味（清炖甲鱼，红烧头、尾、脚爪，生炒肉）、清蒸大鲩、豉汁蒸鱼嘴、六味烩长鱼（黄鳝）、瓦钵禾虫、乌醋浸鳊鱼、大内田鸡、褪骨大鳝、乐从鱼腐、勒流炒水蛇片、均安煎鱼饼、两龙鱼生、菊花鱼球、煎酿鲮鱼、鱼生火锅、羊额烧鹅、黄连叉烧、桂洲醉翁鸭、北滘香芋夹肉、礼云子（蜞子）焖烧腩、煎芙蓉虾、红烧笋尾（猪肠头）、神仙大鸭、凤巢三丝、脆皮鸡、酿百花鸡、生炒排骨、荷叶卷、子盖肉、蠔螺盒等。

劳动故人庞阁老，提鱼携酒远相寻。20世纪80年代，改革开放后，顺德人对饮食的要求不断提高，菜式品种越来越丰富，据不完全统计，近年来移植和创新的菜式不少于80种。顺德人会吃鱼、擅做鱼，吃起鱼来可谓才华与创意兼具，蒸、炸、焖、炖、煮样样皆可，鱼皮、鱼肠、鱼骨均能入菜。

一名外国友人在品味均安鱼饼（《珠江商报》供图）

在吃法上，顺德地方特色鲜明又大众化的，为淡水鱼的烹饪，方式主要有全食、块食、片食、拆食、剁食、酿食、生食和腌食8种。

全食是制作时去除内脏、鳞、鳃而保留鱼的全形，制法又可分为蒸、煎、炸3种。加姜丝、葱丝、料酒、食盐蒸熟再淋豉油熟油（经煮沸的花生油），名“清蒸”，以鲩鱼（草鱼）、鲮鱼、鲫鱼为主。煎、炸则各种家鱼均可，一般在煎、炸后加酒、豉油及少许调料再蒸或焖，可免燥热上火，又别具滋味。先炸后焖称“红烧”，与“清蒸”并为两种常见的制法。如将抹盐蒸熟的鱼（以鲩鱼和鳙鱼为主），配上大头菜、酸姜丝及酸甜芡汁，则为“五柳鱼”，也很常见。

块食是将鱼带骨切成骨牌大小，调味后以生粉拌匀，放进沸汤锅内浸熟，再蘸豉油、熟油和姜丝、葱丝吃，香滑可口，俗称“浸滑鱼”。

片食是将鲩鱼或大头鱼（鳙鱼）的脊肉起出，切片，以筷子夹持在沸汤锅内灼片刻，再蘸豉、熟油和姜丝、葱丝吃，俗名“鱼片打边炉”，是最方便的一种吃法。若拌蛋清等配料猛火炒之，名“炒鱼片”；若将鱼片拌少许姜丝、葱丝加入白粥稍烫片刻，名“鱼片粥”。

切好后的无骨鱼（《珠江商报》供图）

拆食是将大头鱼的鱼头稍煎之后，放进沸汤中浸熟，取出去骨，放汤加配料制成羹，名“鱼云羹”。将整条大头鱼浸熟后去骨拆肉煮粥，名“鱼蓉粥”。

剁食是将鲮鱼（鲩鱼、大头鱼亦可）的脊肉剁至糜状，加配料和生粉挞至起胶，再提成丸状，名“鱼球”，蒸熟或沸汤浸熟均可，又可配其他佐料煎、焖、炒、炸，皆成美食。

酿食是将整条鲮鱼连头带皮完整剥出，取其肉剁糜，掺上猪肉粒、冬菇粒、虾米粒等配料，调味后酿回皮囊内，恢复原形，煎或炸熟后略焖即成。

生食俗称“食鱼生”，取鲩鱼（鲤鱼亦可）脊肉去皮及皮下红肉，抹干后以快刀切成蝉翼般薄片，再加入姜丝、葱丝、炸榄仁（或炸花生、炸粉丝）、大头菜蔬果（雪梨、莲藕之类）丝、熟盐末、熟花生油和芝麻油，拌匀生吃，味道鲜美爽滑。过去这种吃法遍及顺德，龙江、龙山地区尤为盛行，吃法也最讲究，故别称“两龙鱼生”。由于容易感染寄生虫病，近年来已不如过去盛行。

腌食实为制作鱼干，将鳊鱼（鲢鱼）、鲮鱼去除内脏和鳃、鳞，以适量食盐腌一夜后吊起吹至半干，里外再匀涂一层乌酱晒干，蒸熟佐膳。味道甘香，耐嚼醒胃，比之鲜食，别具一番风味。民国初年旅居北京的知名

蒸鱼干（《珠江商报》供图）

教授、诗人黄节收到家乡送来的鱼干，有诗讽咏：“客厨尚有烹鲜计，不及乡风豉土鲮。”

此外，历史较长而至今仍为群众喜好的还有生滚狗肉一项，顺德旧志和民间将其与鱼生并称为“冬至鱼生夏至狗肉”，取“冬至一阳生，夏至一阴生”，是以性质相反的食物调补阴阳之意。

顺德人嗜茶，除在家中自泡自饮外，还爱上茶楼（馆）品茗。在正常年景，城乡大小茶楼一日早午晚三市往往座无虚席。茶叶通常为滇红、普洱、乌龙、龙井及香片。茶点有虾饺、烧卖、叉烧包、伦教糕、牛脷酥、鸡仔饼、春卷、糯米鸡、软皮煎堆仔等。茶客一般“一盅两件”，边喝边聊天，花费无多而自得其乐。较大的茶楼，午茶和晚茶还常常伴以说书、唱女伶等节目。

20世纪50年代以后，顺德不少圩镇居民有吃夜宵的习惯。夜宵多由粥品店、甜品店和街档经营，品种有生滚鱼片粥、肉片粥、鸡粥、艇仔粥、炒河粉、云吞面、双皮奶、红豆沙、绿豆沙等，冬季还增设狗肉煲、腊味糯米饭以及各种炖品。

顺德的风味食品主要有金榜牛乳、大良双皮奶、大良蝴蛉、凤城鱼皮角、伦教糕、龙江煎堆、柿霜饼、和味蚬蚧、腊鼠脯、酱鲮鱼干、腊鳊鱼干等，以凤城鱼皮角等6种最为著名。

第九节　凤城酿节瓜要鱼要虾

好水、好鱼、好厨艺，顺德人向来注重饮食，食不厌精，脍不厌细，以制作精巧、色香味形俱佳远近驰名。

与鱼有关的菜式主要有炖水鱼、炒水鱼、六味烩长鱼、裾骨大鳝、乌醋浸鳊鱼、酿鲮鱼、乐从鱼腐、龙江鱼生、均安煎鱼饼等；烧腊主要有腊鲮鱼、鳊鱼干等；糕点主要有鱼皮角；粥品主要有鱼片粥、艇仔粥等。

抗日战争以前，顺德有茶楼100多家。一种是专为品茗吃点心而设，以点美茶香、地方雅洁、服务周到招徕顾客，县城以华盖路的迎香、锦和、洞天、新大陆茶楼最为有名，地方雅致，水滚茶香，点心精美，常年吸引茶客。另一种是茶楼与酒馆兼营，县城以鉴海南路的新锦芳，九眼桥边的南美，环城路的大同，升平街的发记、宴乐和清风古道的桥珠等最为有名。其中桥珠增设歌坛，聘请省港著名歌伶献艺，在同行中后来居上。

节瓜煮鱼（《珠江商报》供图）

另外，还有以地方幽雅、点美茶香见胜的莘村大街松园，其是一所庭园大屋；西山岗上的天然、勉记、遇春、虽二等是茶寮式茶居，坐对青山，耳听松涛，别具风味。其他圩镇的饮食业也很兴旺，如乐从圩有华兴、连兴、连和、东胜、南生、品香、杏花、一乐、聚英、乐园、群雅、安华等大茶楼。此外还有馨乐、顺珍2家专门包办筵席的酒家。

设有10～20桌席位的小型茶馆、饭店为数则更多，还有经营烧腊卤味的从心、新信记、祥香、美香等多家。容奇镇有专为售茧农民就餐的饭店

（档）数十家，亦有设备豪华的海镜、长乐、亨记、占记、大三元、琼珍等大酒家。陈村镇有17家茶楼，高档的有中兴、琼雅、大欢喜、东汉、龙泉、白宫等，建有亭台楼阁，装修富丽堂皇；新圩同乐后街的食街就集中10家之多。

当时香港《环球日报》记载：陈村“每晚华灯初上，笙歌盈耳，纸醉金迷，不亚于南塘风月”。沦陷期间，百业凋零，茶楼业虽勉强维持，但规模、档次大为缩减。日本投降后，营业略有起色，但能维持的仍以低档茶楼居多。

1983年，顺德国营、集体饮食业通过扩大自主权，实行经营责任制，采取小型门店交由职工承包以及租赁经营等措施，不断完善经营管理，有了新的发展。1985年后，国营和集体开办的饭店、酒家规模空前，先后有顺德饭店、桥珠酒家（扩建）、贸易旅游中心、清晖园、园林宾馆、南苑休假村、凤城酒店、仙泉酒店以及北滘镇的小蓬莱、碧江的明园（松明阁）酒家，容奇镇的南环酒店等较大型的单位开业。私营的饭店、酒家发展也很快，大良地区较大的有旺角、尖东、浅水湾、尊上、一族、金宝、山庄、富华、金龙、金碧等酒家。

这些酒家都在努力挖掘和恢复传统菜肴，并引进各地特色菜肴，创制新式菜点。品种包含顺德鱼的有穿心水鱼、蝴蝶鱼卷、铁板浆泡蛙腿等数十款。经营上实行大、中、小吃结合，高、中、低档并举，宴会酒会、筵席包桌、散座点菜、快餐便饭丰俭由人。其中，凤城酿节瓜与顺德鱼就是一种完美的粗料结合。大良近郊所产黑毛节瓜，身短肉嫩，当地人利用这一特产，制成一款家常名菜——酿节瓜。特点是清甜软滑，甘香味美。

附录 鲮鱼酿节瓜

用料：匀条节瓜2个，重约1000克，鲜鲮鱼肉150克，肥瘦猪肉各50克，湿冬菇粒、虾米粒、湿鱿鱼粒、葱粒各25克，二汤500克，蛋清15克，生粉、麻油、色油、胡椒粉、姜花、味料各适量，芫荽叶2件。

制法：

1. 把鲮鱼肉、瘦猪肉分别剁茸，把肥猪肉用酒腌过，切成米粒状，三者和匀，加入精盐挞至起胶，放入蛋清、生粉、湿冬菇粒、虾米粒、湿鱿鱼粒拌匀再挞，加入葱粒拌匀作馅。

2. 将节瓜去蒂，用竹片轻刮去外皮，保留少许皮青，横切成约5厘米厚，挖去瓜瓤，用沸水滚至五成熟，以洁净布吸干水分，在空洞内壁涂上干生粉，将馅料酿入。

3. 烧镬下油，把酿好的节瓜拉油，取起。下姜花爆香，注入二汤，入酿节瓜炆至仅熟（以筷子能插入为度），捞起，排放碟上。将原汁加入少许色油调色，用湿生粉勾芡，淋上瓜面，放上芫荽叶设色。

第十节　一条鲮鱼成就顺德全鱼宴

自古有“顺德出美厨”之说，为古典粤菜贡献了一本“凤城菜谱”的顺德堪称岭南的美食腹地。如果要用一个限定了的范畴来具体表现顺德菜的魅力，那将会是什么呢？——鱼！让顺德菜历久弥新和朝气蓬勃的正是对于鱼的烹饪。顺德的鱼馔能够折服挑剔的四方饕客，足见其博大精深。

在顺德人餐桌上，最常出现的是鲮鱼。鲮鱼是珠江流域最常见的一种鱼，为辐鳍鱼纲鲤形目鲤科的一种，俗名土鲮、雪鲮、鲮公、花鲮。身体延长，腹部圆，头短小，吻圆钝。口下位，上下颌的前方具角质化边缘，适于刮取水底附着物。在天然水体中，鲮鱼会舐刮水底岩石等物体上的附着生物，如着生绿藻、硅藻、丝状藻类等，还摄食淤泥中的有机物质。

清末民初，顺德有一群年轻女性到广州、港澳及南洋帮佣做工，自食其力。她们自行盘起长发，宣誓终身不嫁，被称为“自梳女”，她们也被当地华人尊称为“妈姐”。

烹技不俗的顺德妈姐们常年浸润于厨房中，不管是随意巧制的拿手小菜，或是张罗几十上百人的家庭宴席，手艺和口味都非常让人赞叹。鲮鱼本来是很平常的食材，得益于妈姐的巧手和巧思，而成了特色名菜——八宝酿鲮鱼。

八宝酿鲮鱼十分讲究刀工和厨艺，制作工序繁复：先将鱼肉、鱼皮、鱼骨分开，再把鱼肉剁碎加入香菇、木耳等食材一起调成肉馅，用鱼皮包住，摆成一条鱼的形状。烹饪好的八宝酿鲮鱼香味四溢，让人垂涎三尺，滋味鲜美，独具特色。

这道菜的背后还有一个故事：相传一位容貌俊丽的顺德妈姐在南洋务工时，被一位富家公子看上，顺德妈姐誓死不从，这位富家公子就想为难妈姐，命她要做出一道食鱼不见鱼肉，但品其有鱼味、观其有鱼形的菜。顺德妈姐苦思冥想几日，制作出了这道惊艳众人的八宝酿鲮鱼，富家公子只得作罢。

妈姐们用自己的巧手和巧思，一方面把顺德传统美食传至海外，另一方面把融入南洋烹饪技艺和饮食文化的美食带回了家乡，令以顺德粤菜为基础、融汇中外烹饪的跨国菜系——妈姐菜——也成为顺德菜系中一个分量颇重的分支与代表。

在美食纪录片《寻味顺德》里，90岁的妈姐黄月容耐心守着火候煮出来的一锅绵软、包容万千的白粥让人印象深刻。顺德妈姐欧阳焕燕曾在新加坡前总理李光耀家里工作40年，她的拿手好菜一直让李光耀念念不忘……从妈姐菜里更能看到百年前顺德妈姐们在异国他乡的生活史与不屈不挠的自强奋斗精神。

妈姐菜曾是妈姐们安身立命的一门手艺，是顺德饮食文化智慧的沉淀，如今，随着曾经的妈姐不少都因年迈而去世，关于妈姐文化的研究保护也越发迫切。妈姐菜在大良街道得到了很好的传承与发展，大良多家餐饮名店都可以制作出这道经典美食，在大良“寻味顺德”特色小镇客厅顺德美食博物馆内，展示了一桌颇具代表性的顺德妈姐特色菜，其中就有八宝酿鲮鱼，这些都意味着顺德关于妈姐菜的研发和保护正在向前迈进。

顺德人对吃鱼一事非常讲究。不仅识吃，更是惜吃，天赐良材，一条鱼可以从头吃到尾，丝毫都不能浪费。每个部位分得精细，从鱼头、鱼背、鱼腩、鱼骨到鱼皮、鱼尾，甚至连鱼肠都不放过。

一条鲮鱼，在顺德厨师手中，可以变换出无数花样。美食家蔡澜先生在顺德吃过一桌鲮鱼宴，全桌20道菜全部以鲮鱼为主材料。吃过之后，他不由得赞道："一种食材，能做出那么多道菜来，令人叹为观止。"

不同部位就有不同菜式，鲮鱼全身无一不可成就佳肴。

附录 鲮鱼菜肴单

煎酿鲮鱼

煎酿鲮鱼是顺德人家里极常见的一道家常菜，是一道具有法力的菜，看起来这道菜跟正常的煎鲮鱼无异，但实际上煎酿鲮鱼是一道截然不同的繁复菜肴。鲮鱼虽肉味鲜美，但骨刺极多，吃起来难免有些不便。聪明的凤城厨师们便发明了这道别具特色的煎酿鲮鱼——将其肉去骨，最终实现了大口吃鱼而不必吐刺。

煎酿鲮鱼的做法，是先将鲮鱼肉剥出，去除鱼骨，留下一个完整的皮囊，然后将鱼肉剁成细茸，同时剁碎肉中的细小鱼骨，调味后沿着单一方向搅打成鱼滑，拌入腊肉、冬菇、虾米等惹味的材料后再酿回皮囊之中，裹上生粉在油中煎或炸至金黄即可。

煎酿鲮鱼有三难：一是出骨，要从鱼腩边位进入，飞快地以巧劲连划两刀，深浅度要恰好，务求在完整拆出鱼肉鱼骨的同时既不破坏纤嫩的鱼皮，又要与头尾相连，这要求深度了解鲮鱼的生理结构和具备高超细腻的刀工技法，缺一不可；二是酿，将剁好的鱼茸重新酿回皮囊之中，使之与一条完整的鲮鱼别无二致，这需要极其细心和耐心；三是煎鱼，它极其考验厨师对于火候的把握，稍不注意，鱼皮就难以保持完好的形态，真可谓是难上加难。

然而，当一道煎酿鲮鱼最终上桌，你会发现为之所付出的一切努力都是值得的。从外形上，你很难看出这条鱼曾经被彻底剖开又重新组装。夹起一片鱼肉放入口中，鱼肉已经与其他食材一起打成细茸，彻底融合在一起，不仅肉质鲜美而有弹性，更融入了冬菇、虾米等其他食材的味道，口感层次更加丰富。

鲮鱼饼

鲮鱼饼，是顺德的一道家常菜，当地群众将鲮鱼起肉“千刀万剐”成鱼青，然后慢火煎制，“刀山火海”方能成就那份肉类成饼的极致弹香。这手法的创始人欧阳礼志也因此书写了厨师生涯最浓墨重彩的一笔。

鲮鱼饼的制作极其烦琐：清早去市场买新鲜鲮鱼分骨，尼龙刷处理内脏，筛子晾干，在2℃～3℃冷藏3小时，然后用绞肉机搅碎，之后加冰、盐、糖、鸡粉用机器搅拌均匀后放回冷藏2～3分钟后，再放入陈皮、黑胡椒碎除腥并滑入炒好的嫩鸡蛋碎3～4个。鱼饼端上来后，可以

鲮鱼饼（《珠江商报》供图）

白口吃，也可以蘸汾酒发酵的蚬蚧酱，口感弹滑，一咬下去满口甘美，齿感也很舒爽。

鲮鱼球

在顺德人的宴席上，鲮鱼球和酿鲮鱼一样是必不可少的。炸得金黄的鲮鱼球比鱼丸、贡丸略大。要做成爽口弹牙的鲮鱼球，必须经过剔骨、取肉搅打、猛摔、挤、炸、蒸等多道工序，除了调味不可马虎，还要将鲮鱼滑摔打至起胶，保证口感爽脆。

鲮鱼羹

制作鱼饼剩下的鲮鱼骨也不浪费，可以用来熬鱼羹。传统手工“拆”下的鱼骨浸入煮粥的米水中在井口般大小的铜锅里煮到鱼骨化掉。一来铜锅散热均匀不会被烧焦，二来粥水不会化开可以保持羹的黏稠状，再加入胜瓜丝、冬菇丝、蛋丝、腐皮丝、粉丝等7种辅料推薄芡做成汤羹，就是远近驰名的“顺德拆鱼羹”。浓稠的汤汁晶莹透明，轻轻舀一勺入口，但觉软滑香甜，清香四溢，令人齿颊生香，食之不忘。

拆鱼羹（《珠江商报》供图）

凤城鱼皮角

始制于清代大良冯不记老铺，选用鲜活鲮鱼起肉刮青搅烂，与上等面粉搓匀擀薄做皮，瘦猪肉松、鲜虾仁、韭黄、鲜笋、白芝麻（炒香）等拌匀做馅，包成小巧玲珑的饺子状。鱼皮角可干蒸，可煎焗，放入上汤煮之味道更鲜美。

榄豉蒸鲮鱼

榄豉呈角形，又称榄角。榄豉是乌榄果实“中断为二，去核，贮盐少许，捏合曝干”而成，可供膳用，“最解鱼毒”（清·潘恕《双桐圃集》）。顺德人爱用拌上生抽（俗称“白曲”）晒制而成的白油榄豉与大鲮鱼同蒸，榄豉切为幼条，用白糖拌匀，可减弱榄豉的咸度，带出鲮鱼的鲜味，与榄豉本身的苦涩味相融合，作用于鲮鱼，滋味更是特别。

用于清蒸的鲮鱼，以鲜活大鲮鱼为佳，顺德人亲切地称它为“大鲮公”。榄豉蒸大鲮公虽是家乡小菜，但小菜意义不小，蕴含着岭南深沉的山水味。有诗咏曰：“白油榄豉谏官身，闪亮乌油蕴味深。佐得鲮公登上席，家乡小菜值千金。”

腊肉蒸鲮鱼干

风味鲮鱼干是最具顺德特色的风味食品，风干的鱼保持了秋冬晾晒的干湿度和独特风味。鱼干特色是蒜子肉，无论鱼腩还是鱼背，肉都是一片片小块的。至于味道，由于配搭腊肉一起蒸，两者味道互相交融，达致咸淡适中，十分惹味，佐酒送饭两相宜。

鲮鱼粉葛汤

顺德人都喜欢用粉葛来煲汤，鲫鱼性温，不大适合配伍粉葛，而性平的鲮鱼与粉葛就相得益彰。鲮鱼先行腌制，煎至皮焦，入粉葛，加上至靓陈皮煲2个小时，这锅汤就完成了。粉葛滋润清凉，鲮鱼鲜甜香滑，细细品尝一口，汤浓味厚，鱼的鲜甜味相当出众。

鲮鱼揸

其做法是剖开鱼身，起出整条鱼肉，用吸水纸吸去鱼肉的水分，将鱼肉切片，加入适量细盐，揸（用手抓捏）至稍微起胶，加入所需的调味料，搅拌成鱼揸。此处一个“揸”字，既是独特的菜名，更是一番不可言状的慢工细活。顺德人相信，食材足够新鲜的时候，清水涮是最滋味的。制好的鱼揸用筷子一小块一小块地拨进滚烫的水中，烫一下就可吃。由于没有添加任何调料，鱼肉非常清甜而富有鱼的原味。也可以根据个人口味撒上薄薄一层黑胡椒粉，加入少许油盐，更加提味。千万不可以蘸酱油，否则会破坏鱼的鲜味。原汁原味的鱼肉鲜嫩爽滑，细骨在揸捏之中已若有若无，可以放心大啖了。烫过鱼的清水汤也变得无比鲜甜，可以直接舀上一碗来喝，细细品味其中的精华，润物无声，充盈着脾胃。

剁椒蒸鱼头（《珠江商报》供图）

豉汁蒸鱼头

鱼头是做鱼揸的副产品，但真正的老饕，却都对鱼头情有独钟。鲮鱼头清洗干净后，加蒜蓉、红葱头、陈皮丝、剁椒以及适量的调味料拌匀，再用大火滚水蒸5～6分钟，即可享用这道剁椒蒸鱼头。吃起来甜中带滑，滑中又有点惹味。充满胶质的鱼脑鱼髓稍稍一吸，不经意间便流滑入嘴、满口生香。

茶蔗熏鲮鱼

茶蔗熏鲮鱼为当地望族碧江苏氏所创。他们用岭南特产鲮鱼、甘蔗、陈皮做原料，把江南的食茶文化融入菜肴中，创制出了一款兼容并蓄的菜式——茶蔗熏鲮鱼。

这道菜的具体做法就是把削好的甘蔗条在铁镬中呈“井”字形层层架叠起来，中空处放进滇红茶叶、陈皮和粗盐粒，将开膛洗净的新鲜鲮鱼平铺在甘蔗架上，镬下用文火干炙，甘蔗受热馏出的甜汁溅到茶叶、陈皮和热盐上，化成含有焦糖、盐香、茶香、陈皮香气的混合热气，这热气慢慢把鲮鱼焙熟烘干，使不沾油水的鲮鱼吸收这几种香气却又不甜不咸，不粘茶叶，保留着鲮鱼的鲜甜本味。喜欢味浓的，还可以用镬里烤过的茶叶盐花研末相佐，下酒最妙。有顺德美食竹枝词咏茶蔗熏鲮鱼：“望族家肴制作工，茶香蔗润火微红。华南食趣江南味，尽在银鳞数寸中。”

碧绿炒绉纱鱼卷

何谓“绉纱”？其做法是把鲮鱼去皮剔骨后，打成鱼胶，再挤成鱼丸，然后在干净的砧板上用刀将鱼丸一压一刮，呈绉纱状，再加入火腿条、葱卷好后放入热锅或煎炸，或蒸熟。外形仿如一匹绸缎捆着珍宝。口感特色：清而不淡，爽而嫩滑，外层富含鱼胶鲜香，弹牙爽口，内层料头滋味动人，深受顺德人喜爱。

鱼翅绉纱卷（《珠江商报》供图）

鲮鱼鼻

说到吃鲮鱼，顺德有这样的一句俗语：鲮鱼鼻，鳊鱼腹，鳙鱼头，草鱼尾。意思是这几种鱼中，这几样东西是最独特而好吃的。鲮鱼鼻是指鲮鱼头的前半部位，虽然肉不多，但骨质松软，是鲮鱼头中最爽滑的部分，也是鱼头的精华所在。几十只鲮鱼的鼻子，像军队阅兵一样，排列得整整齐齐。用豉油一拌，清香迷蒙，是鱼头却一点鱼腥都没有。鱼头吸收了豉汁的甘香，最后撒上翠绿的葱粒，每一个都意象分明、清丽动人。鲮鱼鼻的吃法跟吃田螺有点相似，极考嘴功。首先用嘴啜出后面的脑汁，然后掉转过来啜鱼嘴和鼻子，慢慢地把鱼头的骨头吮出来，吸啜间清香流转，好像在跳一支快乐的舞蹈，极其曼妙。

凉拌鲮鱼皮

看似寻常普通的鲮鱼皮，经厨师的妙手处理，别有风味。处理鱼皮，极其考究厨师的手艺，其中“去鳞起肉”最考功夫。鱼皮的吃法，大概有凉拌、油炸、冰镇、煎焗等，但其中仍以传统的凉拌最受欢迎。鲮鱼皮容

鱼皮也是一道顺德美味
（《珠江商报》供图）

易入味，所以云淡风轻地对待它便可以了。将新鲜鲮鱼皮两面去鳞去肉、刮削干净，飞水后放到冰箱冰冻，吃的时候，加入陈醋、酱油、辣椒油，撒一点芫荽、葱末、芝麻和脆爽的花生粒拌匀，其口感酸酸辣辣，有着蛇皮一般的滑爽，食之生津开胃。

油炸鲮鱼皮

将新鲜鲮鱼皮两面去鳞去肉、刮削干净之后，放少许精盐捞匀。不加生粉粘裹，这样酥炸过程中鱼皮彼此才不会粘连。待油锅表面渐冒青烟轻轻地逐片滑入，其间适当翻炸，鱼皮轻浮油面、微泛金黄时捞起沥油，略蘸椒盐茄汁，入口酥脆生香，特别适合佐酒，女士和孩子也可以蘸茄汁食用。

酥炸鱼肚

通常而言，鱼肚肉最为细嫩，个头不大的鲮鱼亦不例外，但要做得香口好吃则首推酥炸这种烹饪方式，如是可让其色香味形兼具。于鲮鱼腩部取下鱼肚肉，片成长方形鱼片，然后一一拆除鱼骨。这个是慢功细活，但唯有做足“前戏”方能取得上乘口感，食客品尝时亦不必担心鱼刺鲠喉。

面粉加水调整至稀稠适当的面浆，放入处理好的鱼肚肉片均匀裹浆，再徐徐滑入油锅香炸，及至两面金黄迅速捞起沥油。整个酥炸过程同样需要拿捏好火候与分寸，如香炸时间不足则可能外皮不够甘脆，稍稍一过头则易致外皮色泽偏深、内里肉质偏老。一口咬食下去，薄皮香脆回甘，内里鲜嫩软糯。

鱼肠煎蛋

鲮鱼肠几乎是所有鱼肠中最鲜美的，而且像蚝一样越冷的天气越好吃。鱼肠细腻，鱼油甘香，无论蒸或火锅都一食难停，不用特别烹调已经胜过很多海鲜。鱼肠本是藏污纳垢之所，其他地方的酒家大多嫌清洗麻烦，索性弃之不用。但顺德厨师却能将其利用起来：鱼肠洗净，加上胡椒

顺德私房菜大赛总决赛获奖作品（《珠江商报》供图）

粉、酒、葱花、陈皮末等调味，与鸡蛋一起做成鱼肠煎蛋，或从味蕾上颠覆你对鲮鱼内脏的原有感觉。

豉汁蒸鲮鱼肠

豉汁蒸鲮鱼肠不太常见，但绝对是必尝的菜式。第一口咬下去的时候，不仅甘香，在回味的时候还能感觉到儿时吃鱼肠的味道。

空心鱼蛋

鱼蛋是以去骨去皮后的鱼肉打成的，所以颜色洁白，其内里是十足的空心。能把鱼丸挤出空心，全靠手法。用高汤焯熟时，汤汁渗透在鱼丸的肌理中，能完全呈现出鲮鱼肉的鲜，却又增添了因为手工摔打而出现的弹性与温度。只见厨师团起一小块打好的鱼胶肉，轻轻揉捏之后拇指稍一用力，随着一声脆响，鱼蛋便从指缝中挤出，接着厨师用瓢羹一挖将鱼蛋放入清水中。鱼蛋煮熟以后则轻盈漂浮于鱼骨汤表面，夹起放嘴里，轻轻一咬，里面充盈着浓缩的汤汁，又清又甜。

鱼腐

广东有三大鱼腐最为出名，分别是云浮的罗定绉纱鱼腐、佛山的石湾鱼腐和顺德乐从鱼腐，三者选材用料都是鲮鱼肉和鸡蛋，但做法略有分别，从而也导致口感和味道的不同。顺德厨师在长期的烹调实践中不断总结和研究鲮鱼的特性和制作方法，利用鲮鱼肉质纤维丰富和鸡蛋中含优质蛋白质的特点，将两大食物相互组合，创制出色泽金黄、味道鲜美、嫩滑甘香，宜菜又宜汤，宜焖又宜烩，富含营养保健的菜式——鱼腐。

鱼面

在众多做鱼方法中，最能显现顺德人巧手心思的则是鱼面。鱼肉如何变成面条？说破了，不过是利用鲮鱼肉本身的胶性而已。制作鱼面，需要选用一斤左右的土鲮鱼，将鱼青用刀刮出，然后加入冰过的菊花水，用力捶打鱼胶如纸般薄，而后手切成柔韧有劲的细条，可以拉伸一米之长。

鸡蛋花鱼面（《珠江商报》供图）

鱼面所用的汤底也有讲究，需用新鲜的鲮鱼骨和鲮鱼肉煎香后猛火煲出，如此汤色乳白。将鱼面放入鱼骨汤里轻轻一烫，捞出佐以姜蓉汁，爽而柔韧，越嚼越香，一时间仿佛忘记是在吃鱼，仿佛是山珍，仿佛是海味，但请慢慢品味，都是鲮鱼肉的清甜鲜美。

第十一节　常食鳗一冬安

世界鳗鱼看中国，中国鳗鱼看广东，广东鳗鱼在顺德勒流稔海村。这是日本人钟爱的食物，也是佛山顺德献给世界的“鳗妙”风味。

在漫长的食物流变过程中，鳗鱼让生活在不同饮食文化带上的人们走到一起。东经113度，北纬22度，一个拥有500多年历史的小小渔村，牵动着世界味蕾。漫步在顺德稔海村鳗鱼养殖基地，碧波荡漾，绿树围绕，鸟儿不时低飞掠过。成千上万的鳗鱼从这里出发。

预制菜：烤鳗（《珠江商报》供图）

鳗鱼，素来有“水中人参”“鱼类软黄金”的美誉。它营养价值极高，含有丰富的蛋白质、维生素A、维生素D、维生素E以及不饱和脂肪酸等。从古至今，常有“八月食鳗赛人参”“常食鳗一冬安”的说法。

全世界的鳗鱼共有18个品种，它们大多体形修长，眼小、嘴尖、尾宽，背部体色青蓝、腹部白色。肉质鲜美嫩滑，味道清香独特，脂肪含量适中，出肉率高。每逢8月至10月入秋的季节，鳗鱼最为肥美，每条800克，恰到好处。

鳗鱼寿命可长达50年，到目前为止，世界上还未在商业上实现鳗鱼的人工繁殖。这个难题，被称为生物学中的哥德巴赫猜想。因为没有办法让它们在养殖场里产卵，所以难以在人工条件下实现鳗鱼“生命的轮回”。

既然不能人工繁殖出鳗苗，那么那些养殖场的苗种从何而来？答案是，渔民在沿海用特制网具捕的！捕捞上来的玻璃鳗通体透明，如同牙签般大小，可谓是大海捞针。捕获的鳗苗是按条卖的，2012年价格最高时达到40元/条，普遍为15元/条，所以鳗鱼是名副其实的“软黄金”。

日本人对鳗鱼可谓情有独钟，多年来形成了一种独特的食鳗文化。作为世界上消费鳗鱼最多的国家，日本每年的需求量约7万吨，然而，其国内的产量，远远满足不了市场需求。敏锐的顺德人成功捕捉到了这一商机。20世纪80年代后期，基于珠三角特有的桑基鱼塘生态优势，顺德开创了国内土池驯化养殖鳗鱼的先河。

顺德养鳗具有天然的优势：一方面，珠三角地区河涌交错，广阔的滩

鳗鱼大丰收（《珠江商报》供图）

涂为鳗鱼养殖提供了大量的土地资源；另一方面，漫长的海岸线提供了丰富的鳗苗资源。经过30多年的打拼，顺德人创造出了令人瞩目的“鳗鱼天下”：2009年，顺德获得“中国鳗鱼之乡”称号；2018年，稔海村获得“中国鳗鱼之村”称号；“顺德鳗鱼”作为国家地理标志保护产品誉满全球。如今，日本80%的进口优质鳗鱼，都是来自顺德。

尝到了养鳗甜头的顺德人不止步于养鳗。40年来，不断创新，推动顺德鳗向深加工、高附加值的烤鳗产品发展，实现了由单一的鳗鱼销售到深加工的终端产品发展。在稔海村大九沙围外30公顷连片土地，一个集鳗鱼“产品＋美食文化＋休闲观光”于一体的生态休闲示范园正在建设。

在鳗鱼料理界，有“剖三年，串八年，烤一生”的说法。这不仅体现了几近偏执的专注，也体现了对鳗鱼口味的无限追求。新鲜的鳗鱼油脂少、肉质细腻紧致，烹饪出来口感更好。处理活鳗，考验的是料理人精湛的刀工。从滑溜溜的鳗鱼背面沿着背骨将鳗鱼切开，迅速地将鱼骨、内脏和鱼鳍除去，必须干净利落，一气呵成。

烤鳗鱼的技艺是代代传承的。选用的纯木炭是元松木烧制而成，有自然的质感，枝丫、树木的纹理仍然清晰可见。鲜嫩的鱼肉，又弹又糯的外皮，浓郁的甜香，在火上滋滋作响……鳗鱼烤到渗出油表皮微焦是最佳的状态，里面的肉仍保留着一丝弹性。

鳗鱼饭装置在精美漆制的木饭盒里，将鳗鱼腹部、尾部的肉搭配，确保每一位食客都能品尝到鳗鱼的不同部位。熬制好的酱汁浇在鱼身上，完美地掩盖了鱼腥才算最好。焦香的外皮浸透酱汁，内里的绵密鱼肉与之对比鲜明，唇齿咬合之间仿佛领略一场跌宕起伏的多重奏，有石春盘龙鳝、双皮奶蒸白鳝等菜品。

第十二节　顺德鱼生

吃鱼生，过去称作“脍”或“鲙”，《唐代饮食》具体介绍了唐人做脍的加工技艺，包括物料的甄选、刀工的运用和技法的处理。《广东新语》只要写到广东风物，往往都会写到鱼生：“这种风气，在民国，有过之而无不及。”

顺德是南越国三朝丞相吕嘉的故乡，南越食俗传承最多。顺德当地风俗文化有很多特殊性，都与南越有关。食鱼生就是古南越族“杂食”的遗风之一。顺德是广东塘鱼的重要产区，自古就有食鱼生的习俗。唐代就有“风生水起”的鱼生吃法。其后，在顺德就一直延续着吃鱼生的风气。顺德在清雍正年间，就有一间秋记鱼生店。后来，顺德民间涌现过众多的鱼生大师。咸丰年探花、顺德均安人李文田在京城，曾让从顺德带去的黄姓家厨为一众京官做鱼生，使得顺德鱼生在帝都一举出名。帝师翁同龢在日记中多次记述“若农（李文田）招吃鱼生”，评论说“鱼生甚妙，馀着精美”。李文田的门生、进士缪荃孙在其日记中也记述：“顺德师招食鱼生。”

在李文田的带动下，吃鱼生成了一股不大不小的饮食潮流。喜爱美食的慈禧太后知道这个新动向后，在宁寿宫里品尝了“晶莹剔透，清凉冰爽”的顺德鱼生，凤心大悦，宴后御笔题写“味道之腴”，并让人做成牌匾赐给李文田。

勒流鱼生制作高手伍仙是黄连人，传说他曾应召为清末中堂大人李鸿章切过鱼生。民国时期，顺德鱼生餐饮业鼎盛，开设了不少鱼生店。例如勒

《珠江商报》对顺德鱼生的整版报道

流镇就有野仙记鱼生店。籍贯顺德的名医兼制药师梁培基，在民国时首创“卫生鱼生”的捞法。后来，顺德一些美食家为了吃得放心，改用没有受到污染的深海三文鱼做脍。

掌握顺德鱼生制作技艺、经验丰富的顺德厨师，在不同年代挑选的鱼的重量也不一样，早期一般挑重约0.75公斤的草鱼；现今是挑选1.75～2公斤、经过地方标准化养殖的“壮鱼”，这种鱼鲜美嫩滑，恰到好处。在杀鱼时，在鱼下颌处和尾部各割一刀后放回水中，鱼在游动时鲜血流尽，了无淤血的鱼片便洁白如雪。

伍仙徒弟的徒弟、佛山市叶氏大快活饮食有限公司董事长、中国烹饪大师叶志光说，鱼生非常讲究“品相”，鱼肉要透明才靓，要做到透明，放血很重要，这正是“技术含量”所在。把握不好，鱼肉带红色水分多。而且一般鱼生在片好之后立即上桌，做到即切即食，也有一些食客喜欢放进冰箱冷冻少许时间，这样鱼生才爽滑和有甜味。按照大部分食客的口感，盛鱼生的专用盘是中空的，填以冰块降温。用筷子夹起一块鱼生，可见鱼生晶莹透明。

“在顺德鱼生制作技艺中，光是调料就需要多种。”叶志光说。

顺德鱼生是顺德美食的灵魂。经伍仙、李灿华、张锦根、叶志光、叶德华、叶晓彤等几代顺德厨师不断努力，顺德鱼生如今已成为一个响当当的美食品牌，《粤厨宝典·砧板篇》写道：“（20世纪）90年代，违已久的‘鱼生’在广东顺德重新被发掘出来，因而冠上了‘顺德鱼生’之名，顺德人的做法和食法越来越讲究，逐新形成‘顺德菜’的特色，成为与东洋日本所出的刺身分庭抗礼的生吃食法。”

著名美食家蔡澜先生不止一次表达了对顺德的喜爱，就是因为这道菜——顺德鱼生。

具有“中华美食活化石”之称的顺德鱼生是一道经典粤菜，也是顺德“世界美食之都”、容桂“中华餐饮名镇”品牌中的一个美食文化符号，是央视《寻味顺德》纪录片推介的重要菜肴。2015年，顺德鱼生被评为“全民最爱十大顺德菜”。

叶志光说，顺德鱼生美食文化经过一代又一代顺德人的沉淀，顺德鱼

容桂餐饮单位制作的鱼生拼盘（《珠江商报》供图）

生已经不单单是一种食物，也不仅仅是让人填饱肚子的生理需求，顺德鱼生博大精深的美食文化早已超越了“吃”本身。

所谓“食在广州，厨出凤城”，地处珠江三角洲的顺德，拥有美味诞生的一切自然条件。《寻味顺德》说：“哪里有顺德人，哪里就有最好的味道。”

顺德人将鱼吃出了万千种花样，冰凉爽脆的口感让人无比畅快，香、辛、酸、甜的佐料更将鱼生之鲜美尽情带出。清末《时事画报》的《食鱼生》一图中也说：“鱼生一物，不减莼鲈滋味。吾粤人多嗜之。”

如今，顺德3万多家餐饮企业中有三成的餐饮企业可以提供顺德鱼生菜肴。其中，中华餐饮名镇容桂餐饮业历史悠久，拥有超过4000家餐饮企业，有众多厨师掌握顺德鱼生制作技艺，得到众多老字号、名店与名厨的传承。容桂餐饮行业协会由具有一定知名度、规模和影响力的酒楼食肆组成，集中了容桂饮食行业的精英，是餐饮单位自愿结成、行业性的、非营利性的社会组织。顺德鱼生制作技艺正在容桂发扬光大、赓续传承，广大食客可尽情享受这份最鲜最美的口福。

2019年，佛山市食品安全委员会办公室和佛山市场监督管理局召开新闻发布会，正式发布《“顺德鱼生”全产业链管控技术规范团体标准》（简称《标准》）。《标准》以顺德鱼生主要食材草鱼为主，对顺德鱼生产业链中养殖、运输、配送、加工制作等环节的食品安全和产品品质进行全产业链管控。顺德鱼生从养殖到物流配送再到加工制作，关键环节风险点多，稍有不慎，极易发生寄生虫感染和致病菌污染，引起相应的食源性疾病。

在养殖环境上，《标准》进一步规范养殖场生活区与养殖区分离，首次把质量管控的“暂养净化”要求写入《标准》中，细化“土塘暂养”“非土塘净化”“拉网锻炼”及“水质指标”等技术规程。此外，针对运输和加工环节，《标准》规定活鱼运输需使用充氧水运输，细化了起运前水温控制操作规程，并进一步明确顺德鱼生在餐饮环节加工制作过程的具体要求。《标准》还规定了活鱼从养殖到物流（配送）以及加工制作全过程的可追溯，把各环节的电子扫码传递的实时数据作为追溯依据，实现全程电子追溯，保障消费者知情权和监督权，实实在在为民尽责。消费者可登录“阳光餐饮”平台了解各环节情况。

第一批19家执行“顺德鱼生”团体标准餐饮单位获颁“顺德鱼生”岗位资格证书。《标准》还明确了“鱼生鱻（xiān）”集体商标作为认证合规养殖场的标识，而餐饮企业将使用“顺德鱼生”集体商标作为执行标准的认证标识。届时，食客认准这些商标品尝鱼生，就再也不用担心食品安全问题了。

顺德区市场监督管理局在推动《标准》建设过程中，采取“政府精心搭台、社会广泛参与”的形式，在标准起草的过程中不但吸纳水产养殖企业、鱼生制作餐饮单位参与进来，还认真发挥食品行业协会的引领和自律作用，同时借助检验检疫机构、标准研究单位、高等院校、监管技术审查

颁发顺德鱼生制作师证（《珠江商报》供图）

机构等第三方技术支撑，共同完成《标准》的研究、制定工作。

在推动《标准》建设过程中，顺德区市场监督管理局还加强与农业农村、卫生健康、文化广电旅游体育、疾病预防控制中心等部门的沟通和合作，共同对生食类（鱼生）食品实施安全治理。同时，顺德区市场监督管理局通过分析比对供港活鱼标准，消化吸收其先进的管控理念，结合顺德美食与文化融合的实际，推动制定具有地方特色、严于供港标准和可以在大湾区推行的食品类团体标

吃鱼生需要很多配菜（《珠江商报》供图）

颁发首批寻味顺德鱼生标准示范店授权牌（《珠江商报》供图）

准，在辖区食品产业各环节防风险、保安全、促发展。

“捞起捞起，风生水起。”2023年7月28日，“顺德鱼生·容桂品味”2023第一届红荔红米酒顺德鱼生节（容桂站）在容桂龙悦湾酒家正式启动，容桂37家餐饮商家推出特色鱼生套餐，广邀四海宾朋来容桂品味顺德鱼生。启动现场颁发了首批顺德鱼生标准示范店授权牌和顺德鱼生制作师证，发布容桂鱼生地图，为游客提供具有公信力和品质保障的餐饮体验。

附录1 叶志光提出的顺德鱼生制作技艺

选料：一般挑选鲩鱼，也就是草鱼。

放血：宰杀时在鱼下颌处和尾部各割一刀后把鱼放回大量清水中，让鱼在游动时鲜血流尽，直到放完为止，使得鱼片没有淤血而洁白如雪。

擦拭：宰鱼时避免用水冲洗，仅用洁净、消毒过的毛巾擦去多余的水分，以免冲走鱼的原味，也可保持干爽。随着时代发展，擦拭也有很多手法，目的是清理干净。

冷藏：鱼片切好后放进冰箱里冷冻一会儿才爽滑有甜味，然后把鱼片放在盛鱼生的专用盘中，底下以冰块降温保鲜。此流程是针对不同的食客与餐饮单位。

厚度：以轻巧薄快的桑刀放血切片，厚度薄如蝉翼，晶莹剔透，漂亮至极。

顺德鱼生（《珠江商报》供图）

附录2 第一批执行“顺德鱼生”团体标准餐饮单位获颁“顺德鱼生”岗位资格证书名单（表4-4）

表4-4　第一批执行“顺德鱼生”团体标准餐饮单位获颁“顺德鱼生”岗位资格证书名单

序号	单位名称
1	顺德区容桂东海一族鱼翅海鲜酒楼
2	广东顺德味可道宴席酒楼有限公司
3	佛山市顺德区东逸湾饮食管理有限公司
4	广东顺德汇厨餐饮管理有限公司
5	佛山市顺德区勒流新金唐饭店
6	顺德区大良刘培饭店
7	佛山市顺德区大良南记饮食店
8	佛山市顺德区皇帝酒店有限公司
9	广东顺德东普盛世餐饮服务有限公司
10	佛山市顺德区北滘镇聚福山庄饮食有限公司
11	佛山市顺德南国渔村餐饮管理服务有限公司

（续表）

序号	单位名称
12	佛山市顺德区乐从供销集团荔豪园酒家有限公司
13	佛山市红馆喜宴餐饮有限公司
14	佛山市东园餐饮有限公司
15	佛山市顺德区龙凤呈祥大酒楼有限公司
16	佛山市顺德区禄福山庄饮食有限公司
17	佛山市顺德区合意来饮食有限公司
18	佛山市顺德区猪肉婆私房菜有限公司
19	佛山市顺德区均安镇心语休闲茶艺有限公司

第十三节　他把顺德鱼生带到了深圳

容桂街道四基居委会作为桂洲历史最悠久的村居之一，有众多的名胜古迹，如洛阳桥、花洲第一桥、秀桥、见龙桥、天主堂、贞烈牌坊、吕相府、观音堂等，其中秀桥是白石架砌，位于长塘南阳社侧。

“鱼戏莲叶间，鱼戏莲叶东，鱼戏莲叶西，鱼戏莲叶南，鱼戏莲叶北。”长塘曾被称为桂洲的十景之一，长塘长约300米、宽约35米，两边柳树成荫，景色宜人，吸引过不少文人共聚长塘观赏长塘月色，品味大头菜，吟诗作对。

1966年冬至的前一天，也就是12月21日，一名男婴在四基叶姓人家出生了，父辈为他取名“志光”，寓意着“志在四方，光明磊落”。四基位于容桂的西北角，是一个古老的村庄。辛勤的四基劳动者不断劳动垦荒、发展农业，发展了桑基鱼田，又拓展了商业。物换星移，直到20世纪70年代末，四基的工农业和村中建设才开始发生翻天覆地的变化。

正是在这种时代变迁中，叶志光从一名洗菜工、厨工成长为中国烹饪大师、佛山市叶氏大快活饮食有限公司董事长。

在顺德，自古就有“厨艺高手在民间”的说法。叶志光的叔公、舅父等前辈都是烹饪高手，从小耳濡目染的叶志光对厨房也有天然的亲近感。

叶志光（右一）开办大快活酒楼（梁子刚供图）

按顺德农村风俗，每逢喜庆佳节，全村老少都会出动，大摆筵席以示庆贺。参与这种喜庆场面的厨师，顺德人称之为“到会”。一般“到会”的规模都有几围，酒席当然需要经验丰富、技艺高超的厨师来主理。叶志光幼时就经常跟着叔公、舅父到农村帮厨，因此“到会”也成为叶志光学习烹饪技艺的重要方式。

“人只有有目标，才能有方向”是叶志光的座右铭。

他13岁那年，为挣钱养家，就到容桂的一家酒楼的厨房做帮厨，从洗菜、切菜、配菜做起。这些都是厨房里最基础的活。

也就是这些基本功，成就了叶志光的厨艺人生。

20世纪70年代，在当时物资匮乏的年代，厨师是一份可以吃饱饭的职业。很幸运的是，叶志光在桂洲乐园酒家总厨、顺德名厨胡洪门下学厨，学习烹制凤城炒葛丝、野鸡卷、八宝鸭等顺德名菜。胡洪可是那个年代顺德厨师中响当当的人物，曾在联合国总部为中国代表团主理厨务。

叶志光十分珍惜这个难得的学习机会，为了尽快提升技艺，只要能学到东西，他都不嫌苦累，乐意去干。在学厨生涯中，“创办一间属于自己的酒楼”的人生目标一直激励着叶志光。

出师后，叶志光尝试创业。1981年，叶志光才满15岁，初生牛犊不怕虎的他在当时的桂洲市场旁租了一间大约70平方米的老屋，开设了第一家

中华烹饪大师叶志光（右一）正在授徒（大快活酒楼供图）

属于自己的饭店。四基被誉为“顺德古桥博物馆”，是因选址旁边有一座石桥，于是叶志光以此为特征，加上自己的名字，取名为“桥光饭店”。

桥光饭店经营的都是叶志光自小进入厨房跟着老一辈厨师学成的传统顺德菜，例如生炒鲮鱼球、家乡酿鲮鱼等。开业不久，因为叶志光的厨艺够地道，经常门庭若市，随着口碑传开，越来越多人认识这名后生厨师。

有着超前引领意识、从不满足现状的叶志光敏锐地觉察到，全国优秀人才、全球知名企业都赶着去深圳经济特区发展，那里有着粤港澳先进的餐饮经营理念，有着粤港澳优秀的厨师。“如果要在厨艺、眼界方面提升，去深圳闯荡无疑是首选。”1984年，怀揣梦想的叶志光毅然关闭了正在赚钱的桥光饭店，只身来到深圳，成为改革开放后较早到深圳学艺的顺德厨师。

那时的深圳，一批高档粤菜酒楼应运而生，而且全部沿用先进的港式管理，叶志光在那里如鱼得水。他先在深圳泮溪酒家担任厨师兼采购，之后又在华洋饭店出任总厨，并得以与杨贯一、容沛光等香港餐饮名人结缘交流。

“为了能学到全面、扎实的后厨技艺和厨政管理方法，本在中餐部工作的我，每天凌晨4时到点心部去帮厨，早晨7时去烧腊部做事，上午9时跟随采购部去市场采购，上午11时去中餐部厨房开工，闲暇时间就跟着服务人员到前厅听取客人的建议，为的就是全面掌握酒店的厨房管理运营。”回忆往事，叶志光说他在深圳八年如一日，天天工作时长超过16个小时。

知道叶志光工作状态的人都说，遇到这样卖命干活又不收多工资的员工，老板自然是高兴得合不拢嘴。这段经历也令叶志光的厨艺日精，视野大增，使他成长为对食材采购、菜式、点心制作，以及厨房运作各个环节均了如指掌的餐饮业管理专才。

“细雨鱼儿出，微风燕子斜。”叶志光师从张锦根、李灿华学习顺德鱼生的做法，其中张锦根出身于厨师世家，是顺德第一代鱼生师傅；好学的叶志光1985年还到广州烹饪学院学习粤菜。在深圳期间，叶志光就把他所学、所知的顺德美食、顺德菜谱带到了深圳招揽食客，尤其是把顺德鱼生带到了特区，给粤港澳食客带去了许多不一样的顺德美味。

叶志光制作的鱼生很受食客喜欢（《珠江商报》供图）

1992年，26岁的叶志光精力旺盛，他选择回到顺德，回到四基，创办了第二家属于自己的食肆——四基饭店。叶志光引入港式粤菜理念与中菜西做等烹饪手法，令四基饭店与众不同。加上他稳定的出品质量、亲切的待客之道、公道的价格收费，在短时间内就折服了容奇、桂洲、中山一带的食客。时间久了，这些熟客除了频频赞赏，还根据叶志光的眉心长有一颗醒目的大黑痣，亲切地把四基饭店直接称为“大墨志”饭店，痣用粤语读为“墨”。

自古以来，顺德从种植到养殖，物产丰富的地域特征留给了人们对美食的无限遐想。这不，自2021年9月19日起，《丰收节·粤字号》系列专题片，在CCTV-17《中国三农报道》陆续播出，当天晚上9:00播出了第一集《广东顺德：鱼生捞起　风生水起》，从顺德的特色美食——鱼生——的饮食文化，讲到顺德草鲩养殖产业的发展，片长5分38秒。这样说来，顺德名菜“风生水起”背后有着叶志光的贡献，他做到了带出去也带回来。

时光荏苒，创业三年后，叶志光开始筹划新店——大快活酒楼。酒楼名字的立意是“叹顺德美食，过快活人生”，叶志光的餐饮事业从此进入一个崭新阶段。如今，大快活酒楼已成为粤港澳比较知名的“中华餐饮名店”。

做到老，学到老。叶志光以卓越的策划能力、丰富的“到会”经验、过硬的出品质量，多次成功统筹海内外大型餐饮接待活动而闻名业界内外，曾应澳门容桂同乡会邀请，带队100多位顺德名厨，到澳门承办大型晚宴，受到了澳门特别行政区前行政长官何厚铧的赞赏，也曾带队到浙江三门承办300多围婚宴，在容桂多次担任500多围宴席的菜品总监。

在世界美食之都、中华餐饮名镇做餐饮不容易，需要不断创新、不断突破来满足不同食客的需求。在叶志光的带领下，大快活酒楼自创玫瑰豉油鸡、古法赖布鳝、八珍盐焗鸡、红烧乳鸽皇、红酒浸鹅肝等40道招牌菜，屡获各级殊荣，吸引了无数食客，收获了一批忠实的粉丝，其中不少还是一家几代人。

2020年，新冠疫情影响下的餐饮业很是困难。不过，透过寒冬，我们看到了希望，由佛山市人力资源和社会保障局授予的“佛山市叶志光粤菜师傅大师工作室”在大快活酒楼揭牌，令大快活的菜式研发、人才培养、名菜展示等更上一个台阶。

令餐饮界感到惊奇的是，大快活酒楼致力于以文化植入品牌，通过全线发布原创企业歌《我是快活人》、重新设计富有文化内涵的企业标志、打造节庆文化名宴等系列举措，锐意把大快活建设成为内外俱备的文化美食名店，确保大快活酒楼常葆活力，行稳致远，成为立足世界美食之都、传扬顺德美食文化的品牌高地。

你看，2022年4月30日晚，中央电视台科教频道（CCTV-10）《匠心独“道”》第1集内容就是传播顺德美食。在这期节目中，叶志光把顺德的特色食材鳗鱼烹制出新的高度。

你看，容桂育美教育集团、容桂青少年成长促进会、容桂餐饮行业协会通过多方联动，率先推出《好德食儿童美育读本》（校本辅助课程）系列烹饪教材，在容桂中小学开展劳动教育美食课程，在容桂餐饮行业协会会长罗兆波的带领下，叶志光参与其中，并将美食文化推广到校园，培养识饮识食识煮的青少年一代，将顺德美食文化不断发扬光大。

你看，受广州万豪酒店邀请，叶志光用创新的烹饪灵感注入讲求五味六艺的顺德菜中，联袂酒店主厨匠心设计与呈现八道玲珑别致的星级菜肴。

大快活经典美食鱼云羹，叶志光等主厨除了将鱼头汤作为汤头，拆鱼云入羹后加入榄仁、鲜竹笋、木耳丝等配料丰富口感外，还创新加入甄选花胶、远年陈皮，花胶、陈皮与鱼云滑、嫩、香的组合，再加上食用菊花、柠檬叶丝的点缀，给予了这一道鱼云羹更多重的味觉惊喜。

古法赖布鳝，称其赖布鳝，是由于这道菜的表面包裹着形如布衣的猪网油，甄选产自顺德的老身白鳝，叶志光巧妙地平衡了原本浓厚的汁芡与油脂，为这一道传统名菜注入了新的变革。

在叶志光手里，还有很多经典与创新结合的菜肴，如巧手鸽松生菜包、鲜花椒蒸无骨鲫鱼等，每一道菜除了讲求食材的鲜，还讲求师傅刀工的精，用“蒸、炒、脍、灼、焗、酿”之六艺，存“清、嫩、爽、滑、真”之五味。

至今，致力于传承、创新顺德菜的叶志光，为顺德菜的创新和发展、为顺德美食走出去做出了应有贡献。

叶志光从业以来，一直授徒、传艺，徒弟与学生超过百人，其中做

叶志光（右二）接受业界表彰（大快活酒楼供图）

鱼生的有数十人，叶德华等人还在新西兰等海外传播顺德鱼生等顺德菜，“90后”女大学生跟着叶志光学艺15年。2020年12月，容桂工会职工厨艺培训班（第二期）在佛山市叶志光粤菜师傅大师工作室开班，来自各类工会的厨艺爱好者参加了培训。

流行原创歌曲演唱、乐器演奏、爵士舞蹈、观音送福；生菜蚬肉包、捞起海鲜拼盘、鲍参翅肚羹……2023年2月15日晚，大快活酒楼举行大快活观音生菜文化宴，开启一场视觉、味觉、听觉等多重感官相结合的风俗文化盛宴。当晚，大快活文化艺术团成立，“顺德美食+文化演艺”的餐饮新形式也将从这里开始。

观音开库已成为容桂深入民心的民俗盛事，其中品尝生菜宴也是必不可少的重要环节，盛况百年不衰，更被列入顺德区非物质文化遗产代表性项目名录。自2017年起，容桂餐饮行业协会牵头举办“容桂祈福生菜会”，让广大市民体验民俗传统、享受美食盛宴，千人生菜盛宴至今仍历历在目。此前受到疫情影响，容桂餐饮行业协会鼓励会员单位自发举办生菜会，延续这一风俗美食，大快活酒楼的创办人叶志光作为容桂千人生菜宴的出品总监，对如何做好生菜宴了如指掌。2020年，叶志光凭着自己丰富的经验，结合风俗文化与演艺节目推出“大快活观音生菜文化宴”，至今已成功举办三届。

三年来，大快活酒楼携手著名演艺精英倾力打造的观音生菜文化宴好评如潮，出现一座难求的现象，深受广大市民青睐。“希望大快活文化艺术团的成立能够让顺德美食与文化艺术传承和创新发展完美结合。”叶志光表示，大快活文化艺术团是顺德餐饮行业艺术团的先行者，在为大快活的文化美食增色添彩之余，也可为整个餐饮行业提供优质文化服务，推广顺德美食的优质艺术项目，并着力体现顺德美食与文化艺术传承和创新发展的完美结合。

40多年里，叶志光经历起起伏伏，终成中国烹饪大师，并凭借自己的努力成了顺德厨师协会常务副会长、容桂餐饮行业协会常务副会长、叶氏大快活酒楼董事长，成就了一番事业。他获得中国粤菜金鼎奖，成为《省港美食周刊》高级顾问，获得“中国餐饮管理大师”称号，他的为人、事迹在《珠江商报》《南方日报》《广州日报》《省港美食周刊》以及广东卫视、广州电视台、顺德电视台等媒体均有报道。

“良辰启，乃邀座上宾，共赴宫宴凤厨赏味之旅。”语毕灯暗，在繁复花纹灯光幻化的场景中，一场融合宫廷饮宴文化与顺德创新佳肴的沉浸式晚宴，在佛山顺德容桂叶志光大师工作室拉开序幕。

何谓“宫宴凤厨新赏”？中国烹饪大师暨此次“宫宴”主理人叶志光师傅给出了这样的答案：以历朝历代宫宴中的良材珍馐为食材，将顺德饮食文化中的“蒸、炒、脍、灼、焗、酿”六艺，“清、嫩、爽、滑、真”五味贯穿其中，同时融入粤菜传统宴席中“先冷后热，先精后粗，先淡后浓，先咸后甜”的上菜顺序，由此呈现九道极具顺德特色的佳肴。最终希望为食客们带来一场“以凤厨精湛烹技演绎，以古风器皿装点盛纳，以宫廷食趣逸闻穿叙，于一啖、一酌、一嚼、一品之中，交错穿梭于五代之间，致敬中华传统文化与宫廷饮宴文明”的视觉、味觉与听觉飨宴。

通过食材选取与用餐形式，契合“宫宴”的主题，又以烹饪方式与菜品呈现凸显“凤厨”的本土特色与文化属性。所谓“新赏”，正是找到“宫宴”与“凤厨”的连接点，从中传递出关于菜品的创新、形式的创新

煎焗鱼骨（《珠江商报》供图）

与表达的创新。

叶志光对于形形色色的顺德菜肴早已游刃有余、烂熟于心。以顺德菜传统烹饪手法，凸显每一个宫宴良材珍馐的“主角”光环，成为叶志光师傅及其团队在菜品研发中的第一个创新命题。

叶志光介绍，历来“饭稻羹鱼”的顺德人善于做拆鱼羹。因此，他便将此道经典羹汤列入“宫宴”之中，而与之搭配的则是深受汉武帝喜爱的花胶。花胶绵软弹滑，但若与鱼肉制成的传统拆鱼羹相融 ，一滑一粗的口稍有不违和。于是，叶志光师傅便改用制作难度更高的鱼云（鱼鳃旁的螺旋肉，呈胶状）入羹。花胶与鱼云一滑一嫩的组合，让羹汤在保留传统口味的同时，在口感上趋于和谐一致。

“宫宴”以顺德鱼生的“鲜”开启味蕾，又以顺德双皮奶的“甜”画上句号。精彩纷呈的佳肴美席，在一句“今夕不辞酣之醉，尽欢不吝时之光”之中徐徐落下帷幕。食客们在饱餐之中，也与历史名流完成了一次关于美食的隔空对话。

附录1 叶志光从业大事记

1979年，到容桂的一家酒楼的厨房做帮厨。

1981年，在容桂开设桥光饭店。

自1984年起，师从张锦根、李灿华学习厨艺。

1985年，在广州烹饪学院学习粤菜。

1992年，在容桂开设四基饭店。

1995年至今，开设大快活酒楼。

2010年，荣登中华餐饮精英榜、获亚太国际厨皇勋章。

自2012年起，为顺德厨师协会副会长、常务副会长。

2012年，获中国粤菜金鼎奖，获评中国酒店先锋人物，成为《省港美食周刊》高级顾问。

自2015年起，为容桂餐饮行业协会副会长、常务副会长。

2015年，获得“中国烹饪大师”“中国餐饮管理大师”称号。

2018年，为顺德区、商会名厨专业委员会（大联盟）荣誉会长。

2019年，成为世界粤菜厨皇金牌会员、理事。

2019年，佛山市人力资源和社会保障局命名设立“佛山市叶志光粤菜师傅大师工作室”。

2020年5月，佛山市叶志光粤菜师傅大师工作室揭牌、成立。

2020年，大快活酒楼举行“大快活观音生菜文化宴”。

2021年10月，容桂真人图书馆播出《刀出细腻勺出五味·叶志光》。

2023年2月，大快活文化艺术团成立，创造出“顺德美食+文化演艺”的餐饮新形式。

附录2 叶志光制作顺德鱼生的传承谱系（表4-5）

表4-5 叶志光制作顺德鱼生的传承谱系（截至2022年6月）

姓名	年龄	性别	从事时间	居住地	学历	传承关系	备注
伍仙	出生年月不详（1951年去世）	男	不详	勒流	小学	跟师学习	第一代
李灿华	78岁（2023年去世）	男	1962年	大良	初中	师徒传承	第一代
张锦根	1937年出生（去世年月不详）	男	1949年	勒流	中专	师徒传承	第一代
叶志光	56岁	男	1979年	容桂	小学	师徒传承	第二代
叶德华	50岁	男	不详	广州	高中	师徒传承	第三代
叶晓彤	25岁	女	2018年	容桂	大学	师徒传承	第四代

附录3 《我是快活人》词曲

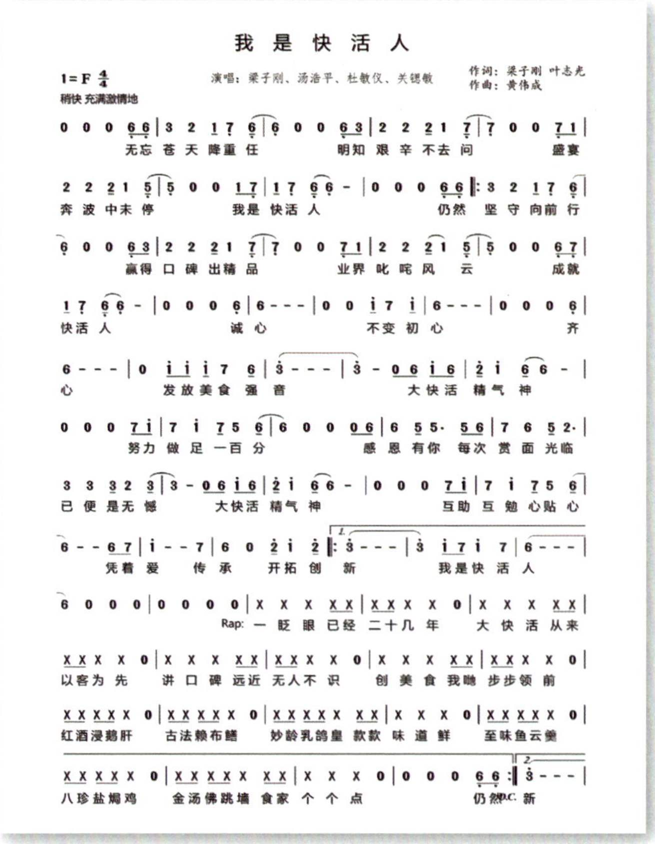

第十四节　从鱼塘到餐桌仅需4小时

一边鱼肉解冻放入锅内，酸菜加水煮汤，一边起锅放油，把配料包中的香料爆炒，淋在酸菜鱼上。很快，一碗肉质滑嫩、风味地道的酸菜鱼就做好了。这就是时下火爆的预制菜。

位于顺德区陈村镇国通总部大楼的广东品珍鲜活科技有限公司，在预制菜产业市场，已经成为互联网消费市场拥有重大影响力的头部品牌。2021年品珍科技研发、生产、销售共38个即烹即热预制菜产品，到2022年，计划扩充到75款。预制菜有几大系列，分别是冬阴功系列、虾滑系列、小龙虾系列，春节期间也推出花胶鸡系列、盆菜系列，最受欢迎的还是酸菜鱼系列。

酸菜鱼系列的海鲈鱼从鱼塘到成品出厂时间最快的是3～4小时，一天可以做到1万多包。预制菜产品的主要原材料取自顺德，原材料送过来后会经过严格的检验流程，从产品的检验生产到烹饪、深加工，再到内包装、外包装，整个过程都是严格控制的。成品做完之后会进入自动化冷库，从存储到出货都是由机器人运作。

在顺德，预制菜市场正快速崛起。除了品珍科技，还有东龙烤鳗、新雨润、怡辉、均健等上规模的涉农产品原材料加工企业近30家，每日加工总量约300吨，每日生产总值约900万元，合计年产量约11万吨，与天猫、京东超市、广东邮政等物流冷链企业和相关营销平台互相促进，年产值约33亿元。

2021年，顺德区围绕特色现代农业产业建立“链长制”，聚焦优势产业和战略性新兴产业谋划项目、招引项目，着力补链延链强链。以实施农业产业数字化为方向，重点实施种业繁育工程、智慧农业生产工程、农业销售“云”平台工程、生态农业工程和现代农业与美食文旅产业链工程五大农业工程，推进现代农业与美食文旅产业深度衔接和高质量发展。利用“中国鳗鱼之乡”“世界美食之都”等区域品牌，充分发挥示范园区聚集

顺德渔民在捕捞塘鱼（《珠江商报》供图）

效应，示范企业带动效应，打造一批如逢简水乡、寻味黄连、新地农场等乡村旅游项目，勒流黄连更被评为第二届广东十大粤菜师傅名村，以“美食+文旅”的方式，带动预制菜产业蓬勃发展。

顺德正在出台一些措施扶持顺德预制菜的发展。一是申报国家级淡水产业园。顺德区有优质草鲩、加州鲈两个省级现代产业园，“顺德鳗鱼”“顺德草鲩”被纳入“全国名特优新农产品”名录，正谋划申报国家级淡水产业园，预制菜由农产品变成食品，积极发挥顺德区水产资源优势，实现预制菜与现代农业产业园、一村一品、特色优势产区集群等无缝对接，系统推进产业园农业一二三产业融合发展。二是建设顺德区预制菜产业园。顺德计划打造“顺德粤港澳（国际）食品智造园”，聚焦市场端、原料端、研发端、金融端、产业集聚和地方承载端五个端口，逐步形成“现代农业+美食文旅”全产业链，目标年交易额200亿元，税收每亩超40万元，全力且有针对性地发展预制菜产业。三是组建预制菜产业联盟。整合预制菜上下游资源，壮大产业队伍，实现资源共享、共同发展，充分发挥顺德区优质农产品以及“世界美食之都”“中国厨师之乡”的优势，发展具顺德特色的预制菜产业，将顺德美食带向世界各地。

附录 20世纪80年代以来顺德与鱼有关的传统名菜、名点

顶骨大鳝

又名褪骨大鳝，以烹制时将鳝鱼（河鳗）的脊骨去除而得名，为大良宜春园酒家于20世纪20年代创制。特点是纯肉无骨、原汁原味、软滑香浓、味鲜可口、造型别致。

用料：750克许鳝鱼1条，火腩、蒜子各75克，湿冬菇、火腿各50克，二汤250克，上汤500克，柚皮2块，陈皮短细丝、姜米、蒜蓉、生粉、胡椒粉、老抽、味料各适量，芫荽叶2件。

制法：（1）把鳝鱼宰好洗净，用60℃热水烫过，去除黏液，横切成4厘米长的段，将火腿切成与鳝段等长的粗条，火腩切件，蒜子去头尾。（2）把柚皮烧去皮青，用水洗净涩味，再用上汤、猪油滚煨，加老抽调色。（3）烧镬下油，把蒜子炸过，捞起。下姜米、蒜蓉爆香，注入二

鳝鱼美食（《珠江商报》供图）

汤，下鳝段、火腩、冬菇、陈皮丝，溅酒，调味，用老抽调色，把鳝段滚至仅熟捞起，用拇指把鳝脊骨去除，将火腿条插入空腔处，然后逐一放在扣碗竖排整齐，以蒜子伴边，中央放大冬菇1只，入笼扣熟。（4）食前把柚皮回热放在鳝段上，扣在碟上，把原汁倒在镬中，加入湿生粉勾芡，淋在鳝上，撒上胡椒粉，放上芫荽叶设色。

酿鲮鱼

这是一种别出心裁的菜式：将鲮鱼连头带皮完整剥出，再将鱼肉剁烂加配料酿回皮囊内，恢复原状。食味鲜甜嫩滑中带香脆。

用料：鲜活鲮鱼1条重约400克，腊肠、马蹄（荸荠）碎粒各25克，葱丝、葱花各25克，猪肉丝、湿冬菇丝各50克，蒜蓉、葱米、生粉、老抽、胡椒粉、味料各适量。

制法：（1）将鲮鱼刮鳞去鳃，从鱼肚正中剖开掏出肠脏，轻刀将皮略离肉，手指从鱼的皮肉之间插入，将鱼皮剥离至背鳍处，用刀斩断脊骨两端，而保持头、尾与原条鱼皮相连。（2）将鱼肉起去脊骨剁烂，加入味料挞至起胶后，加入葱花、马蹄粒、腊肠粒再挞，然后酿入涂了生粉的鲮鱼皮内，恢复鱼形，面上拍上生粉。（3）用武火烧镬，下花生油至沸，放下酿好的鲮鱼炸至熟，取起去油后，放入二汤、味料及炸好的鲮鱼，改用文火焖5分钟上碟，将原汁淋上面即成。

乐从鱼腐

鱼腐是广东顺德地方传统名食之一，属于粤菜系。

素以乐从镇制作技艺最为精湛，故称“乐从鱼腐”。它以色泽金黄、味道鲜美、幼滑甘香、诱人食欲而享有盛誉。据说在乐从，摆酒设宴必有鱼腐，如果没有则会降低酒宴的价值。现在粤港澳一带的肉菜市场均有鱼腐供应。芥菜仔即小芥菜，其气味辛温，有清肝解暑、发汗退热的作用。芥菜仔滚鱼腐软滑而韧，能清热解暑，开胃消食。

用料：去皮鲮鱼肉500克，鸡蛋6只，盐10克，生粉75克，清水250克。

制法：用刀将鲮鱼肉刮出成茸（如用绞肉机，要反复绞上两三次）；

用水开稀生粉，把鸡蛋去壳搅透；把鱼茸用盐挞至起胶后，将生粉水分多次（每次少量）注入鱼茸中，边注入边打匀，然后以同样方法加入蛋液搅匀；烧镬下油，用汤匙自料落镬，慢火浸炸至熟，捞起上碟。

清汤鱼腐（《珠江商报》供图）

均安煎鱼饼

这是均安镇的一款传统美食，已有100多年历史。相传为清同治年间仓门人欧阳礼志所创制。特点是色泽鲜明，爽滑甘美。

用料：鲜鲮鱼肉500克，盐7.5克，生粉50克，葱粒25克，清水75克，糖、味精各适量。

制法：（1）将鲮鱼起肉剁茸，加精盐挞至有弹性，然后加入适量清水、生粉搅匀再挞，放下葱粒拌匀成胶糊，填入圆形的篾模（今多用铜模）内，压成薄饼。（2）慢火烧镬下油，放下鱼饼，慢火煎至两面起黄丝蚁色即成。

均安煎鱼饼（《珠江商报》供图）

六味烩长鱼

这是一款富有水乡特色的传统名菜。特点是鲜香爽滑、美味可口、滋阴补血。

用料： 本地黄鳝500克，半肥瘦叉烧75克，青红椒丝100克，熟笋丝150克，韭黄段50克，湿冬菇丝、干米粉丝各25克，芡汤40克，蒜蓉、姜丝、葱榄、陈皮丝、胡椒粉、生粉、麻油、味料各适量。

制法：（1）将黄鳝用水滚熟，随即过冷水泡凉，去潺洗净，捞起折肉，切成5厘米长的段。（2）烧镬下油，把米粉炸过，捞起备用，把油倒回油盆。把姜丝、蒜蓉落镬爆香，先下笋丝炒片刻，随即加入青红椒、冬菇丝、叉烧、鳝肉同炒，注入上汤，溅酒，调味，加入麻油，撒上胡椒粉，用湿生粉勾芡，再下韭黄、葱榄，加包尾油炒匀上碟，把炸过的米粉分伴四边。

顺德焗鱼肠

鱼肠，许多人嫌腥不食，但顺德人巧加烹调，创造了煎、焗、炸等多种制法，使之变成肥腴可口而全无腥味的美食。焗鱼肠是一款传统的食法，特点是甘香嫩滑、美味可口。

用料： 鲩鱼（草鱼）肠500克，鸡蛋4个，油条50克，姜米15克，葱粒25克，湿陈皮短幼丝10克，绍酒15克，生粉25克，鹰粟粉50克，胡椒粉、白醋、味料各适量。

制法：（1）将鱼肠放入白醋中浸泡后，剪开洗净，浸入清水中漂去醋味，用洁净布吸干水分切段，放在已涂油的瓦钵内，加入绍酒、姜米、葱粒、陈皮丝、胡椒粉调味，将生粉、鹰粟粉分多次少量地均匀撒入（使不致起粒）。（2）将油条切细丝，鸡蛋打匀，然后把鸡蛋液、油条丝加入鱼肠处，和匀加水少许放入热镬内焗熟。

豉油王生鱼

味鲜爽滑、清甜味美。

用料： 宰好洗净生鱼1条，重约750克，姜葱丝各25克，豉油王（用老抽25克、原油生抽100克、上汤50克、味精5克、冰糖5克混合而成）适量，胡椒粉适量。

制法：（1）用刀切开生鱼的两面肋骨，从鱼头下颌剖开，用盐擦匀鱼身内外，腌10分钟。另用冷开水把姜葱丝浸过。（2）烧镬下油至七成滚，将生鱼放下，随即把镬端离火位，待油温下降再把镬放回炉上，等油温回升又把镬端离火位，把生鱼在油中浸至刚熟，取起滤油，放在碟上，撒上胡椒粉，把姜葱丝用洁净布吸干水分摊放在鱼身上，用滚油溅香。（3）把老抽、生抽、味精、白糖、上汤落镬和匀，浇到姜、葱、丝上便成。

清蒸鲩鱼

肉爽滑嫩、鲜甜可口。

用料：鲩鱼（草鱼）1条，约重1000克，肉丝100克，湿冬菇丝25克，葱2条，姜2片，姜丝75克，上汤、胡椒粉、湿生粉、味料各适量。

制法：（1）把姜葱丝分别用冷开水浸过，用洁净布吸干水分，备用。（2）把肉丝调味，上湿生粉拌匀，加入冬菇丝、花生油和匀。（3）把鲩鱼洗净，抹干水分，用刀将其两面肋骨切开，从鱼头下颌剖开，用盐涂匀鱼身内外，平摊在长碟上，鱼底垫以青葱两条，鱼身上盖以肉丝、冬菇丝、姜片，入笼猛火蒸至刚熟，取出，弃掉姜片、葱条，浇上滚花生油、酱油，撒上胡椒粉，再用姜丝、葱丝围边。

炒水鱼丝

鲜香甘爽、清甜肉滑。

用料：甲鱼（俗名“水鱼”）1只，重约1000克，笋丝200克，蒜心50克切段，米粉丝25克，湿冬菇丝25克，蛋清15克，绍酒10克，蚝油15克，上汤30克，葱榄、胡椒粉、生粉、老抽、姜丝、蒜蓉、味料各适量。

制法：（1）把甲鱼宰好，把腿肉起出切丝，另将甲鱼裙用水滚熟后切丝。把笋丝加适量盐，用水滚过滤干。（2）猛火烧镬下油，把米粉丝炸过，捞起候用。将甲鱼丝拌上蛋清，上湿生粉，与甲鱼裙丝分别拉油至熟，倒入放在油盆上的笊篱中滤油后，下料头、笋丝先炒，再下蒜心、冬菇丝、水鱼丝、裙丝等，注入上汤，溅酒，调味，加入老抽、蚝油，撒上胡椒粉，用湿生粉勾芡，加包尾油炒匀上碟，将炸好的米粉丝分伴四边即成。

炖水鱼

鲜甜美味、滋阴补肾。

用料：制作炒水鱼丝剩下的甲鱼料，淮山、枸杞、冬菇各25克，瘦猪肉150克，糯米酒100克，上汤1250克，姜2片，陈皮1小块，绍酒、味料各适量。

制法：（1）将剩下的甲鱼料去清黄膏，碎件，瘦肉切件，分别飞水、洗净。冬菇水发后去蒂洗净，挤干水。（2）猛火烧镬下油，把甲鱼件溅酒爆过，取起。（3）将各料放入炖盅内，其中陈皮、姜片在面。（4）烧滚上汤，调好味道，待滚后注入炖盅内，加入糯米酒，加盖入笼炖焓，取出炖盅，弃掉姜片、陈皮，撇去汤面油即成。

水鱼两食

炒水鱼丝、炖水鱼两款菜式合称“水鱼两食”。1985年，顺德特三级厨师欧阳广元在水鱼两食的基础上创制了新菜式穿心水鱼，穿心水鱼成为粤菜系统的创新名菜。所谓“穿心”，是指将原、配料放进甲鱼肚内，置换其内脏之意。特点是保持甲鱼原形而原汁原味、鲜香浓郁。

用料：宰好甲鱼1只，约重600克，火腩100克，煨好冬菇100克，独头大蒜100克，西蓝花200克，二汤250克，陈皮短幼丝、蚝油、绍酒、蒜蓉、姜花、老抽、生粉、味料各适量。

制法：（1）将甲鱼剜去上盖（甲），掏出内脏，割清黄膏，飞水后抹干，涂上老抽。将独蒜肉去掉头尾，将火腩切成6件长形薄件。（2）分别将甲鱼身、上盖拉油，将蒜肉炸过，捞起，利用镬中余油把蒜蓉、姜花爆香，放入二汤、湿冬菇、蒜肉、陈皮丝、蚝油，溅酒，调味，至七成熟，取起。（3）将甲鱼放在深长碟上，把冬菇与火腩置于水鱼裙内，相间横排，共成6行，倾入原汁，盖上甲鱼盖，入笼扣焓。临食时揭开甲鱼盖，倒出原汁，撒上胡椒粉，用湿生粉勾芡，将原汁芡淋在甲鱼身上及甲鱼盖上，并在颈、盖上撒少许姜花点缀。（4）把蒜肉围绕甲鱼裙排成内圈，再以焯熟的西蓝花围绕蒜肉排成外圈。

凤城鱼皮角

始制于清代大良冯不记老铺。

选用鲜活鲮鱼起肉刮青搅烂，加入上等精面粉搓匀擀薄做皮，瘦猪肉松、鲜虾仁、韭黄、嫩笋丝、白芝麻（炒香）等拌匀做馅，包成小巧玲珑的饺子状。

鱼皮角可干蒸，可煎焗，放入上汤煮之，味道更鲜美。

顺德人开设的鱼皮角餐馆

大良煎虾饼

此菜制作简易而食味甚佳，省内许多大酒店都把它列入菜谱。特点是色泽金黄、食味甘香、鲜美爽口。

用料：腌好鲜虾仁150克，鸡蛋6只，炸榄仁25克，葱白粒25克，味料适量。

制法：（1）将鸡蛋去壳搅匀。（2）烧镬下油，把虾仁拉油至仅熟，取起。（3）把虾仁、葱粒、榄仁放进蛋液中拌匀，用汤匙舀落镬，每匙净料重25克左右，用镬铲拨平，搪为圆形，慢火煎至两面呈金黄色，上碟即成。

焖吻鱼

西江的淡水吻鱼，冬天正是养得最肥的时候，无鱼鳞，肉质爽，新鲜即烹，便是好吃的关键。先将鱼块煎至金黄色之后，加入冬菇、大蒜、火

焖吻鱼（《珠江商报》供图）

腩肉、炸过的姜蒜，再与大厨秘制的上汤一起焖煮即成。最初是鱼塘边渔民的简易食法，之后加上大厨的精致改良，不但不减味，而且越发突出顺德菜的原汁原味。

鱼肉丰腴肥美，咬起来吱吱有韧劲，纤维感十足，几乎没在舌头上怎么停留就已经落下咽喉。

用料：吻鱼1条，腊肉150克，大蒜4根，姜片、蒜头、冬菇、胡椒、盐、米酒、蚝油、生抽、糖、香油均适量。

制法：

（1）将吻鱼宰杀洗净，从鱼脊入刀将鱼斩件，并在两侧的鱼肉上打一字花刀；用盐稍微腌制5分钟；锅内放入50克花生油，烧至五六成热时放入鱼，小火煎4分钟至两面金黄后盛出沥油备用。（2）平底锅再放入蒜头、姜片、大蒜、火腩肉片（腊肉），中小火煸香；烹胡椒粉调味；火腩肉要煎至有皮的一面呈金黄，其他食材煸炒出香时盛出，放入砂锅中，垫底。（3）将煎好的鱼肉放于之上，淋入少许米酒。（4）鱼身上放新鲜的蒜、姜丝、红椒，浇入用生蚝、生抽、鱼浓汤、盐、糖、鸡粉、胡椒粉、香油熬成的浓汤；大火煮沸后小火焖煮10分钟入味即可食用。

醉吻鱼

用料：西江吻鱼1条、28度红米酒1支。

制法：选用西江吻鱼，是因为西江吻鱼能够保证出口的醉吻鱼无泥浆味。先将西江吻鱼用红米酒在锅里现烧，再与其他海鲜虾、蚬、蟹等一起浸味。醉吻鱼更能体现出顺德传统做法和风味。

萝卜丝浸无骨鲫鱼

用料：萝卜丝、鲫鱼（去骨）。

制法：这是哥顿酒店最受欢迎的菜式之一。因为萝卜与鱼汤是绝配，所以萝卜浸鲫鱼是上等的传统菜式。将鲫鱼取骨架后，用猛火炸好造型，同时鱼骨熬浓汤浸鱼片。将骨架置盘固定再上汤料，就成为一道味美汤浓的菜。

火焰焗多宝鱼

用料：多宝鱼1条，姜、葱、蒜、酱油适量。

制法：姜、葱、蒜爆香铺底，然后将多宝鱼铺上。浸酒点火焗5分钟，再加酱油起锅。其特点是味道咸鲜味浓，入口特别嫩滑，令人回味无穷。

桑拿鱼

桑拿鱼，名字略有玄虚，味道却名不虚传。这道以鱼为主材料的系列菜，最大卖点就是不受季节影响，鲜嫩可口不上火。桑拿鱼制作原理与桑拿一样，又与传统的蒸鱼不同。桑拿鱼做法是通过水蒸气将鱼蒸熟，但是加热温度高达150℃。用此工艺和方法制作的桑拿鱼营养丰富，汤鲜味美，鱼肉嫩滑，热力持久。

桑拿鱼（《珠江商报》供图）

烹调桑拿鱼，选用个头适中的大头鱼或鲫鱼，切小块后调味，然后和腊肉、腊肠、虾米等味道略重的配料拌均匀。锅里放上蒸盘铺上荷叶或者切片的佛手瓜，待水烧开后，把鱼块均匀地铺在佛手瓜上盖上锅盖，蒸8分钟就可以开锅了。打孔的蒸盘其中一个重要作用就是让鱼块“加速”蒸熟。水蒸气通过气孔直接和鱼块接触，源源不断的蒸汽就像桑拿一样，鱼肉在这样的环境下就蒸熟了。另外，在腊肉、腊肠和虾米等重味配料的配合下，鱼肉的鲜味全部被带了出来。除了桑拿鱼，鱼、虾、牛肉、生蚝等食材都适用于此种做法。

顺德无骨鱼

顺德人对吃鱼的极致追求，造就出一批又一批专业烹调活鱼的名厨。一条鱼到顺德厨师的手上，可以被做成千变万化的菜式，鱼肉的鲜美也被发挥得淋漓尽致。顺德无骨鱼就是其中的典型代表。

无骨鱼锅底有多种，但顺德人喜欢追求原味，喜用“清水打边炉”：锅底放上两片姜片和两片红萝卜，姜片用以辟走鱼片中的少许腥味，红萝

烹饪好的无骨鱼（《珠江商报》供图）

卜用以带出鱼片的鲜甜。浸鱼片时间是关键。鱼片放在热水中25秒，25秒就够！这样鱼片刚熟，鲜味、鱼汁完全被逼了出来。

无骨鲫鱼

众所周知，鲫鱼鲜甜美味，但是以多骨出名，一不小心喉咙就会受罪，所以让人对它又爱又恨。在顺德民间，有剔除鲫鱼鱼骨的绝技，在手起刀落间鲫鱼骨甚至细小的鱼刺都被去得干干净净，民间称之为“无骨鲫鱼”。

无骨鲫鱼的做法要求师傅的刀法纯熟，能熟练地避开鱼骨而又不影响鱼身的完整，绝对是功夫菜。以前吃鲫鱼都是非常谨慎，在嘴里面细细咀嚼，吐出鱼骨；但这道无骨鲫鱼，却可以大块肉地夹起来，一口放进嘴里，享受大鱼大肉的畅快。鱼肉非常鲜嫩，吃起来像豆腐一样嫩滑细腻，完全没有骨感，只有鲜味和甜味，将新鲜鲫鱼的鲜美发挥得淋漓尽致。

顺德大盘鱼

用料：西江大鱼（大头鱼）1条。

制法：用上等的西江大头鱼现做现焖，保证新鲜味美，加上虾、蚬、蟹等海鲜和味，因此吃起来特别鲜美，令人赞不绝口。一道顺德大盘鱼是招牌中的招牌，周围堆满了花蟹、白贝、鲜虾，一副海鲜总汇的派头，让初尝顺德菜的吃客暗自吃惊。

顺德虾生

吃虾生，是岭南由来已久的食俗。刘恂在《岭表录异》一书中记载："南人多买虾之细者，生切绰菜、竺香蓼等，用浓酱醋先洗活虾，盖以生菜，然以热饮复其上。就沮跑之，亦有跳出醋碟者，谓之'虾生'。鄙俚重之，以为异馔也。"后来吃虾生简约化不少。

广东食界普遍认定顺德吃法为虾生正宗，在外地的食肆会打出"正宗顺德虾生"招牌以吸引食客。顺德虾生，正宗吃法是去壳冰镇：把罗氏虾剥了壳、抽了筋、留着尾。经冷藏的鲜虾仁晶莹剔透，卧在铺满冰粒的白瓷盘上，宛如一群玲珑可爱的小玉燕。蘸上棕色的酱油和青绿的日本芥辣，一嚼，弹牙爽口，两颊生风；下咽，则透心凉爽，食欲油然而生。

煎酿鲮鱼

鲮鱼是顺德最为出名的特产鱼种，其肉质鲜美，但刺较多。头脑灵活、手艺卓绝的顺德师傅不仅在常年同鱼骨做斗争的经历中积累了去骨的经验，更在此基础上升华技艺，开创出不少精美绝伦的鲮鱼菜，其中的巅峰之作可数煎酿鲮鱼。

在任何一家稍地道的粤菜馆里，或许都吃得到煎酿三宝（茄子、青椒、豆腐），但煎酿鲮鱼是截然不同的繁复菜肴。先将鲮鱼肉剥出，去除鱼骨，留下一个完整的皮囊。然后将鱼肉剁成细茸，同时剁碎肉中的细小鱼骨，调味后沿着单一方向搅打成鱼滑，拌入腊肉、冬菇、虾米等惹味的材料后再酿回皮囊之中，裹上生粉在油中煎或炸至金黄即可。最复杂的环节无疑就是出骨，务求在完整折出鱼肉鱼骨的同时既不破坏纤嫩的鱼皮，又要与头尾相连，这要求深度了解鲮鱼的生理结构和具备高超细腻的刀工技法，难度堪比鲁菜里的布袋鸡或淮扬菜里的三套鸭。

第五章

顺德协会与渔政

2021年6月，顺德区农业农村局向顺德区水产商会各会员企业、合作社以及各水产养殖农户发出加强顺德区水产品质量安全管理的倡议书，倡议做到“两个自觉”“两个积极”和“一个严格”。

“两个自觉”——自觉遵守国家法律、法规和规章，用合格水产品和优质服务回报社会，增强消费者信心，让人民群众放心；自觉服从政府监督管理，积极配合政府农产品检测机构开展水产品抽样检测的工作，主动接受社会各界监督，维护水产行业形象，为行业健康发展作出表率。

“两个积极”——积极参与行业技术标准的制定推广，严格执行国家农产品质量安全标准和行业标准，严格履行农产品从田间到餐桌的质量管理主体责任；积极实施水产品质量安全追溯管理，认真落实好国家“食用农产品合格证”制度的要求，实行“逢出必检”，健全管理档案，做到生产记录可存储、水产品流向可追踪、储运信息可查询。

“一个严格”——严格遵守渔业法、农产品质量安全法、兽药管理条例等法律法规的规定，严格执行渔药使用的有关规定，严禁使用未经国家审定公布允许使用的饲料和饲料添加剂，严禁销售尚处于休药期的水产品，确保所生产的水产品质量安全。

水产品质量安全事关人民群众身体健康和社会稳定大局，是经济发展和社会进步的重要标志。提高农产品质量安全水平，是广大消费者的殷切期盼，也是农产品生产经营者义不容辞的责任。顺德水产养殖业年产值超76亿元，在职能部门不断强化农产品质量安全监管的同时，需要区水产商会各会员企业、合作社和各水产养殖农户共同承担起水产品质量安全的主体责任，遵纪守法，诚信经营，为构建和谐消费环境、推动行业健康发展，让消费者吃上放心水产品，为佛山创建国家食品安全示范城市贡献顺德力量。

早在1983年9月，顺德就成立县渔政管理站，负责全县17万亩江河水产增殖和管理工作。实行发放捕捞证制度，1984—1986年，共发放捕捞证1589份。其后，历年共查处违反规定电鱼人员32人，捕鱼船403艘，电鱼、毒鱼、炸鱼船只50艘；没收小艇53艘，电鱼机48台，渔网21张，围网1410平方米；处以罚款及江河资源赔偿费68959元。

长期以来，农业养殖排放尾水是造成河涌污染的污染源之一。如今在顺德，淡水渔业养殖池塘污水通过生态沟渠、水平潜流湿地、沉淀池、曝气氧化池等多环节处理，最终实现水产养殖尾水循环利用或达标排放，养殖尾水“零排放”进一步改善了临近河涌水质。

第一节　广东省鳗鱼业协会

广东省鳗鱼业协会成立于2002年7月1日，是由广东省鳗鱼业的企业、团体等经济组织自愿组成的全省行业性的、非营利性的民间社会团体，是依法登记的独立社团法人。2021年9月13日，广东省鳗鱼业协会完成了第七届理监事会的换届选举工作，周兆恩为会长，周绍荣、徐利明、周添雄、徐远宏为名誉会长，陈沛锋为监事长，翁武振、苏国端、何兆光、林邦健、刘钢为常务副会长，罗广胜为秘书长，孙先杰、施发彪为副监事长。换届后，协会共有会员单位180余家，成员主要是广东、浙江、江苏、福建、台湾等地的鳗鱼产业从业人员，涵盖鳗苗培育、鳗鱼养殖、饲料生产、活鳗出口和烤鳗加工等整个产业链的各个环节。

广东省鳗鱼业协会以遵守宪法、法律、法规及国家政策，协助政府搞好行业管理，规范行业行为，向政府反映会员的意见和要求，维护会员的合法权益，协调会员间的关系，为本行业提供技术交流、市场引导、组织协调和沟通产供销信息等服务，以为促进广东鳗鱼业的健康稳步发展做出贡献为宗旨；积极推广健康养殖，大力倡导“公司

广东省鳗鱼业协会第五届理监事会成员合影（《珠江商报》供图）

+基地+标准化”经营管理模式，精心打造广东鳗鱼地域品牌，在努力开拓国外鳗鱼市场的同时积极开拓国内鳗鱼市场，以促进广东鳗鱼行业的健康、可持续发展。

本会的主要职能：

（1）组织市场开拓，发布市场信息，编辑专业刊物，开展鳗鱼业调查、评估论证、培训、交流、咨询、展销等服务。

（2）协调会员之间、会员与非会员之间、会员与消费者之间涉及经营活动的争议。

（3）加强与国内外相关行业组织的联系，收集、整理国内外有关鳗鱼的生产、加工、防治病及市场销售等信息，开展协会会员之间和国内外相关行业的信息交流与经济技术合作。

（4）代表鳗鱼业内相关经济组织提出反倾销调查、反补贴调查或者采取保障措施的申请，协助政府及其部门完成相关调查，组织协调行业企业参与反倾销的应诉活动。

（5）接受与鳗鱼业利益有关的政策的论证咨询，提出相关建议，维护会员和行业的合法权益。

（6）参与鳗鱼业行业性集体谈判，提出涉及会员和行业利益的意见和建议。

（7）参与有关鳗鱼业标准的论证，建立规范行业和会员行为的机制。

（8）加强会员和行业自律，促进会员诚信经营，维护会员和行业公平竞争。

（9）开展本协会宗旨允许的业务和政府及其他部门授权或者委托的其他事项。

第二节　顺德区水产商会

顺德区水产养殖历史悠久，是全国主要的淡水养殖和出口基地之一，是国内优质淡水鱼（加州鲈和生鱼等）的主产区。顺德区水产商会于1995

年1月成立，是区内成立较早的行业组织之一，为顺德区水产养殖业的可持续发展发挥了积极的作用。顺德区水产商会的发展历程如下：

第一阶段（1995—2002年）：商会工作处于政府主导期。20世纪90年代初，顺德优质水产业发展迅猛，为了更好地服务和促进行业健康发展，在当时的顺德市委、市政府支持下，以及市农业发展局领导与社会各界热心水产人士的组织帮助下，1995年1月顺德市水产商会正式成立，商会第一届、第二届理事长都是由当时的市农业发展局主要领导担任。商会的主要任务是协助政府职能部门工作，业务主要侧重技术服务方面，包括引进新品种、推广新技术等，以政府部门事业单位的身份走向社会。当年顺德驯养和引进的多个优质水产品种，如鳗鱼、甲鱼、加州鲈和吻鱼等，如今都已成为顺德水产养殖的主导品种，产业越做越大，这与当时水产商会投入大量艰苦、深入细致的工作是分不开的。

当年的顺德市水产商会换届（陈耀根供图）

第二阶段（2002—2006年）：商会工作处于政府指导期。随着改革的深入，政府人员不再兼任社团职务，因此，商会主要领导从第三届理事会开始均由企业家担任，开始把商会的会务工作一步步推向社会，让企业家有施展拳脚的机会。在这期间，恰好我国处于加入世界贸易组织（WTO）过渡期，产品出口受技术壁垒打压，销售不畅；国内受“非典”影响，消费疲软，其中，顺德水产主导品种之一的鳗鱼出口日本受阻，甲鱼国内上市暂停，朝气蓬勃的顺德优质水产业一下子陷入漫长的寒冬。水产商会力挽狂澜，一方面抱团取暖、共度时艰，另一方面四方求援、争取政府支持。一是引导业界调控规模，提高标准和产品质量。二是引导烤鳗厂向养鳗生产者让利，保价收购，减少损失。三是协调有关部门开拓欧美、东南亚鳗鱼市场。四是加大国内宣传力度，开拓国内市场。通过多年努力，自2006年起，顺德鳗鱼出口价格终于从最低时的2万元/吨~3万元/吨回升至7万元/吨~10万元/吨，“冬眠”的鳗鱼恢复了元气。

第三阶段（2006—2018年）：商会工作处于变革期。我省民营经济发达、社会组织活跃，为加强对民营企业的服务和发挥社会组织作用，2006年3月1日《广东省行业协会条例》正式施行。该条例明确了商协会的职能是提供服务、反映诉求、规范行为，维护社会公共利益。是时，经历过两次国际金融风暴和市场洗礼的顺德优质水产从业者素质不断提高、队伍不断壮大。2006年发生在业内最大的盛事就是我会常务副会长周绍荣先生成功接任省鳗协第二届会长，并把省鳗协搬入顺德办公。同时，为适应形势发展，进一步提高服务质量，从2007年开始，商会也对自身架构进行了改革，按“开发一个品种、深化一门科学、建立一个产业、致富一方农民”的思路，内部相继分拆成立了甲鱼、吻鱼、生鱼和加州鲈等多个专业协会，水产商会也就成为这些专业协会的“黄埔军校”。在这期间，各个专业协会在各自产业发展过程中都起到积极的作用。同时，商会工作也得到了政府的认可，2011年被区民政局和人力资源和社会保障局评为“3A”级社会组织，成为顺德第一批有资格承接政府职能转移的行业组织之一。

2020年12月17日下午，顺德区水产商会举行第五届会员大会。会议选举产生了新一届理（监）事会成员及领导班子成员。佛山市顺德区东民水产养殖有限公司董事长吴定泉当选新任会长。顺德区水产商会是一个经济、法律、人才、科技、融资等各类服务平台，帮助会员及时了解市场信息，健康稳定发展；是企业和政府沟通对话平台，发挥桥梁纽带作用，宣传大政方针，做好上通下达沟通工作；规范行业自律，引导会员规范发展；整合资源，树立形象，加强商会自身建设，承担社会责任。

第三节　顺德区龟鳖养殖协会

2017年12月9日，广东菊花湾世界名龟园龟鳖文化节暨顺德区龟鳖养殖协会十周年庆典正式启动。顺德区龟鳖养殖协会执行会长伍长源、顺德区龟鳖养殖协会名誉会长陈小石等龟鳖业众多省内外兄弟协会、单位代表和行业精英参加了庆典。

从顺德区水产商会的龟鳖业委员会，到顺德区甲鱼养殖协会，再到顺德区龟鳖养殖协会，2007—2017年，十次春秋的更替，顺德区龟鳖养殖协会在行业的风风雨雨中不断壮大，协会打造的龟鳖文化实物展、龟鳖论坛、龟鳖慈善拍卖会、超300席的龟鳖全宴等系列活动，在全国乃至世界龟鳖人心中打下深深烙印。

顺德区水产商会龟鳖业委员会成立（陈耀根供图）

十周年庆活动除有协会招牌活动龟鳖实物展、文化展及品尝龟鳖美食外，还融入更多顺德龙舟文化、舞狮、洪拳、机器人展示、锣鼓队等。菊花湾园区的发展目标是建成以高端园景绿化苗木栽培、名优花卉种植、特种高值水产和现代休闲观光旅游农业为主，同时兼具引进、示范、推广、科研、教育培训等多种功能，具有良好经济效益、社会效益和环境效益的综合性现代农业园。2015年，广东省龟鳖协会进驻菊花湾建立了世界名龟园。名龟园占地600亩，一期工程300亩已基本完成，主要养殖高档龟种，突出“世界唯一，六大功能”，打造一个生态休闲养殖区和名龟交易中心。

第四节　顺德区饲料商会

顺德区饲料商会于1999年2月2日正式成立。

顺德是广东省饲料工业发展较快的地区。1998年，顺德有饲料加工企业44家，年单班生产能力达93.1万吨，年产量137.7万吨，占广东省饲料总产量的20%，其中67%的产品销往市外。

为了加强饲料企业的组织协调，扩大交流与协作，增强行业意识，提高顺德饲料工业现代化管理水平，由社团管理部门批准，成立饲料商会。首届商会理事会由顺德饲料企业的11位成员组成，华星饲料厂梁志雄任理事长，广东冠华饲料实业有限公司杨乃康、锦峰饲料厂何启泰、顺峰糖油贸易有限公司罗厚宁任副理事长。

第五节　顺德区吻鱼养殖协会

2013年8月23日，顺德区吻鱼养殖协会成立并在乐从镇召开了第一次会员大会。

吻鱼养殖是顺德水产养殖业的支柱产业，通过成立吻鱼养殖协会加强养殖户之间的信息沟通，规范管理，保证水产品的质量安全，促进吻鱼养殖业的健康稳定发展。大会根据顺德区吻鱼协会章程（草案）并按章程规定选举了顺德区吻鱼协会会长1名、副会长4名及理事3名。刘海新当选为第一届顺德区吻鱼养殖协会会长。

顺德区吻鱼养殖协会成立（陈耀根供图）

第六节　顺德区生鱼养殖协会

顺德生鱼养殖已有20多年历史，年产量在8万～10万吨，年产值超过10亿元。顺德区生鱼养殖协会于2014年3月3日挂牌成立，其理事会成员超过30人，会员数量达100多人。

在杏坛镇经营生鱼种苗培育、市场流通生意已近20年的周新辉是顺德区生鱼养殖协会首任会长。成立协会旨在将零散的养殖户集中起来，以更大的规模开拓市场，产生抱团发展的集聚效应，从而引导养殖户合理养殖，降低盲目养殖带来的风险，保证养殖户的收入。成立后的生鱼养殖协会在水产品安全上通过规范化、标准化养殖逐步打造“顺德生鱼”品牌，组织会员定期开展季节性鱼病预防、鱼药使用、养殖技能等培训，在种苗培育、加工流通、科研技术推广、饲料研发、产品检测、销售市场开拓等方面为会员提供服务。

顺德区生鱼养殖协会成立（陈耀根供图）

第七节　顺德区预制菜产业发展联合会

2022年6月27日，顺德区预制菜产业发展联合会成立，着力整合预制菜上下游的产业企业及各领域优秀资源，健全联农带农利益联结机制，推动预制菜产业高质量发展，受到了各方关注。

对于行业而言，这是预制菜发展浪潮中的风向新浪，预示着顺德预制菜即将迎来新的聚力平台及高效资源；对于企业而言，它既是“强心剂”也是“增效丸”，联合会由省鳗鱼业协会、区水产商会、区饮食协会、区厨师协会、区广式点心师联谊会等14家商协会联手共建，回应了预制菜产业发展中的难点与痛点，也让企业看见了顺德坚持高质量发展预制菜产业的决心和行动，

佛山市顺德区预制菜产业发展联合会揭幕（《珠江商报》供图）

令想要入局与正在入局的企业看到了可见的未来。

到2023年4月，短短10个月，联合会就以多项有口皆碑的活动彰显了自己的优势和实力。先后吸引了全国各地知名预制菜企业、政府领导等到访交流，搭建起政府与行业、企业之间的桥梁；汇聚了180家预制菜企业，其中不乏品珍科技、新雨润、懿嘉食品等顺德头部预制菜企业，涵盖原材料供应、生产加工、冷链仓储物流、设计包装、销售平台渠道、智能厨电、金融服务等全产业链上下游企业，在不断链接整合中为企业带来源源不断的优质供应商与客户资源；行业所需的技术和人才也在一场场信息交流、知识培训中得到突破，真正搭建起为企业带来借鉴意义和实操价值的预制菜人才分享平台。

随着“懒人经济”的发展，预制菜凭借简单、快捷的优势，成了消费者餐桌上的“新宠”。作为一头连着田间，一头连着餐桌的产业，预制菜不仅能满足消费者的多样化消费需求，还是联农带农的载体，能有效带动一、二、三产业融合，推进预制菜产业发展。

顺德举办预制菜相关活动（《珠江商报》供图）

今后，顺德区预制菜产业发展联合会将把握产业融合发展趋势，按照顺德区委、区政府提出的“一园多区”发展模式，整合全产业链资源，与中国国际（顺德）预制菜交易中心等合力共建预制菜产业生态，打造“现代农业+美食文旅产业”一体的体验场馆，建成“原料采购+加工生产+冷链运输+展示销售+科研培训”一条龙发展的全链条预制菜产业园区和“乡村振兴+城市更新”示范基地，以高质量发展为主题推进预制菜产业上中下游一体化、全产业链布局，打造“顺德样板”，带动顺德预制菜产业蓬勃发展，把中国水产预制菜之乡品牌做大做强。

第六章 顺德习俗与传承

南眺鱼塘海，千顷一碧，当风起潮涌，雨过霞飞，山光水色，气象万千。

——《顺德县志》

三合海，在勒楼堡西南。其下有石穴，每大风雨，有黑鱼浮出，大可三四丈。

——《顺德县志》

俗话说，一方水土养一方人。作为岭南水乡、鱼米之乡的顺德，一眼泉水、井水不但能养育一方人、养活万千鱼儿，滋润一方沃土，还濡染、鲜活了一方人的灵性，滋养了一方淳朴的民风，造就了闻名中外的“世界美食之都”。

如始于清光绪年间的均安鱼饼，因工艺制作保持了鲮鱼肉的鲜味和嫩滑，口感外脆里嫩、甘香可口制作技艺已成为当地的非遗项目。

顺德文化积淀深厚，民间风俗斑斓多彩，其丰富而深邃的内涵令人在流连徘徊中回味不已。顺德自古人文蔚盛，著述宏富。明清两代，科甲居于全省前列，诗社、文社、画会绵亘不绝，涌现过一批有造诣的诗人、文士、学者和书画家。粤剧以及粤讴、龙舟说唱、说书、木鱼、大棚、锣鼓柜、鱼灯、鱼皮角等民间艺术普及城乡。

在每一位读书人心目中，都有一个状元梦；在每一位美食家心目中，都有一个儒学

顺德鱼灯广场标志建筑

梦。从1607年黄士俊高中状元到2017年“文恩记状元鲮鱼饼”成为“中国名菜”，整整跨过了410年，状元文化熏陶着宗族后人，激励后人以奋进的姿态迎接时代的挑战，用文化的力量守护和传承道德的信仰，心无旁骛、脚踏实地地用辛勤和汗水述说内心的情怀。

在古时，顺德考取功名的读书人众多，据记载，顺德文武状元达四人；在大力发展经济和科技的时代，顺德今天已发展成为以制造业为主的民营经济大区。顺德自古民风淳朴、崇文善商，民间资本雄厚，扎根于创业创新和开放共赢的热土，顺德人在习俗与文化的影响下、在历史文化和现代创新精神的感召下，会赢得更大的市场发展空间。

今天，美食是顺德一个鲜明的文化符号。顺德区共有非物质文化遗产代表性项目59项，与美食相关的非物质文化遗产项目23项。近年来，基于传统美食文化传统，顺德推进现代农业与美食文旅产业的深度融合，不断擦亮顺德“世界美食之都”的招牌，建立与鱼有关的地标，比如鱼灯广场、渔人码头、鱼雕塑、渔歌广场等。

第一节　顺德鱼灯

顺德区人民政府大院门前的德胜文化广场是地标，广场位于金凤凰造型由南朝北的起点，设置有28尾小鱼环绕的一尾大鱼雕塑造型，这是霓虹鱼灯。

夜里，缥缈的冷雾为霓虹鱼灯增添了神秘的梦幻色彩，更显生动。冷雾工程以德胜文化广场的霓虹鱼灯景观为核心，分为4圈进行安装布置，共配有3套5.5千瓦冷雾主机，通过600个冷雾喷头进行喷雾。在四层全包围式的冷雾烘托下，鱼灯上演流光溢彩的动态影像变化。轻柔弥漫的冷雾、变幻丰富的巨型鱼灯，打造出云雾缭绕宛如仙境般的奇妙景象，让人仿佛在画中畅游。

与霓虹鱼灯相呼应的是金凤凰造型靠近的德胜河鱼灯广场，广场设置有倒立的鱼灯造型，这是顺德第一个鱼灯广场，可供市民游玩。广场一侧就是昔日的渔民旧码头。

每年中秋节，鱼灯能为顺德增添浓厚的节日氛围（《珠江商报》供图）

“北冥有鱼，其名为鲲。”顺德于清中期已流行制作、观赏花灯。至清末民国时期，鱼形花灯开始在大良盛行，擅长制作鱼形花灯的能工巧匠也由此多了起来。

彼时，顺德机器缫丝业发展兴旺，经济繁荣，致使民众业余生活也丰富多彩起来。正月期间，顺德的会景、神诞等喜庆活动尤盛，其中大良鱼灯会便是正月里备受瞩目的盛景之一。

鱼灯，为大良一种富有地方色彩的扎作工艺，称为“大良鱼灯”。制作时先以竹篾扎成鱼形骨架，然后蒙上明纱，绘染鳞鳍。高手的制作品意态逼真，点燃灯烛，通体透亮，色彩鲜艳，栩栩如生。《顺德县志》记载，“鱼灯的长度通常六七尺至一丈多（10尺=1丈，1丈合1/3米），巡行时用支柱撑持，大灯还须多添两人叉着首尾帮力”。

元宵节俗称“灯节”，即农历正月十五。过去一过初七“人日”，顺德人便陆续挂花灯、出会景、燃放烟花爆竹庆贺，夜夜锣鼓喧天，至十五日达于高潮。初十，上年生子的人家在祠堂或寺庙悬挂以树木头制作的简朴花灯，称为“丁灯”。“丁灯”的制作方法是选取形态较好的树木头，剪去浮枝和叶片，再将彩色纸花错落有致地扎在树枝上，树头正中盛放一个小油碗，插灯芯燃点。摆“灯酒”宴请亲友及街坊邻里，宣示添丁，取得宗族承认，将新生儿的名字载入族谱，称为“开灯”。

“出会景”通常由大乡大族举行，在初十至十五上街舞狮、龙、象、鸾、鱼灯，抬村庙菩萨出游，并选派男童化装成戏剧人物置身其间，与别乡别族的队伍争奇竞逐。那几日往往万人空巷，通宵达旦，热闹非常。十六日晚“完灯”，亦欢庆一番才结束。此俗在民国初年渐趋消歇，县城的鱼灯会景和水仙会景（以玻璃鱼缸陈列经加工组叠、造型各异的水仙花），则延续至抗日战争前夕。

清代和民国前期，顺德县城多在每年元宵节举办鱼灯赛会，争奇斗胜。抗日战争以后，赛会停办。新中国成立后，仅于1959年、1978年和1982年春节期间举办过。由于鱼灯制作工艺难度较大，又没有专门行业，随着老艺人的故世，现在已基本无人制作。

大良街道升平社区名扬里的鱼灯亮灯（《珠江商报》供图）

2013年1月，顺德鱼灯制作技艺被列入顺德区第四批区级非物质文化遗产名录；2019年9月被列入佛山市第七批非物质文化遗产名录；2019年，升平大良鱼灯协会成立，活动基地位于大良街道隔岗大街56号大良长者活动中心四楼。作为顺德区非物质文化遗产传承基地，升平大良鱼灯协会以传承创新大良鱼灯技艺为使命，发扬鱼灯传统文化。

升平大良鱼灯协会一方面对外开展鱼灯技艺教学，为技艺传承打下可持续性的基础；另一方面以技艺、视觉创新为己任，让大良鱼灯具备市场价值。协会积极参与国内文化交流活动，为推广鱼灯技艺文化贡献力量。

潘智江，顺德非遗文化大良鱼灯手艺人潘培森的儿子，也是顺德如今仅存的几名会制作鱼灯的师傅之一。潘智江制作的大良鱼灯既继承了传统，又进行了创新，因此发展成如今的仿真型鱼灯，其制作技艺也备受推崇。潘智江为潘氏大良鱼灯第四代传人，一直专注于鱼灯技艺的传承与创新，并在2020年被列入顺德区非物质文化遗产“大良鱼灯制作技艺”区级代表性传承人。

潘智江指导亲子家庭制作文鳐鱼灯（《珠江商报》供图）

“鱼有很多种，而且形态各样，有摆尾的，有张嘴的，特别生动灵活。”每当看到一个个栩栩如生的鱼灯在自己手中诞生时，潘智江就觉得特别快乐，现在每逢春节、元宵、中秋等重大的传统节日，只要有亲戚朋友预订鱼灯，他都很乐意去做。潘智江扎的鱼灯不仅受到亲戚朋友的喜欢，而且频频获奖。其中，2012年，潘智江制作的两份作品《金龙腾飞》《金鱼》均获得广东省首届花灯文化节的银奖。

2020年5月1日，位于北滘镇的和园鱼灯馆正式开馆迎客。从那天起，“90后”顺德鱼灯制作人冯艳慈就进驻和园，立志做鱼灯非遗文化的传承者和传播者。做一只完整的鱼灯需要经过十个步骤：画模—熏竹—开竹—扎架—蒙纱—描鳞—着色—贴片—嵌眼—装灯。

早在2016年，冯艳慈目睹顺德鱼灯非遗老艺人潘培森现场制作鱼灯后，便与顺德鱼灯“结缘”。凭着对竹子材质和手工制作的热爱，冯艳慈决定认真制作一盏鱼灯，并把这门手艺当作自己今后谋生的方式。

老师正在指导小学生们制作大良鱼灯（《珠江商报》供图）

对没有任何基础的人来说，制作鱼灯的第一个步骤——选竹子就成了一大困难。刚开始制作大良鱼灯时，把竹子烧断是家常便饭，被竹子弹到手也是屡见不鲜，“驯服”一根细竹并没有想象中的那么简单。设计图样、扎骨架、蒙纱、描鳞、上色、贴鳞、装灯，鱼灯的制作过程需要极大的耐心。

经过两年的摸索学习，冯艳慈已经掌握了鱼灯的制作技艺，于是便将重心从“如何做好鱼灯”转变到“如何创新鱼灯”。“我当时也会给一些学生上课，传授他们鱼灯制作的技艺，但在这个过程中，我发现学生们对传统的鱼灯接受度不高。”冯艳慈说，“一个原因是传统鱼灯的制作技艺比较复杂，难度较大，学生学起来比较费力；另一个原因是传统鱼灯的款式比较死板，风格较为集中。”思索过后，冯艳慈下定决心开展艺术探讨和应用创新，开发了能融入现代人生活的鱼灯衍生品，创新出“鱼灯+家居”“鱼灯+花艺”等作品，并且简化制作难度。

“渔舟唱晚，响穷彭蠡之滨。”除了鱼灯，在顺德，还有“桂畔渔歌”。

桂畔海水承载着无数老顺德人浓浓的乡愁记忆和水乡情怀。而“桂畔渔歌”的故事，要从200多年前说起了。同治年间，大良被评过“凤城八景”，其中就有“桂畔渔歌”。

在清代的时候，桂畔海更为宽阔，盛产鱼虾，日夕渔舟往返，钓下网张，情歌互答，劳作了一天的渔民们欣喜地清点着自己的劳动成果，一派熙熙攘攘的景象。这样的情景一直持续到20世纪中期。

如此一来，“桂畔渔歌”与顺德鱼灯是一脉相承。我想，这就如容桂、陈村、伦教的渔人码头深受顺德人喜欢，与顺德很多民俗是息息相关的。

附录 顺德鱼灯亮相的中外活动（节选）

2015年　文化保育团体老艺术·新媒介展览

2016年　参与你好！老艺术展览

2016年　“鱼灯·传技”鱼灯手工作坊

2018年　威尼斯建筑双年展

2018年　淘宝造物节

2018年　江西Village Vision遇见夏木塘 竹之光芒·老艺术戏游人间艺术展

2018年　顺德关帝墟活动

2018年　深圳盐田青年节

2019年　顺德基层文体嘉年华暨春满凤城元宵乐活动

2019年　中法文化之春·夏至音乐日

2020年　顺德区新时代文明实践系列活动——顺德区文物知识宣传普及活动

2020年　寻味顺德——世界美食之都顺德全国路演（深圳站），参与展出

2020年　苏州国际设计周——ttg station·渔民客厅

2021年　“从心出发，让爱留下”顺德华侨城春节系列活动，鱼灯舞巡演

2021年　大良鱼灯文化展示及工作坊

2021年　山海绘梦卷·大良鱼灯技艺主题展览

大良升平社区康帅府前挂起鱼灯（《珠江商报》供图）

第二节　凤城鱼皮角

鱼皮角是顺德著名的传统小吃，驰名南粤，经历了漫长的演变过程。香滑爽口的凤城鱼皮角，其烹饪理念源自广府饮食中对“鱼鲜”的追求，体现了“世界美食之都”顺德在美食制作方面注重创意和技巧的特色，充满生命力和创造力。

凤城鱼皮角源自清末民初顺德大良厨师们对广府名小吃云吞的改良。在改良之前，顺德的云吞皮薄如纸，包好馅料后纹理清晰，有“玻璃云吞”的美称，但火候稍过则面皮即烂，之后厨师们创新性地将鱼胶融入生粉中，改良制成鱼胶云吞皮。改良后的云吞结实耐煮、香滑爽口、晶莹剔透，久煮不烂，俗称凤城鱼皮角。

凤城鱼皮角制作技艺由选料、起鱼肉、刮鱼青、打鱼胶、擀皮、剁馅拌馅、包制成形、烹煮等工序组成，主要原料选用肉质细腻、胶质强劲的鲮鱼制作角皮；馅料以优质猪肉、鱼肉、海捕虾仁为主；包制时，独特之处在于将圆形角皮对折收口，使之相互粘连。

一碗鱼皮角是多少顺德人的家乡记忆（《珠江商报》供图）

凤城鱼皮角吃法及烹煮方式多样，是顺德打边炉（火锅）不可缺少的食材，亦可制成韭黄上汤鱼皮角、鱼皮角银丝面、酥炸鱼皮角、炒鱼皮角、红油鱼皮角等，干蒸、煎焗、放汤都十分可口。其制作技艺体现了顺德厨师不经意处见心思、细节处见功夫的实力，是顺德美食技艺的缩影之一。

凤城鱼皮角制作技艺因其外皮是用鱼肉制作，成品外形扁平且呈半圆形角状而得名。其特点是把鱼青胶搅拌和摔打而成，增强外皮韧度和鲜味。广府饮食中对“鱼鲜”的追求与“脍不厌细”的烹调传统，相互碰撞

鱼皮角（《珠江商报》供图）

而催生了凤城鱼皮角制作技艺。广府烹鱼吃鱼的传统，已见于唐代《岭表录异》。明代以来，顺德是以桑、蔗、果、鱼为主的经济作物区，鱼类在饮食结构中占据极大比重，厨师熟练掌握鱼类食材特点。在此基础上，厨师将鱼类食材融入其他材料，出品“脍不厌细”的菜式，凤城鱼皮角即为一佳例。

此技艺制作精细，包括选料、起鱼肉、刮鱼青、打鱼胶、擀皮、剁馅拌馅、包制成形、烹煮等工序。

（1）选鱼：选用四大家鱼中体形最小的鲮鱼。

（2）鱼青：起骨取出脊背肉放于案板上，用刀刃来回快速轻刮出鱼青。

（3）角皮：加盐后按同一方向不断搅拌摔打至鱼肉起胶，加入生粉，用擀面杖逐一擀成一张一张小圆形的角皮待用。

（4）馅料：以优质猪肉、鱼肉、海捕虾仁为主料，添加鱼末和腊鸭肝提鲜，加入少许芝麻、麻油、盐、糖等，和匀成馅。

（5）包角：将适量的馅料舀到角皮中对折包成半月形状，捏好收口成形似粉角的鱼皮角。

（6）搭配：鱼皮角以上汤加韭黄制作最佳，也是火锅食材佳品。

容桂食品安全协会曾联合东逸湾实验学校飞雁级部和广东顺德欣得食品有限公司，组织学生和家长参观食品生产加工过程并现场制作非遗美食鱼皮角，普及食品安全和消费知识。通过现场参观，学生和家长直观了解到欣得食品如何通过生产标准操作实现对食品安全的把控。除了实地参观，活动还设置了互动环节。容桂食品安全协会会长、欣得食品负责人区建恩详细介绍了欣得食品的发展历程和非遗美食鱼皮角的故事。随后在工作人员的指引下，学生和家长体验了一回包鱼皮角的乐趣。

区建恩（左一）是凤城鱼皮角非遗传承人（《珠江商报》供图）

凤城鱼皮角制作技艺于2018年列入顺德区第七批区级非物质文化遗产名录，区级代表性传承人为区建恩。凤城鱼皮角制作技艺，从外公手中传给爸爸，再从爸爸手中传承给自己，作为第三代传承人，区建恩在保留传统制作技艺的基础上加以研究，以标准化的生产流程，利用先进的速冻技术，冷冻包装运输，使鱼皮角得到更好的推广，不但在珠三角各大城市销售，还远销美国、澳大利亚、新西兰、柬埔寨及中国港澳等地区，使外地客户都能品尝到顺德风味的鱼皮角。

一碗鱼皮角，从鱼米之乡的顺德走向世界，凸显出水乡文化下的饮食精髓。它背后的故事，更展现出各时期社会大背景下顺德的发展。16岁高中毕业时，区建恩在爸爸对美食执着追求的熏陶下，投身厨师行业。由其爸爸传承的鱼皮角制作技艺，成为其所开设食店的主打美食，不但用料讲究，而且制作精良，煮熟的鱼皮角洁白鲜嫩、香滑爽口。

区建恩的外公陈永伦是大良人，20世纪40年代，外公在番禺大岗经营“伦记酒楼”，以鱼皮角为特色菜品。谈起外公与鱼皮角，区建恩说这当中有一段故事，他说：“我妈妈在兄弟姐妹中排行第三，长得特别瘦，大家称她奀三。外公特别想将妈妈养肥，于是和厨师研究做些什么给妈妈吃。岭南水乡鱼特别多，当时的鱼皮角已是家喻户晓的特色食品，而且也是酒楼的主打食品，于是外公吩咐厨师，好好做鱼皮角给女儿吃，一定要让女儿吃得肥肥白白。”

后来，区建恩的爸爸区林在陈永伦的传授下学到了鱼皮角制作技艺，20世纪70年代传给区建恩。他说：“当时物质缺乏，妈妈把鱼票、猪肉票存储起来等到年底去买鲮鱼、猪肉回来，把鲮鱼劏好，爸爸就开始刮鱼青，打肉馅忙个大半天。我们兄弟姐妹一边在旁边帮忙一边学做，大家一起动手，就这样，大家在美食食不厌精的饮食文化下自小熏陶着。”

1978年，高中毕业的区建恩听说容奇旧马路大明酒家招聘制作月饼的季节工，一心想学厨的他马上去应聘，这开启了他的学艺生涯。后来，区建恩学习了爸爸做鱼皮角的技艺，成为鱼皮角制作技艺的第三代传承人。他在保留鱼皮角传统制作技艺的基础上，大胆创新，增加鲜虾仁、大地鱼末和腊鸭肝等材料来提升馅料的饱满度和鲜味，使鱼皮角更加香滑美味。1985年，区建恩在容桂观音堂路口经营饭店，菜牌中有特色鱼皮角。饭店临近105国道和顺德港，每天都有外地客人途经并进店吃饭，大家吃过鱼皮角，都认为非常有特色。有时，遇上不同地区的人，他们说要吃饺子，区建恩告诉对方鱼皮角就是顺德饺子，并针对不同客人用不同馅料，客人都赞不绝口。

有一次，广州的客人来了。吃完后，广州客人问他是否能送货到广州大同酒家，区建恩一口答应了下来。于是，他骑着两轮摩托车载着顺德特产鱼皮角就送往广州。往广州路程大约2小时，每两日送一次，大同酒家、流花宾馆、东方宾馆、广东大厦宾馆、中国大酒店等广州名店，对鱼皮角有需求的地方越来越多。1988年，区建恩建起了属于自己的食品厂，将鱼皮角制作进行机械化批量生产。20世纪90年代初，雪糕冰柜在商场流行起来，鱼皮角开始走进广州各大商场，增加超市生鲜零售新模式。2002年，区建恩经营的食品公司获得美国HACCP认证，鱼皮角出口到澳大利亚、美国等国家和地区，实现了鱼皮角在传承中走向世界的目标。

第三节　开年饭鱼汤水

要过年了，你若问顺德人在备年货的时候有什么鱼是必定要买的，那一定是鲮鱼。除了“鱼”与“余”的读音相同，“鲮”与“灵”的读音也相同，这是讲究意头的顺德人所在意的。不仅要有“余”，还要愿望“灵验，该有的都有了”。至于味道，那是后面的事情，在过年这当口上，没什么能比讨上个好彩头更重要的。

迮年是与鲮鱼关联最密切的一个习俗。迮，音zé，粤语里音同“责”，有重量下压的意思。每到除夕当日，家家户户都会买回两条鲮鱼，先以薄盐擦过，煎至两面金黄，然后连同一对年橘、一个红包置于碟上，再放入米缸里。两条鲮鱼寓意好事成双，而完整无缺的鱼身代表好头好尾，放入米缸自然是年年有余的意思了。不难理解，在农业社会里，米缸子殷实所具有的意义，那除了满盈，还要好好压紧，不要被妖怪之物偷走，所以要迮。

不管是富人还是穷人，都不会去冲撞传统，否则来年有何闪失，自是大家不愿碰上的事情。不管多难，都会从这俗例，所以，即便是在困难的年代里，没有鲜活的鲮鱼时，政府也会用冰鲜鱼补足供应，大家将一年里有限的鱼票毫不吝惜地拿出来购买，以求来年之福。

顺德美食店的宣传语

按习惯，年初一是斋戒日，要到年初二才能开年吃肉。除了鸡鸭猪肉，迮年的鲮鱼当然也不会浪费。借着深冬的低温以及盐度的保鲜，还未变质的鲮鱼通常会被用于煲汤，于是有了一种到年初二就变得非常普遍的老火汤：鲮鱼粉葛煲赤小豆。

粉葛即常说的葛根，有生津

解渴之效，而赤小豆则有清热利水之功，加上鲮鱼本身味甘性平、富有营养的特点，从食疗角度说，正好能补正调理年前疲累湿热的身体。因此，这就成了人人遵循的习惯，若说开年饭少了这道汤水，还真有点说不出的奇怪。

与传统的说法稍有不一样的地方，是顺德民间将鲮鱼作为四大家鱼之一而混养，取代了青鱼的位置，而青鱼则作为少数品种归入草鱼的类别里，都被称作“鲩鱼”，而青鱼就被叫作“黑鲩”，价值会稍高些。尽管是鱼塘中的底层鱼类，但鲮鱼对天气的要求相对较高，寒冷是它的天敌，连续几天气温低于10℃的寒潮，就会把一年的功夫瞬间毁灭，因此渔农们都会在每年冬天寒潮来临前把鱼塘清空，俗称“起塘”。这时的市场供应自然最为充足，也使鲮鱼顺理成章地登上主角之位。

从温度上看，粤港澳大湾区都不会有多冷，但来过的北方人都说这里能冷死人。来自西伯利亚的寒潮间歇性地吹袭南粤大地的时候，那卷着潮气的北风，没有暖气的屋内，让人感觉冷得无处躲藏。就是在这样的天气里，渔农必须冒着寒冷，把最后的渔获收取，以免一年的劳作随低温流失。四大家鱼都普遍存在不耐寒的特性，在改革开放前的岁月里，并没有足够的生产资料去做保温的事，如果入冬前不把鱼都捞捕出来，一年的收获就只能是浮在水面冻死的鱼了。那时的鱼都是各个生产队自己的财产，渔获要按不同条件分配给队里的社员，大家都指望着一年到头的劳动能换取一些实物，多余的才由统购统销的水产部门收购走，所以没人会接受这个现实。尽管当时的物质还不丰富，但顺德人还是追求着鱼类在宰杀时要有蹦跳的生猛，而死鱼就只能是冰鲜的海鱼。

起塘前，要先架起抽水机，将池塘里大半的水抽走排出，这样才能使农民下塘作业时不至于没顶。每当看到池塘边上有抽水机的时候，大家就知道时间快到了，这消息也会很快地传遍村子，成为饭后讨论的话题。猜测一下能出多少斤鱼，做诸葛状指点一下这眼池塘养得怎样，都是随处可见的场景。

到了起塘当天，不管天有多冷，挑选出来的精壮社员都会在几位经验丰富的年长者带领下，穿上类似工人裤但连靴子都是一体的水衣下塘，将

“农家蒸鱼球”在顺德私房菜大赛中获奖（《珠江商报》供图）

渔网从一侧先拉开整理好，再由其他人在岸上分两端缓缓向另一头拖动，慢慢合拢。随着水中人员的呼号，渔网一点点收紧。当看到渔网上的浮标所围成的圈子越来越小时，紧张而兴奋的气氛便飘荡起来。

每到各个生产队要起塘刮鱼的时候，不管是社员还是其他村的村民都会闻风而来，大家都期待着渔网收拢，鱼儿在挣扎跳跃的欢乐情景。丰收的感觉能在一个并不富裕的时期，给人以快乐感，特别是拉着大人衣服尾巴去围观的小孩，总是兴奋地围着装满已经分拣好各种鱼类的木桶，每当有鱼儿蹦出来时，都会好奇地伸手去触摸一下，甚至想去抓起来，但鱼儿的挣扎跳动又能把小孩吓得尖叫跳开，场面相当欢乐。

“西塞山前白鹭飞，桃花流水鳜鱼肥。”围捕在网中的各种鱼类，在最后的蹦跳中，被熟练的渔工快速地抓出，分门别类地扔进旁边浮在水面的木桶里，再送到岸上，灌上水，成为小孩围观的对象，成为各位社员眼中的希望。

围网再次重复，以保证最大限度地把渔获收成，然后抽水机会再次开动，直到塘底见天。穿着水衣的男子再次下塘，搜寻漏网之鱼。这时，起塘算是结束了，但热闹才刚刚开始。闻风而来的小孩们等待着这一刻，纷纷跳进深可没腿的泥浆里，开心地找寻一些大人遗弃的小鱼，运气好时可能会抓到一两条塘鲺或黄鳝，那肯定要大声地叫唤着让别人知道，以换来羡慕的目光。

当所有人都退去后，被抽干的池塘就会在北风和阳光的作用下静静干涸，迎来最后的工作。农民将半干的塘底淤泥一块一块铲起，堆放在池塘边真正晒干，这些积聚了一年鱼儿排泄的泥土，将是菜地里最好的营养土。来年，在撒过石灰粉的池塘里灌上水，放进鱼苗，一年的劳作又开始了。

在收获的鱼儿里，自然少不了鲮鱼，而且此时的鲮鱼是一年中最肥美的。

第四节 “土鲮鱼”寄寓的愿望

在广府菜的起源地——顺德，鲮鱼被特意加上了个“土”字，到底是为了与外来鲮鱼品种做区分还是有别的原因，众说纷纭，但顺德人对这种“土鲮鱼”的情有独钟是显而易见的。顺德人能从批发市场上混杂的鱼群中一眼看出来哪些是“土鲮鱼”，并且反复强调众多的鲮鱼菜式必须要用“土鲮鱼”的肉才能把精彩演绎出来。

麦鲮和泰鲮是后来引进的品种，并非原产，虽然因为生长速度快而让产量提升，但随着生活质量的提高而遭遗弃。从肉质上说，土鲮鱼更紧致嫩滑，鲜味更明显，而麦鲮和泰鲮就显得粗糙松散，而且水分含量比土鲮鱼高，制成鱼滑时，不容易起胶。关于如何分辨土鲮鱼，有经验的买手会先从鳞片的颜色入手。土鲮鱼的色泽会特别闪亮，除背部发青外通体呈银白色，体形修长，在胸鳍上方靠鳃位处，有数片带有蓝色光泽的鱼鳞，更易辨认的是鱼尾尖长而尾叉深。

麦鲮原名麦瑞加拉鲮，又名墨鲮、加拉鲮，从印度引进。背部鳞片带有青色，体形神似草鱼，腹部各鳍都带有赤红色。泰鲮原名露斯塔野鲮，又名泰国鲮，从泰国引进。鳞片多带有暗红色月牙斑纹，体形偏粗圆。麦鲮和泰鲮的鱼眼都呈红色，鱼尾都不及土鲮鱼的长和叉深。

分清品种后，顺德人在菜市场选购时，就不会错误地买到肉质较差的品种了。

顺德人品美食与鱼有关的文化氛围非常浓厚（王哲靖供图）

顺德是广东重要的淡水鱼养殖地区，历史悠久，不少人从教科书里知道的“桑基鱼塘”就起源于此。塘基种桑、桑叶养蚕、蚕沙（蚕粪）养鱼、鱼泥育桑，形成一个天然的小生态系统，达到半自给的状态。随着生丝需求的急剧增长，大量的土地被改造成此类鱼塘，从而使淡水养殖活动蓬勃起来。鲮鱼作为混养家鱼中的一种，以其肉质白嫩细滑、味道鲜美且自身的“泥土味”少而胜于其他品种得到青睐，更因为鱼肉在剁细成鱼滑后黏性极佳，可以作为主料或配料制作成不同的菜式，同时具有弹牙爽滑的特点而成为顺德这个美食之乡的重要食材组成。

在顺德之外的人看来，一席鲮鱼宴堪称矜贵，虽然桌上的菜式可能在不同的地方分别都有吃到过，但经同一大厨之手而展现在同一张餐桌上，那就未必是容易碰到的事。酿鲮鱼，在顺德老一辈的家庭主妇手里，都是一道常见的菜式。将原条的鲮鱼由腹部剖开取出鱼肠后，从接近排泄孔处轻轻挑起鱼皮，用食指划动着将皮和肉分离开，然后沿着这个开口用拇指肚逐步牵起撕开，直到全部分离，最后切断与主骨的相连后，就将肉身完整取出，而皮却是完好无损的。传统上会将鱼肉起出后做成鱼滑，再酿回鱼皮内，看似一条完整的鲮鱼，但已经吃之无骨。广州和顺德的区别在于前者会在鱼滑里加入腊肉腊肠丁、虾米碎还有炒香的碎花生以及小葱和香菜末，味道复杂浓郁；而后者则习惯加少许葱花调味，更偏向原味原鲜。

豆腐，可能大家都能想象到入口的感觉，但将鱼肉做成豆腐般，所要求的手艺就要高上很多。将起出的鱼肉从尾部往上刮刀，只取前三四刀最干净的部分，然后按一斤鱼青配一斤蛋的比例，将蛋逐点儿加入鱼青中，用手掌缓缓搅匀，半点儿急不得。当鸡蛋与鱼青充分混合后，根据鱼肉的黏度加入适当比例的清水，最后做成理想的鱼浆。当一颗颗滚圆的丸子从手掌虎口间挤出下锅炸时，会快速地膨胀成一个球体，师傅就会用油篱轻轻搓动让其均匀受热，直到金黄色时，一颗吹弹可破的鱼腐就做成了。经过高温的蛋香和鱼鲜，让味道变得浓厚，外层变得更有口感而内里一如豆腐般丝滑，浓缩的鲜味叫人一试再试。

顺德厨师烹饪的鱼成为揽客招牌

由于以前的储存条件有限，所以没吃完的渔获就要通过腌制风干的方式保存，称之为“腊”。腊鲮鱼也是同样的道理。但好的腊鲮鱼，要选用尽量大条的本地鲮鱼，现在更会选用保暖越冬、大至两斤以上的。经清理后以豉油、糖和白酒腌透，趁着冬天的北风晒至发干，但又要以鱼肉还保持有弹性的湿度为好，否则食用时就会发柴失鲜。将肥腊肉切片铺在面上入炉蒸透，使油脂渗入鱼肉，那香气是冬天里所独有的。在雅俗之间，鲮鱼已经深入生活在顺德这片土地上的人们的骨子里，成为不可或缺的食材，也寄寓了人们厚重的愿望。

第五节　鱼干制作技艺

“一年之岁尾，一碗鲮鱼香”，鱼干制作技艺历史悠久，在顺德广为流传，是顺德保留至今最为悠久的与美食相关的重要传统技艺。

秋风起，食腊味。

腌食，是顺德人以往吃鱼“八法”之一。旧时农历年底，恰是家鱼的盛产期，由于家鱼大量上市，造成滞销降价，精明勤俭而又尚食知味的顺德人乘机大量购进，巧手制作形形色色的鱼干，久而久之，顺德农村家家户户都有晒鱼干的习惯。

在顺德，鱼干制作工艺以顺德本地所产鲮鱼为主要原料，自然是因为其肉质清甜鲜美备受青睐。

“为什么我做的鱼干不好？”

“这是因为你掌握不好天气。”

鲮鱼干的制作讲究天时地利，大都选择在腊月前后进行，最适宜的天气就是“北风北热”，这是个十足靠天吃饭的活儿。“北风北热”就是吹大北风，脸上感觉都被吹皱，脸和手吹开裂，这样的天气做的鱼干才好，才不会变质起“糖心”或生小虫。

晒鱼干之前要劏鱼。选用0.75公斤左右的新鲜鲮鱼最合适，容易入味而且容易晒干。刮掉鱼鳞，把鱼肚子剖开，清理好内脏。因为鱼背比较厚，很难入味，所以必须在鱼背两边分别开一刀，这样才容易入味和晒得均匀。

鱼干晾晒（陈炳辉供图）

劏好鱼了，就要腌制。腌制是制作鲮鱼干很重要的一环，腌制好了鱼才不会变质，如果腌制不够，鱼肉就很容易松，一松就会影响鱼的质感。

顺德人用细盐、食用盐，因为顺德风味讲求的是纯天然，不添加任何添加剂。将细盐撒在鱼上，把它涂均匀，而盐的分量是没有要求的，因为最后会把盐再洗出来。

鱼需要腌制大约6个小时，让盐分充分渗入鱼身，然后把鱼用清水冲洗干净，就可以进行下一道工序——穿牙签。鱼脊上穿6根牙签左右，内3根、外3根，这样就更容易风干，鱼肉就不会粘在一起。

牙签都穿好了，就可以穿上鱼钩，拿到外面晒太阳了。

晒的时候鱼和鱼之间需要相隔一定的距离，才能使鱼充分风干。

在“北风北热”的天气，晾一个晚上，鱼就能晾干六成至七成，就可以把鱼上面的牙签拿下来。接下来，就可以根据自己的口味，用面豉酱、辣椒酱上味。吃得比较清淡的，可以什么酱都不用，原汁原味。

涂酱的时候一定要均匀，不然的话吃起来味道就咸淡不一了。

涂完酱之后，在同样的天气情况下，上了味的鱼干再晾大半天就可以干了，再将鱼干的尾部等位置修剪一下，就可以用密实袋包好，放在阴凉干燥的地方储藏，想吃的时候拿出来蒸一下，伴着白米饭吃，齿颊留香。

现在，容桂掌握的鱼干制作技艺，源自1914年顺德桂洲人潘巧心，经何少莲、阮小燕、莫永树等人传承至今。该制作技艺于2020年列入顺德区第八批非物质文化遗产项目，莫永树为鱼干制作项目代表性传承人。

莫永树在恪守潘氏鱼干制作技艺“不鲜不食，不鲜不制”的宗旨基础上，经过剖鱼—清理—盐渍—压水—风干—浸酱—风干等工序改良，所制的鱼干肉质口感更加紧致，咸度适中，酱香与鱼香相得益彰，既有传统鱼干的嚼劲又不失鲜鱼的多汁鲜嫩。

附录 顺德“酱鱼干”，尤其是“酱土鲮鱼干”制作方法

1. 选材

常用作酱鱼干食材的有鲮鱼、罗非鱼和草鱼。每年农历九月下旬至次年三月，适逢鲮鱼的盛产期。顺德人对土鲮鱼情有独钟，而外来品种如麦鲮或泰鲮，则被视为下价之物。“食匠”能从批发市场上混杂的渔获中根据鳞片的颜色、体形、胸鳍上方靠鳃位处的鱼鳞等特征加以识别，并把土

鲮鱼肉质更紧致嫩滑、鲜味更明显的特色发挥得淋漓尽致。

2. 制作方法

（1）将鱼宰好，洗干净，用盐腌制半天。

（2）用温水将腌制好的鱼洗干净。

（3）将洗干净的鱼用绳子穿起，吊高，自然风干一天。

（4）将白糖、蚝油、海鲜酱、蒜末、陈皮末混合成酱鱼的酱料，然后用小刷子均匀地刷在鱼身上。

（5）刷了酱的鱼吊起来放太阳下自然风干两天后，收起，用保鲜袋装好，放冰箱内冷藏保存。

卖鱼干（《珠江商报》供图）

3. 重点工序

（1）鱼种的选择：以土鲮鱼为最佳。

（2）制作时机：挂晒选择阳光普照的北风天（最佳时机是冬至前后，北风大、太阳猛）来晒鱼干，一般晒两三天（视阳光量和风量而定）即可。

（3）酱料的用料和制作。

4. 烹调方法

（1）从冰箱取出后用温水洗净。

（2）切小块，加姜丝和生油拌一拌，不用再加任何调味料，然后放锅中隔热水蒸约十分钟至熟。

（3）用腊肠同蒸，这样就可不用放油，对鱼腥味敏感的朋友可再加入姜丝及蒜去除腥味。

第六节　木鱼歌

木鱼歌又称“摸鱼歌”或“沐浴歌”，为国家级非物质文化遗产代表性项目名录。木鱼歌的表演采用广东白话，表演形式为说唱相间，以唱为主。通常由一人自弹三弦伴奏，坐着演出。演出依演唱方式分为“雅唱”和“俗唱”（也称“读歌”）。其中，“雅唱”曲调委婉悠长，“俗唱”近乎韵诵。唱词格式为七字上下句体，下句押韵，通常四句一段，单数句末字用仄声，双数句末字用平声，通俗易懂，富有乡土气息。唱腔曲调为板腔体，抑扬顿挫，简朴流畅，既宜于叙事，也善于抒情。伴奏乐器多用三弦，也有使用秦琴的情形，伴奏方式为间歇式。

《顺德县志》记载：木鱼歌，为一种通俗说唱文学，盛行于清代及民国前期。歌词以反映儿女私情和家庭伦理为主，通常为七字句和十字句，唱腔简易而不失婉转柔和，且不需乐器伴奏，仅以一段刳空的木头（俗称“木鱼”，也有雕制成鱼形的）敲击作拍。由于易懂易学，因此城乡妇女和船民大多乐于吟唱。也有一些民间艺人手托木鱼沿街卖唱。新中国成立后，木鱼歌不再流行，至今仅少数老年妇女懂唱。

以鱼为主题的艺术品在顺德对外展示场所展出

龙舟说唱是一种通俗的说唱艺术，起源于清代，流行于顺德及广州方言地区，而以顺德腔为正宗，演唱者如非顺德人，还需先学顺德口音。曲调和唱词结构与木鱼歌近似，艺人多在茶楼、乡渡及乡村榕树头等公众场所卖唱，手持一具木雕小龙船作为标志，胸前挂小锣小鼓各一面，边唱边敲，内容多为谐趣故事及平安祝颂语。

木鱼书（木鱼歌唱本）作为我国珍贵的民间文学遗产、岭南历史文化奇葩，内容极其丰富，涵盖历史、社会、民众、宗教、伦理等诸多方面，反映了岭南大地的风土人情，承载着岭南人民的喜怒哀乐以及对社会、国家大事的态度等信息，是研究古代岭南文化的百科全书。

近二三十年来，国外不少汉学家认为木鱼书是农耕社会底层艺术的化石，纷纷投入精力开展研究，获得了一批可贵的学术成果。曾广泛流传木鱼书的粤港澳大湾区，也开始将其作为非物质文化遗产的重要组成部分加以保护、整理、研究。

佛山是木鱼书创作、生产的重要基地之一，历史悠久，作品众多，内容丰富。《佛山藏木鱼书目录与研究》由两部分组成：上编为“佛山藏木鱼书目录”，主要对佛山市博物馆、市图书馆及顺德区博物馆所藏的木鱼书进行整理、编目，描述藏本的形式及内容，为专业人士开展相关研究及市民了解木鱼书提供参考工具；下编为木鱼书研究相关论文，收录了朱培建、任百强、陈勇新等佛山本地的木鱼书研究专家的论文5篇。

第七节　鲮鱼养出顺德第一位状元

明穆宗隆庆四年（1570），顺德开县后第一位状元黄士俊出生。黄士俊妈妈出身于殷实人家，坚持用鲮鱼喂养孩儿。六年后，顺德酱鲮鱼、鲮鱼饼等工艺逐渐完善，顺德鲮鱼闻名遐迩。或许是因为鲮鱼富含DHA脑黄金，三十余年后，黄士俊高中状元，“朝为田舍郎，暮登天子堂”。

朝堂之上，黄士俊才思敏捷，以应付自如的文采获点为状元。黄士俊中状元的功名激励着后世的黄氏族人，家族后世涌现出众多以读书光耀门庭的族人，顺德随处可见的那些散发着书香的深宅大院就是明证。直至今天，顺德黄氏宗族仍纪念这位状元，“天地之性人为贵”。

顺德文恩记掌门人黄政文逢年过节仍祭祀先祖（黄士俊太公），恪守祖训，传承鲮鱼制作功夫手艺，以域内唯一的烹饪鲮鱼专家的身份自励，成为闻名遐迩的中国名厨。“志于道，据于德”，黄政文制作的鲮鱼菜肴是一份近500年不曾改变味道的美食，更是一份传承和坚守非物质文化遗产的情怀，他用传统美味表达着矢志不渝的忠诚和孝义，如果说电影《功夫厨神》中的那把龙头菜刀象征着家业的延续，那么存于黄政文心中的非遗梦则代表着振兴鲮鱼产业的理想，“士不可以不弘毅，任重而道远”。

据宗谱资料记载，文恩记商号是黄政文第十七代太公开创的，发展到今天已经有一百多年的历史。文恩记的诞生源于逢简古村人们崇文重儒的传统，“我们家族世代儒商，积淀了深厚的文化底蕴，文恩记就表达了我们感恩的心”。逢简古村鲮鱼专家黄政文说自己喜欢读书，尤其喜欢钻研《道德经》《易经》，从中感悟世道的变化，提升自我修为，修己以敬，“也喜欢研究全世界的饮食文化，在对比中摸索鲮鱼烹饪创新与发展之道”。

从传统的酱鲮鱼到鲮鱼饼、干拌鲮鱼皮和鲮鱼面，都有人模仿文恩记，但大多只能坚持一阵。“我们现在开了一间加盟店，销售代理点涵盖18家超市，30多家饭店。”黄政文的鲮鱼专家身份让他的业务越做越大，而这源于他对待鲮鱼产品的工匠精神。“酱鲮鱼冬天做才地道，而且要用秘制酱，在半干半湿的环境中发酵，整套酱鲮鱼工艺有1000多年的制作历史，因为文化的传承才保留下来”。

黄政文在烹饪实践中看到，只有坚持传统的工艺，才能让每个人吃得很开心。“这是顺德最具传统特色的菜肴，要永久地保留和传承，也会得到大家越来越多的追捧。”如今，黄政文的专业鲮鱼产品已经销售到香港，开始寻找香港合作伙伴。“感恩奶奶、妈妈等亲人传授给我鲮鱼制作手艺，亲人相濡以沫地在一起工作让我们的鲮鱼有爱的味道和温度。”

鲮鱼的每个部位都有不同的吃法，鲮鱼真是一道神奇的食材。从美味的鱼肉、鱼肠、鱼骨到全部手工制作而成的鱼蛋、鱼鲍、鱼面，样样让人垂涎难忘。在欢迎客人的鲮鱼宴中，形如鸡腰、洁白、润滑、筋而韧的鱼蛋，形如金鱼浮游水中的鱼鲍，还有最美味的鱼肠等，可都是鲮鱼美味的化身，在文恩记，你可以享受一次地道、丰盛的全鲮鱼宴。

“鲮鱼必须和四大家鱼中的另外三种混养。”黄政文从小生长在鲮鱼塘边，对鲮鱼养殖和收获了如指掌。收购时，黄政文会仔细察看鲮鱼，上好鲮鱼不能太肥胖，打捞上来必须鱼纹整齐、新鲜跳动、生猛活泼，若有烂尾、红斑和红眼都不能要。如今，黄政文已经有10多个徒弟，他们从放养鱼苗到收获鲮鱼的全套功夫已经悉数相传。黄政文引导他们做得更专业，最纯正的鲮鱼美食不能掺一点杂，要原汁原味，保证每一块鱼肉的新鲜，这样客人才会乘兴而来，满意而归。

在黄政文的记忆中，小时候顺德厨师的成长与鱼塘密不可分，厨师们多围绕鱼塘而居，客人来的时候就会从鱼塘捞几尾活鱼做一顿美食款待客人。黄政文在思考和实践中，希望探索当地名士成才和嗜好食用鲮鱼之间的关系。据资料记载，鲮鱼性平、味甘，无毒，入肝、肾、脾、胃经，具有补益气血、强健筋骨的作用。鲮鱼富含维生素A、烟酸、维生素E、钾、铁等。鲮鱼里的微量元素种类丰富，有钙、镁、硒等，对促进骨骼生长、增强体质等具有重要的意义。在医药古籍《本草纲目拾遗》《食物本草》《本草求原》中均有记载，有强健筋骨、补益气血、通利小便和健脾养胃的作用。

鲮鱼对读书人大有裨益。黄政文介绍，当年，黄士俊的母亲生了三个儿子，老大和老三都喜欢吃牛羊肉，而老二黄士俊喜欢吃鲮鱼，或因此黄仕俊骨骼和大脑发育特别好，考到了状元。

金榜牛奶炒鱼滑
（《珠江商报》供图）

黄士俊高中状元后一心一意报答母亲，在顺德留下了广东四大园林之一：清晖园。“烦嚣闹市一芳庭，典雅清晖格自成；龙子辞官归故里，修园侍母孝亲情。”这首诗就记载了黄士俊的孝亲情。黄政文强调自家鲮鱼产品的状元文化和家族传承的内涵。文恩记状元鲮鱼饼已经获颁广东烹饪协会的“广东名菜”证书；同年又被中国烹饪协会认定为中国名菜；与此同时，文恩记状元九宝酿鲮鱼等也一同被认定为广东名菜和中国名菜。黄政文本人也荣任广东烹饪协会第八届理事会理事。

第八节　左滩村鱼文化节

左滩村位于顺德区龙江镇最南端，因在远近闻名的甘竹滩左侧而得名，有20个村小组，包括渔业村民小组。西北面与南海区九江镇接壤，正西面与江门市的新会、鹤山只隔着一条西江对望。

甘竹滩位于西江支流甘竹溪的入口，水流急、水位落差大，鱼类资源丰富，吸引了很多渔民聚集，20世纪70年代，渔民们纷纷上岸，在这里安家落户。

将蒜头、姜、面豉酱、烧酒等香料酱汁混合搅拌成的酱，涂抹在晾晒的鱼干上，再经过2日左右的晾晒，鲜美醇香的酱鱼便完成了。酱鱼是沿甘竹河而居的渔业村民小组村民的一道传统风味美食，也是鱼干的“升级版”。每年11月1日至冬至，是村民制作酱鱼的时节。为了让这一传统渔家美食得到更好的传承，首届左滩酱鱼文化节于2018年11月启动。至2023年，举办了四届的左滩酱鱼文化节升级为左滩村鱼文化节。

如今，酱鱼已成为该村村民秋冬时节必不可少的一道美食。制作好的酱鱼一般拿来蒸，还可以和南瓜一起煮来吃，味道特别香。

如今，每年7月，珠江流域禁渔期结束，渔业村民小组的疍家渔民们也陆续开渔。以前最繁盛的时候，渔业村每天有900多艘艇一起出海打鱼，随着时代的发展，这里的渔民大部分已上岸，仅剩下10多艘艇及20多位渔民。顺德相关部门公布的数据显示，2009年前后，顺德有渔民1000多人，如今顺德渔民的数量锐减过半，2/3的渔民岁数在50岁以上。

2023年左滩桑园围酱鱼非遗文化节（左滩村供图）

真正的渔业村民小组渔民，是凌晨4时许就出发去捕鱼，下午4时多再回来。渔民们大多两人同坐一艘船出河捕鱼，分站两头，一人负责摇船，一人则负责撒网捕鱼。撒网是有技巧的，要选择在平流或者直流的河面上撒网，因为有旋涡的水面容易让渔网卷起；在撒网过程中，船要缓慢行驶，网也要慢慢撒；还要看天气，天气热的时候，鱼大多在水面，因此渔网就不用放太深。

2023年，渔业村民小组有40户人家200多人，以中老年人为主，每天出海捕鱼的船艇不超过5艘。年轻人的远离，让酱鱼这一当地传统美食的传承变得越发式微。酱鱼文化节的举办就是将酱鱼这一传统美食延续。

酱鱼文化节设有酱鱼美食集市、渔民生活体验区、左滩厨神大赛等活动。酱鱼文化节变成鱼文化节，更是让参与者可以体验酱鱼制作、捕鱼织网的乐趣。还有产品展示、渔具展示、酱鱼试吃等环节，参与者在游玩的同时，可以体验左滩村乡村振兴建设成果。

附录1 酱鱼的制作方法

将盐与宰杀好的河鱼按比例放入罐中腌制4～5小时，再用水清洗干净，拿到刮北风天的太阳底下晾晒1～2天，鱼慢慢变干之后，就可以上酱了。

酱由蒜头、姜、面豉酱、粗砂糖、烧酒等混合搅拌而成，喜欢吃辣的还可以放点辣椒酱。上完酱后再晒制2天左右，酱鱼便制作完成。

新鲜的河鱼是制作酱鱼的前提，一般用鲮鱼、鳊鱼或者罗非鱼。刚捕捞的河鱼是制作酱鱼的最好食材，由此制作出来的酱鱼也特别美味。高浓度的烧酒制作出来的酱鱼会更加香。

除了对食材的把握，酱鱼整个制作工序繁杂、制作时间长，非常考验人的耐心。在腌制河鱼时，盐与河鱼的比例要适中，5千克河鱼需要用350～400克盐。

容桂建立了以鱼为主题的新标志

制作酱鱼时，天气影响最大，一定要选择在刮北风的时候制作，北风干燥，会加速酱鱼的制作，南风湿润，会使酱鱼发霉。寒冷的天气也有助于酱鱼制作。

附录2 顺德区第四批非物质文化遗产保护传承基地推荐名单（表6-1）

表6-1 顺德区第四批非物质文化遗产保护传承基地推荐名单

序号	传承基地名称	项目名称	地区
1	佛山市民信饮食服务有限公司	奶制品制作技艺（双皮奶制作技艺）	大良街道
2	顺德区红岗小学	洪拳（顺德洪拳）	大良街道
3	顺德区成美初级中学	大良鱼灯制作技艺	大良街道
4	大良街升平社区居民委员会	大良鱼灯制作技艺	大良街道
5	顺德区顺酒文化传播有限公司	顺德红米酒酿造技艺	大良街道
6	大良街大门社区居民委员会	赛龙舟	大良街道
7	顺德职业技术学院	顺德烹调技艺	大良街道
8	顺德区凤城美食文化体验中心	顺德烹调技艺	大良街道
9	顺德区牡丹戏曲艺术团	粤剧	大良街道
10	广东顺德欣得食品有限公司	凤城鱼皮角制作技艺	大良街道
11	顺德区传统洪拳龟苓膏店	龟苓膏制作技艺	大良街道
12	顺德区容桂容城艺术馆	马冈刻书技艺	容桂街道
13	顺德区杨荣食品制造有限公司	鱼干制作技艺	容桂街道
14	佛山市马冈园食品有限公司	鸡仔饼制作技艺	容桂街道
15	伦教北海小学	粤剧	伦教街道
16	伦教三洲学校	粤剧	伦教街道
17	伦教小学	粤曲	伦教街道
18	勒流龙眼小学	龙舟说唱	勒流街道
19	勒流众涌小学	众涌春色	勒流街道
20	顺德区甄添记食品有限公司	酸梅酱制作技艺	勒流街道
21	顺德区顺豪创亿食品有限公司	炸牛奶制作技艺	勒流街道
22	勒流梁季彝纪念学校	粤剧	勒流街道
23	勒流龙眼小学	粤剧	勒流街道
24	北滘镇莘村小学	粤曲	北滘镇
25	乐从供销集团荔园酒家有限公司	乐从鱼腐制作技艺	乐从镇
26	佛山市顺兴顺食品有限公司	煎堆制作技艺（顺德龙江）	龙江镇
27	龙江左滩小学	洪拳（顺德洪拳）	龙江镇
28	顺德区拳以德立武术馆	咏春拳	杏坛镇
29	顺德区高赞小学	锣鼓艺术（八音锣鼓）	杏坛镇
30	顺德区荣亿食品有限公司	均安鱼饼制作技艺	均安镇
31	顺德区顺添文化传播有限公司	咏春拳	均安镇
共31个			

附录3 致敬鱼的“故乡”——顺德

鱼是脊椎动物的一大类，生活在水中，体温随外界温度而变化，一般身体侧扁，有鳞和鳍，用鳃呼吸；种类极多，包括软骨鱼和硬骨鱼两类；大部分可供食用。

顺德的鱼，不只是可以食用、商用，更是不断地在带动、更新这座城市的活力。

顺德，这个324万人居住的806平方公里小平原，却写出了“顺德模式”的大文章。

顺德，这个在粤港澳大湾区原始资源相对匮乏的小腹地，却成就了傲视群雄的家电、机械装备产业大集群。

顺德，这个不起眼的小城，却成了中国经济发展史上不可或缺的一笔。

顺德，这个工业立区、工业强区之地，曾经是岭南鱼米之乡、全国渔业生产先进县，现在是世界美食之都、中国厨师之乡、中国鳗鱼之乡、中国鳗鱼之村、中国水产预制菜之乡。

顺德，曾经是全国最大的甲鱼养殖基地之一、世界上最大的鳗鱼养殖基地之一，现在是全国最大的吻鱼养殖基地、广东省加州鲈养殖示范片区，拥有佛山市现代渔业科技园、顺德区优质草鲩产业园和顺德区优质加州鲈产业园，被称为中国优质淡水鱼之乡。

顺德，有广东省鳗鱼业协会、顺德区饲料商会、顺德区水产商会、顺德区吻鱼养殖协会、顺德生鱼养殖协会、顺德区龟鳖养殖协会。

远去的鱼票（梁子虾供图）

顺德有一种长相奇特的鳙鱼（俗称

“大头鱼”），其尾鳍轻柔摆动，飘飘然若有仙风道骨。这就是缩骨大头鱼。

缩骨大头鱼又叫仙骨大头鱼，本是常态的鳙鱼，但在幼苗阶段因生态环境的突变而引起了生理的突变，并不是人工拗断或自身撞伤所致，所以坊间认为它是“自然缩骨”。这种鱼的最大特点是骨关节连贯，身子特别短。比如重2千克的常态鳙鱼有50厘米长，而缩骨大头鱼却缩成25厘米。

由于畸形，缩骨大头鱼要与同类争食自然要付出更大努力，因此运动量特别大，生长周期特别长，需要两年或以上才能上市（即要达到1.5～2千克，而常态鳙鱼只需一年便能上市）。因此，缩骨大头鱼的营养积淀丰富，味道格外鲜美。又因近尾处的脊骨弯曲，养分高度集中在前大半截，故头丰腹腴，肉质特别嫩滑。

这种“自然缩骨”的大头鱼犹如凤毛麟角，往往一塘之鳙，也难得一两尾。精于烹饪的顺德人不因缩骨大头鱼怪异外表而害怕排斥，相反缩骨大头鱼是顺德人的至爱。据说顺德乡贤郑裕彤先生每次回乡，唯一的要求

桂畔海鱼雕塑

就是品尝缩骨大头鱼。可喜的是，在20世纪90年代，伦教鱼苗场等单位利用人工繁育技术繁育出大量缩骨大头鱼鱼苗供农民放养，其后又培育出大头鱼的新品种，让工薪族也吃得起此绝品。

原勒流锦华农业生态园的蒜头豆豉蒸缩骨大头鱼，在2007年顺德金牌菜评选活动中被评为金奖菜式，而榄角蒸缩骨大头鱼则入选以唯灵为导游的"香港顺德美食品尝团"必点的菜肴。

大良桂畔渔歌广场（胡美玲供图）

缩骨大头鱼烹法远不止蒸一种，锡纸铝盘焗就是颇受欢迎的烹法之一。在2007年顺德私房菜大赛中，新北海渔村的李祐枝师傅用制作吊针鸡的器具和方法烹制的鬼马缩骨大头鱼而获得好评，最终夺得金奖。

顺德人敢吃畸形的缩骨大头鱼，这不仅需要有第一个吃螃蟹的人的勇气，还要有对事物不唯外表、求真务实的态度和包容博爱的胸怀。

也因这样，我把顺德比作为鱼的"故乡"，我要致敬"顺德的鱼"。

从105国道转弯，走在桂畔海的河堤上，我欣赏着一组组鱼儿的造型、雕塑、摆件，由西北向东南直达桂畔渔歌广场，心往"鱼"处，心情"鱼"悦。

从105国道由广州进入顺德，一路途经陈村镇、伦教街道、容桂街道，我们都能看到各个镇街不同"渔人码头"的路牌，由北向南延绵几十公里，引来无数人鱼贯而入，如鱼得水，特别是年轻人。

从105国道由中山进入顺德，由南朝北，不论是转进红旗路、桂洲大道、德胜路、南国路、桂畔路、龙洲路、三乐路、白陈路、三桂大道抵达广州番禺，还是走在类似鱼脊骨的一条条小路上，总能看到桑基鱼塘的增压机在运转，总能看到"耕塘人"的身影，从他们的步伐可以看出一方水土养育一方人的自信。

致敬鱼的“故乡”，鱼给了亲爱的顺德无数荣光、尖叫、欢喜、收获。

致敬鱼的“故乡”，亲爱的顺德如一条鱼，在不同时期总能游到不同的彼岸。

致敬鱼的“故乡”，亲爱的顺德成就了每条鱼，每条鱼也成就了顺德，成就了每个顺德人，成就了每个喜欢顺德的人。

我想，顺德记忆离不开顺德的鱼。

我想，顺德的鱼就会是顺德记忆。

我想，鱼和记忆都会令人想顺德。

105国道顺德段路旁的鱼群造型

Postscript

后　记

我写过一本书，名为《顺德的水》。书里提及顺德的水产业，但篇幅不大。今天，《顺德的鱼》算是为顺德水产业单独做宣传，扩大影响力。

或许你会问我，顺德的水、顺德的鱼不是跟其他地区一样吗？不、不、不，不一样，“欺山莫欺水”是顺德人的祖传，顺德的鱼是顺德人的口味，是顺德的骄傲。

我的青春在顺德度过，我喜欢上了这里的蒸鱼，爱上了这方水土。原顺德市委书记冯润胜就曾跟我说：“蚬华电器老板、顺德乡贤翁祐最爱吃顺德的鳝鱼，20世纪80年代每次回北滘，都会品尝这道菜。”翁祐先生是我1998—2004年就职企业的董事长，我曾于2002年、2003年在就职企业担任大陆事务联络员，跟他讨教过顺德的改革开始历史，他跟我说过这样一句话：“要探讨顺德的改革开放精神，就应该先去研究顺德人养鱼的技术、烹鱼的技巧。”

对于顺德的鱼，我在青年时还做了一些事情，比如把“顺德妈姐欧阳焕燕在新加坡前总理李光耀家里工作40年，她的拿手好菜‘八宝酿鲮鱼’一直让李光耀念念不忘”的故事推送到了中央电视台持续播出5天；用宣传报道推动顺德鱼塘尾水处理、鱼塘塘基整治、鱼病的治疗，以及渔农生活环境的一些改变；走进现场改变外界对顺德养殖业使用孔雀石绿的看法；用讲故事的方式促进稔海村鳗鱼文化的深入发展，让乐从桑基鱼塘、鱼市的故事在展览中得以呈现；用“不断跟进宣传”的形式对顺德鱼生标准、养殖标准、顺德美食进行人物、事件的发掘与报道……

我的童年与一半的少年时间是在江西省吉安县云楼乡湖坵村度过的。在我深刻的记忆里，我不时会跟着外婆肖正莲、父亲王昭松、母亲罗群秀在夜间打着“松灯”去打鱼、捕鱼，每逢夏日的中午，我独自在宽广的江河、水沟、田野之间“饿鱼”，以改善一家七口的伙食，为生活增加一点雅趣。

“饿鱼”是一项技术活。说“饿鱼”要先说木子。木子是湖坵村的村宝，更是特产中的极品。木子树矮小但婆娑，结出来的木子果不但坚固，还可以榨油。所以，村里人从不乱砍木子树，砍木子树是一种罪过。木子树春天开花，花是白色的，早上有露水的天气，芳香的花朵流出甜甜的液体，除了引来很多蜜蜂，大人小孩都会在木子树下吸几口木子花的甜蜜。

花朵在夏天慢慢结成木子。木子是青色的，还有一层毛，碰到手会痒。等到一年最后一季的稻谷收获后，也就是秋冬之交，木子就熟了。村里人要赶在木子在树上自然开裂前，把木子全部采摘回家，不然开裂掉在地上就麻烦了。摘木子是一件重活，需要青壮年才能完成，重重的木子背回家很累，摘下后要背回家、挑回家，并放在太阳下暴晒。

晒后要剥木子，把木子的壳与里面一粒粒黑色的果子分离；壳可以用来做肥料，也可以用来烧火煮饭；木子果与壳分离后还要晒几天，晒干后就拿去榨油厂榨油，木子挤压出来的油很少，但清香得不得了。木子榨后的渣要用稻草包成“脯”，“脯”可以用来烧火烤，而更多是夏天烧过后敲碎，装木桶加上水进行搅拌。看着桶里的水起泡后，就在江河、水沟、水渠的上游拦截大部分水流，把木桶的“脯水”一起倒进水流，让小部分水流与“脯水”汇流。“脯水”流过之处，水里的鱼儿就会浮出水面昏昏欲睡，任凭我打捞。

这就是我所了解、熟悉的江西老家“脯水”“饿鱼”过程。

“鱼悦顺德”（夏秋季）精品鱼肴评选商家授牌（《珠江商报》供图）

出走小半生，归来已是异乡人。进入中年后，根据在顺德的一些积累，我先后出版有《顺德的桥》《佛山古今桥梁掠影》《顺德的山和树》《播洒爱心的顺德三捐》《乐从记忆——一座古建筑轻触的历史》《顺德的水》《践行四力——一名中国县域记者新时代传播案例》《千锤百炼——乐从钢铁40年》《逆水铸魂》《顺来吉往——顺德吉安关系简史》等书。如今，我还在书写《顺德的城脉》《顺德的地名》等顺德题材的书，我在写这些书的过程中，有了很多与顺德的鱼有关的素材，同时更是发现在众多与顺德美食、顺德厨师有关的书籍中，没有一本书是书写顺德的“鱼”、顺德的“鱼花”、顺德的“鱼中”，及众多与鱼有关的民俗、文化，于是我于2016年夏天在回想年少用“脯水”“饿鱼”的经历时，萌发了出版一本《顺德的鱼》的想法。

在写作、出版过程中，我有幸得到顺德区农业农村局、顺德边检站、顺德区百越乡村振兴促进中心、佛山市叶氏大快活饮食有限公司等单位的

在顺德区政府大院对面建造的鱼造型艺术品（朱德文供图）

支持；得到顺德区农业农村局局长谭逢显、科长马少灵、副科长岳颖、职员杨臻和马驰，以及顺德区水产商会秘书长陈耀根的关心；得到传颂顺德的文化人士霍炳朝先生、梁子刚先生的牵线，得到热心顺德美食事业的叶志光先生、叶晓彤女生的襄助，得到我的家人胡美玲、王哲靖、王冠靖的帮助与体谅，得到马锡强、毛一飞、吴国霖、黄伟成、陈奇康、胡秋根、黄云、杨厚基、周健朋等领导、兄长、好友的支持；得到《广东淡水渔业》作者姚国成，顺德水产养殖、水产饲料业前辈林海、刘铁军、岑波、徐佰康等热心人士的帮忙，在此一一致谢。其中，陈耀根先生对全书进行了审读，对一些专业用语、鱼的品种分类作了规范，他耐心、细心的修改让我感动；胡美玲女士对全书作了修正工作，她专心、用心的帮助使我激动不已。

时光冉冉。今天，巨变发生在顺德，也发生在中国的各个角落。

未来，在新发展理念的引领下，顺德乃至整个中国，将沿着高质量发展的道路阔步向前，创造出新的更大传奇，祝福顺德顺利申报成为“中国优质淡水鱼之乡”，还是在本书会印之际，可喜可贺，为《顺德的鱼》一书添彩了。

由于我的水平、能力有限，特别是对顺德的水产业了解还不够，本书内容肯定有一些不足、不妥之处，也有更多顺德水产业的人和事没有呈现，希望与恳请经历者、读者给予我批评指正，以便据以修改。

是为后记，谨此纪念《顺德的鱼》一书的面世，祝福“顺德的”系列文化城市IP越走越远，越来越精彩，“鱼”跃于此。

王茂浪

2024年元旦于顺德德胜河畔鱼灯广场